新课程:生命课堂之美

徐俭堂 著

·南京·

图书在版编目（CIP）数据

新课程：生命课堂之美 / 徐俭堂著. -- 南京：东南大学出版社，2024.10. -- ISBN 978-7-5766-1672-9

Ⅰ. G623.222

中国国家版本馆 CIP 数据核字第 20248Q5H59 号

新课程：生命课堂之美
Xinkecheng: Shengming Ketang Zhi Mei

著　　者	徐俭堂
出版发行	东南大学出版社
社　　址	南京市四牌楼 2 号（邮编：210096　电话：025-83793330）
出 版 人	白云飞
网　　址	http://www.seupress.com
策划编辑	孙松茜
责任编辑	孙松茜
责任校对	张万莹
封面设计	王　玥
责任印制	周荣虎
经　　销	全国各地新华书店
印　　刷	广东虎彩云印刷有限公司
开　　本	700 mm×1000 mm　1/16
印　　张	15.75
字　　数	318 千字
版　　次	2024 年 10 月第 1 版
印　　次	2024 年 10 月第 1 次印刷
书　　号	ISBN 978-7-5766-1672-9
定　　价	88.00 元

（本社图书若有印装质量问题，请直接与营销部联系。电话：025-83791830）

序 言
PREAMBLE

生命应该像阳光那样炽热无限,光照人间;
生命应该像花木那样充满生机,日日向上。
新教育,新生命,新风景……

我1995年参加工作,历经小学、初中、高中的课堂教学。至今,从教近30年,如果用一句话形容我的课堂教学追求,那就是追求阳光生命课堂之美。

生命像阳光一样饱满热烈,生命像阳光一样温暖无私。作为一名教师,应该像阳光一样热烈,像阳光一样温暖,像阳光一样大爱无疆。阳光生命课堂要有自己美的内涵,要有自己美的设计,要有自己美的过程,要有自己美的姿态和美的收获。近30年的时间,我怀揣着"生命课堂之美"的理念,执着地行走在中小学校园,有艰辛有苦楚,有欣慰有幸福。现在,把我的课堂教学追求公之于众,将书名定为《新课程:生命课堂之美》。之所以加个"新课程",含义有两个:一个是"生命课堂之美"的追求,永远是"新课程";一个是2022年义务教育新课程实施了,我的生命之美课堂又有了新的元素。

"生命课堂之美"从哪里开始建构?

我想到了汉字之美——汉字的生成、识别、书写,都应该是美的历程。汉字从龙飞凤舞的远古涂画、图腾,到变成甲骨文、篆字、隶书、楷书、草书,哪一次变化不是美的飞跃?汉字的识别,哪个课堂不是一次美与美相遇的惊心动魄?汉字的书写,哪一次不是认知的飞跃、审美的升华?……汉字之美,其实是生命历程的美丽,生命创造的美丽!

我想到了生命课堂的词语审美。一个词语从读音到词义,从结构到使用,经历了词语的咀嚼——生成的研究、理解的酝酿、运用的斟酌、鉴赏的喜悦……哪个历程不是一次美的发现、美的欣赏与喜悦?生命课堂词语之美,其实是生命历程的美丽,生命创造的美丽!

  我也想到了生命课堂的语句锻炼。一个句子是怎样生成的?一个句子是怎样被不同的读者理解与运用的?"杏花春雨江南"仅仅是三个词的排列,为什么给我们一种美丽清新的世界?给我们细雨迷蒙的婉约?语句的含义、语句的结构、语句的鉴赏和运用,何尝不是生命创造的开始?我想到了古人的提醒:"缀文者情动而辞发,观文者披文以入情。"语言文字就是我们解读生命的密码……

  像这样,我思考了"生命课堂语篇体验""生命课堂习作初秀""生命课堂教学风景""生命课堂文化浸润""生命课堂素养积淀"等和生命审美与创造相关的话题,积久成书,便有了《新课程:生命课堂之美》。我知道阳光生命课堂的思考还很肤浅,我知道阳光生命课堂的探索还很浮躁,我知道阳光生命课堂之美的建设还存在薄弱环节。但生命思考已经在路上,我只有风雨兼程,哪里顾得了阳光生命课堂的肤浅、浮躁和薄弱呢?幸好还有热心的探索伙伴,幸好还有不断生长的阳光生命课堂。

  古人云:"天下无不可化之人,但恐诚心未至;天下无不可为之事,只怕立志不坚。"新教育滋润新生命,新生命创造新风景。生命课堂是美丽的存在!阳光生命,幸福人生!

  你若心如花木,必向阳而生。
  你若心有阳光,必自信闪亮。
  是为序。

徐俭堂

2024 年 7 月 12 日

目录
CONTENTS

第一章　生命课堂识字审美 …………………………………… 1
　　第一节　汉字生成 ………………………………………… 2
　　第二节　汉字的识别 ……………………………………… 8
　　第三节　汉字的精神 ……………………………………… 15

第二章　生命课堂词语咀嚼 …………………………………… 23
　　第一节　词语生成 ………………………………………… 23
　　第二节　词语理解 ………………………………………… 30
　　第三节　词语运用 ………………………………………… 38

第三章　生命课堂语句锻炼 …………………………………… 52
　　第一节　语句的形成 ……………………………………… 52
　　第二节　语句的性质 ……………………………………… 62
　　第三节　语句的含义 ……………………………………… 77

第四章　生命课堂语篇体验 …………………………………… 85
　　第一节　语篇解读 ………………………………………… 85
　　第二节　语篇表达 ………………………………………… 106

第五章　生命课堂习作初秀 …………………………………… 123
　　第一节　习作之美 ………………………………………… 123
　　第二节　习作之序 ………………………………………… 137
　　第三节　习作之巧 ………………………………………… 149

第六章　生命课堂的思辨性写作 …………………………………… 160
　　第一节　思辨无处不在 ………………………………………… 160
　　第二节　懂得理性思辨 ………………………………………… 168
　　第三节　掌握思辨智慧 ………………………………………… 177

第七章　生命课堂读书育人 …………………………………… 187
　　第一节　做个读书人 …………………………………………… 187
　　第二节　开发传统文化 ………………………………………… 190
　　第三节　良好阅读机制 ………………………………………… 200

第八章　生命课堂教学风景 …………………………………… 210
　　第一节　课堂教学诊断 ………………………………………… 210
　　第二节　学—教—评一致性 …………………………………… 228

参考文献 …………………………………………………………… 238

后记 ………………………………………………………………… 240

第一章　生命课堂识字审美

宋代在山东密州做过太守的苏轼,在《石苍舒醉墨堂》中这样写道:"人生识字忧患始,姓名粗记可以休。何用草书夸神速,开卷惝恍令人愁。我尝好之每自笑,君有此病何年瘳。自言其中有至乐,适意无异逍遥游。近者作堂名醉墨,如饮美酒销百忧。乃知柳子语不妄,病嗜土炭如珍羞。君于此艺亦云至,堆墙败笔如山丘。兴来一挥百纸尽,骏马倏忽踏九州。我书意造本无法,点画信手烦推求。胡为议论独见假,只字片纸皆藏收。不减钟张君自足,下方罗赵我亦优。不须临池更苦学,完取绢素充衾裯。"① 石苍舒是陕西人,曾经跟随黄庭坚学习读书写字,得"草圣"张旭之"三昧"。黄庭坚是苏轼的门生,和苏轼同为书法上的"宋四家"。这样看来,石苍舒更是苏轼之门生。

苏轼在《石苍舒醉墨堂》中,以调侃戏谑的语气指出识字的三种境界:一是"人生识字忧患始""何用草书夸神速"。这大约是普通人的识字境界,认识名字就可以,不必追求"草书夸神速"的境界。二是"当用草书夸神速""点画信手烦推求"。这是书法家的表达境界,通过神速的草书来表现自己"行于当行,止于当止",逍遥快活的书法境界。三是"适意无异逍遥游""如饮美酒销百忧"。一个人的书法如果能达到如此表达境界,那么书法和性情、书法和人生、书法与人的崇高思想境界就融为一体了。

中小学教师的基本功之一便是练习好"三字",即钢笔/铅笔字、粉笔字、毛笔字。阳光识字课堂如何开展识字教育、识字审美? 汉字教育是弘扬中华优秀文化传统的重要途径。汉字教育也是小学语文核心素养提升的根本。要真正打牢中小学生语文核心素养的基石,让传统的汉字教育生根发芽开花,让当代的中小学生热爱汉字、研究透汉字、使用好汉字,就必须重视阳光识字课堂的审美建构。

由此,我想到了苏轼的诗《石苍舒醉墨堂》,阳光识字课堂要有自己的识字教育境界。即便是小学一年级开始的识字教学,教师在开展汉字教育时也应该追求三种境界:

---

① 苏轼.苏东坡全集[M].北京:北京燕山出版社,2009.

一是认识汉字的历史生成。懂得汉字生成的历史,在汉字历史中学习汉字。

二是通达汉字的识别规律。明白汉字部件的自然组合和历史变迁,学会结合字形认读汉字、理解汉字、讲解汉字、使用汉语。

三是规范并且完美地书写汉字。不仅把汉字写得正确,而且把汉字写得有境界,把汉字书写和中小学生的核心素养关联起来。

在中华文化天地中,每一个汉字都充满了智慧,充满了审美,充满了创造。当你想象每一个汉字的艰难诞生,当你想象每一个汉字的"颠沛流离",你就会为古人的不折不挠而举杯,你就会为中华智慧的博大精深而高歌。我们的先辈创造了如此内涵精美的汉字,我们的先辈将如此生动活泼的汉字呈现给我们,这是怎样的一种智慧,这是怎样的一份厚礼?在汉字教育过程中,我常常这样感叹:有谁能够想到汉字里面深藏着大美,识字过程就是一次次审美发现的过程呢?每当拿起新的一册语文书,我为其中每一个汉字所陶醉,为其中的每一个汉字独具的魅力所折服。因此,我对小学低年级阶段开展的识字教育活动,充满了由衷的敬意。我常常把识字教育活动放在汉字教育背景下审视,我以为识字过程其实就是汉字中美的发现、美的经历、美的感悟、美的创造的过程。因此,生命课堂要十分重视识字审美,汉字教育实际上是从识字审美开始的。用一句话来说,生命课堂识字教育要让学生渐渐懂得审美。为此,师生就应该花一些"临池更苦学"的工夫,经历一番"堆墙败笔如山丘"的过程,方得"兴来一挥百纸尽,骏马倏忽踏九州"的审美境界。

第一节　汉字生成

中小学语文教师一定要懂得汉字的生成。所谓汉字的生成,就是汉字是怎样被创造出来的,汉字有怎样的历史性过程,汉字有怎样的历史演变……汉字是怎样生成的,虽然没有定论,但语文教师应该注意留心学界的最新研究成果,适当采纳最新学说,丰富自己的汉字教育课堂。

汉字的起源或可以追溯到新旧石器时代的象形文字。我在开展生命课堂识字审美时,常常选择新旧石器时代的石器、陶器等残片或者复原的器型,引导学生们观察里面的象形文字。比如,西安半坡遗址出土的彩陶盆里(图1-1),"鱼"十分接近甲骨文"鱼","人头"用五条鱼装饰,也可视作"人"的早期写法。

图1-1

半坡遗址出土的人面鱼纹盆属于新石器时代器物,对于开展汉字源头教育就显得十分珍贵。生命课堂识字审美时,我投影这个汉字,学生们非常惊讶。"鱼"和鱼的形状一下子联系了起来。据史料记载和史学家对汉字起源的研究,一般认为,汉字的源头有以下几种学说。

一、结绳记事说

在文字出现之前,远古时代人们通过结绳来记录简单的生活事件和生活信息。远古时代人们通过不同的结绳方式表示不同的意义,但它不能表达复杂的概念和语言。比如捕获了六只野兽,绳的结可能大一些;捕获了六条鱼,绳的结可能小一些;射中了六只鸟儿,绳的结可能更小一些。如果既获得了一头野牛,又获得了一只野羊,在结绳的时候,野牛结的绳结可能成双;而羊只是结一个结。结绳记事是远古时代先民记录生活过程、生活事件、生活分配等内容的传播手段。不过,结绳记事本身就存在一些局限性,比如只能记录极简单的生活事件和物品数量,无法表达复杂的概念和语言。这种通过在绳子上打结来记录生活事件和生活信息的方式,比较直观,生动形象。从"单""包""左""井""巫""弓""从""文"等的甲骨文来看,非常像结绳的样子(图1-2)。

图 1 - 2

据古书记载,结绳记事的方法是"事大,大结其绳;事小,小结其绳;之多少,随物众寡",即根据事件的性质、规模或所涉数量的不同,结出不同的绳结。目前未发现原始先民遗留下来的结绳实物,但原始社会绘画遗存中的网纹图、陶器上的绳纹和陶制网坠等实物均提示先民结网是当时渔猎的主要条件。结绳记事作为当时的记录方式具有客观基础。

这些像结绳的汉字,告诉我们什么?许多汉字便是从结绳记事获得"启示"。新石器时代,中华古人在创造汉字时,他们从在绳子上打结——大的事件打大结,小的事件打小结,获得灵感,从而用细的线条来描摹万物,以帮助记忆。这种从结绳获得的方法简单易行,更加容易"描写"万物。即使是到了近现代,我国仍然有些少数民族在采用结绳的方式来记录日常生产劳动。在这些少数民族中,"结绳记事"仍然是重要的信息"输入"的方式,他们在一条绳子上打上各种"结",用以计数或记录最近的生活事件,以便通过"结绳的存在"唤醒生活记忆。事实上,少数民族用"结绳记事",记录了当下生活,也留存了历史和传说,是民族的生存智慧和生存价值观的证明。

结绳记事是文字发明前,中国先民的"记事"方法。据史书记载,上古时期的人类没有文字,为了记录事实和进行传播,他们采用了结绳记事的方式。这种方法简单而直观,通过在绳子上打结来表示不同的事件和数量。随着时间的推移,结绳记事逐渐发展和演变。在不同的文化和地区,结绳记事的方法和用途可能会有所不同。例如,古代印加人使用一种称为"奇普"的结绳记事方法,用来计数、记录历史和传递信息。随着人类社会的发展和进步,文字的发明逐渐取代了结绳记事,成为更有效的记录和传播工具。

有许多老师认为,结绳记事时代汉字并没有产生。因此,他们在教学过程中直接忽略了结绳记事这样一种汉字创造的起源。其实,结绳记事作为人类文明发展的一个阶段,对于开展生命课堂汉字审美教育仍然具有重要意义。朴素的结绳表现了中华古代人类在文字发明之前的智慧和创造,为我们开展汉字教育,建设生命课堂汉字审美留下了宝贵的财富。

二、图画说

从新石器时代的各种陶器、瓷器的装饰图片来看,我们很有理由说,汉字的起源始于远古时代先人们的图画标记。可以想象新石器时代的中华古人在吃饱喝足之后,是不是会在各种山石上、各种树木上、各种木片上涂写标画呢?而这些涂写标化或者描绘生长的草木或者描绘江河里鱼儿的游动,甚至天上飞行的大雁,陆地上奔跑的各种野兽。远古时期的汉字很有可能是从图画演变而来的。甲骨文中很多汉字就是一幅图画,比如下面的文字(图1-3):

图1-3

细细看,尽管图1-3所示的造字方法不同,但字形多有图画的意味。"单"的外形就是一幅"单"的图画,"包"的外形就是将一个人"包"起来,"左"的外形就是转向左边,"石"是指山岩下的岩块的样子,"吉"就是手持玉圭礼器向上苍祝祷的意思,"羊"就是一只羊头、羊角弯弯的形状……"家""井""山""谷""车"等字,细细看,都是与生活中的"物"十分相似的图画。因此,说汉字源于图画,是十分有道理的。

小学一年级识字的第1课,我们常常冠之为《天地人》。课文内容十分简单:"天地人 你我他"。这6个汉字,多是图画的样子。比如"天地人",看起来就是三幅图画(图1-4):

图1-4

在图1-4中,古时候"天"字像站立的人形,用方框突出了人的头,引申为头顶以上的天空。而"地"则是"吐生万物的地方",有了"地"就可以生长出万物。而"人"则是弯腰鞠躬的样子。谁说"天地人"这些汉字不是一幅幅图画呢?古代人们通过描绘"天地人"的形状来表达对空间与状态的理解、意义。随着时间的推移,这些图画便逐渐简化和规范化,形成了古代汉字的基本形态。因此,小学语文教材便从"天地人,你我他"这6个汉字上开启汉字审美教育。

在开展《天地人》的教学时,许多识字课堂的目标确定为"认识6个生字""感受汉字的特点",从而激发学生热爱识字、喜爱汉字的热情,培养学生主动识字的愿望。这样的设计是不错的。如果能够指向汉字生成的图画、汉字生成的历史来解释这6个汉字,可能学生们更加感兴趣。生命课堂所强调的识字审美的追求,便可以在课堂上落实了。在识字教学时,有的老师这样开展识字之旅。

一、图片导入。

看图猜字:投影图1-4的三幅甲骨文汉字图片,让学生猜汉字,教师则板书"天""地""人",并让学生说说这3个汉字的特点——像图画,像真实的样子。然后,再说说"天""地""人"的含义。

二、童谣导入。

播放童谣视频:"你是妈妈、他是爸爸,我是乖巧的小娃娃……你和我,我和他,你我他是一家,什么都不怕。"接着认识"你、我、他":说说"你"指的是谁,"我"是谁,"他"是谁,弄清三者的关联,熟练指认"你我他"。

三、认读字卡。

引导观察板书的6个生字,认读字卡上"你 我 他",同桌互读互考,开火车读字卡。

生命课堂识字审美,既要立足当下"汉字使用",又要面向历史叩问汉字生成。这样的识字之旅,才能更好地表现生命课堂的审美教育,表达对汉字历史文化的追问与欣赏。从造字的历史看,这6个汉字可能是最早产生的字,或者应用最广泛的字。远古时期,天地间不就是3个意象最独特吗?即便现代看来,"天地人"也是最基本的三维意象!而在部落生活过程中,古人使用频率最高的可能就是"你我他"3个汉字!

三、甲骨文说

据史料记载,甲骨文是我国古代殷商时期刻在龟甲和兽骨上的文字,是目前世界上发现最早最成熟的汉字体系。王懿荣为中国近代金石学家、鉴藏家和书法家。史料记载,1899年,深得慈禧赏识的王懿荣因患疟疾,便让人去达仁堂中药店买中药,他从药物中发现了刻有特殊符号的"龙骨"——龟甲和兽骨,他认为这是珍贵的文物,于是便将药店中带有刻痕的"龙骨"都买回来了。他经过深入、细致的研究,认为刻在龟甲和兽骨上的特殊符号便是中华远古文字。王懿荣去世前,他将保存的大部分甲骨转送给了好友刘鹗收藏。后来,刘鹗又搜集到了不少甲骨,总数超过5 000片。1903年,刘鹗首次将5 000多片甲骨文字刊印成书——《铁云藏龟》,学者孙诒让以《铁云藏龟》中的甲骨资料为基础,写成《契文举例》一书,于是甲骨文才真正走进国人的视线。现在,山东省烟台市福山区已建成王懿荣纪念馆,王懿荣也被尊为"甲骨文之父"。

《管子·权修》中有:"一年之计,莫如树谷;十年之计,莫如树木;终身之计,莫如树人。"①甲骨文中,"木"与"树"这两个字犹如两首自然之诗,"木"高高向上,坚韧直指;"树"如手植树木,如用手抓着右边的"木"栽种,象征着生命力的旺盛。由"木"而"树","树谷"和"树木"体现了古人的智慧与远见(图1-5)。

图1-5 木和树

从甲骨文的字形看,"树"与"木"关系密切,共同表达了古人对自然的观察、表达和审美,彰显了甲骨文的深邃魅力。可以说,甲骨文的出现标志着汉字发展到

---

① 管子[M].李山,轩新丽,译注.北京:中华书局,2019.

了较为成熟的阶段。小学低年级识字课的第二课《金木水火土》(图1-6),其中的汉字几乎可以在甲骨文中找到。我们看图1-6：

金 木 水 火 土

图1-6

"金"仿佛金属器物,"木"仿佛生根发枝的树,"水"仿佛流动的样子,"火"仿佛燃烧的火苗,"土"仿佛累积的土块。教学《金木水火土》的过程中,如果有意识地"引用"甲骨文中这些汉字的书写做成课件在课堂上投影,引导学生观察这些甲骨文字形,抑或是挑选其中表现比较独特的甲骨文字形,引导学生观察发现,那么汉字教育就和汉字生成密切地联系在了一起。这样的课堂便是生命教育课堂、生命成长课堂。这样的生命课堂教学必将生动活泼、风景无限。

四、仓颉造字说

相传仓颉是黄帝时期的史官,他通过观察鸟兽的足迹,创造了汉字。这种说法在古代文献中有记载,但仓颉造字的过程和真实性,尚无考古与史书的确凿证据。据史料记载,黄帝大约生活于公元前2717年—公元前2599年,是古华夏部落联盟的首领,是我国远古时代华夏民族的"共主",为五帝之首,被尊为中华"人文初祖"。如果说汉字产生于黄帝时代,那么至今不过5 000年。但早在新石器时代的陶盆上,象形的"鱼"和"人"便出现在边沿上。而新石器时代大约是从1万多年前开始的,其结束时间至少距今5 000。这要比黄帝时代要古远得多。因此,"仓颉造字"不可信;但可信的是,作为史官的仓颉,当时可能在汉字的规范、推广、使用等方面发挥了重要的作用。

从历史进程看,汉字生成是个漫长的过程,也是不断演变和发展的过程。从教材的字形演变看,汉字经历了甲骨文、篆书、隶书、楷书、草书、行书等不同的字体阶段。在这个过程中,我国先民发挥了聪明智慧,使得汉字的结构和形态不断得到修正与规范,同时汉字的表义也在不断吸收和融合环境,表现出丰富多彩的义项。小学阶段是识字的重要阶段,小学一年级两个学期要识别大约800个汉字。汉字教育作为中小学教育的重要内容,只有放在中华文化的层面审视,只有和生命教育和谐一致地联系起来,汉字这种文字符号才会真正成为激发中华民族后来者智慧和创造力的源头。

第二节　汉字的识别

　　汉字里有中华先民的智慧与精神，汉字浸润着中华文化的血脉和肌肉，汉字教育传承中华优秀传统文化。翻阅史册，我们会发现历朝历代的教育家们十分重视汉字的识别和认读活动，有的为了汉字学习活动编写了专门书籍。比如汉代许慎就编写了《说文解字》，清代学者段玉裁就编写了《说文解字注》。儿童读书是从识字开始的。如果没有正确规范的汉字识别，汉字理解，就难以有生动活泼的汉字教育活动的开展。因此，我在建构阳光生命课堂时，是将识字教育当作生命教育的重要内容的。识字教育是小学低年级开展传统文化教育的重要学科项目。以我所在的诸城市第一小学来说，学校开展识字教育专项研究已持续10年，成为山东省的汉字教育品牌。

　　汉字的识别主要在三个方面：读准字音、认准字形、理解字义。小学一年级第一学期，共要识别大约350个汉字。这100个汉字按照集中"识字"和课文"识字"的方式编写。在小学一年级阶段，对于汉字教育来说，仅仅是"认字"这么简单吗？第一阶段要识别"一二三上""口目耳手""日田禾火""虫云山""八十"等，从甲骨文的层面看，这一阶段的汉字均有甲骨文字形的依据，我在教学过程中是引导学生从中华文化的角度，从汉字起源的角度审美，让学生热爱汉字历史、汉字智慧。因此，汉字教育不仅仅是"认字"这么简单。

　　中华文化历史悠久、博大精深，汉字作为其核心元素，承载了丰富的历史和文化内涵。小学低年级语文识字教学中一定要强调汉字文化智慧的融入。要充分地认识到，开展汉字识别教育，也是开展汉文化教育的一种方式。如果学生仅仅是认识了汉字的外形，仅仅是知道了汉字的读音，而没有透彻地理解汉字中蕴含的中华文化、中华智慧、中华历史和中华思维，那么这样的汉字教育就是低层次的。一位小学语文老教师向我提出了这样的问题：在整个小学阶段，最难上的课是什么课呢？事实上，最难上的课就是小学低年级汉字教育课。许多小学低年级教师没有认识到汉字教育的重要性，没有认识到汉字识别中其实是穿插着中华文化、中华传统教育的内容。在他们的识字课堂上，汉字的文化性、汉字的历史性、汉字的智慧性、汉字精神的传承性几乎没有。我之所以倡导在汉字识别中浸润着汉文化精神，是为了让小学生从识别汉字开始就打上中华精神的烙印，传承中华文化的创造智慧。阳光生命课堂强调从生命教育的层面识字，把小学生的识字活动和课文阅读结合起来，把小学生的识字活动和日常生活结合起来，把小学生的识字活动和校园活动结合起来,让学生们感受到生命课堂处处有汉字教育,生命课堂处处有汉字精神的理解和传承。

我认为,汉字是中国人的第一大文化发明。有人说:"汉字是中国文化之根;汉字是国家统一之本;汉字是国人立命之神。"这样强调汉字的重要性不过分。在中华文化中,汉字具有独特的历史地位,汉字奠定了中华文化的根基。在新时代,在"为国育才,为党育人"的今天,汉字识别是一门科学,也是一门艺术。我们要把汉字的识别放在新时代中国特色社会主义建设的层面审视,放在建设中国特色现代化的层面审视。这样才能看清汉字教育的重要价值,才能认识到汉字识别的时代价值。

一般来说,汉字识别是一门科学,是因为汉字识别有自己的规律,自己的路径,自己的经验积累。识别汉字如果不放在科学的层面审视,那么老师教给学生的可能是不规范的汉字识别。只有从科学的层面审视汉字识别,汉字的教学才会走向正确的道路。但是汉字识别又是一门艺术,讲究生动活泼,讲究寓教于乐,讲究恰到好处,讲究出神入化。一个汉字里充满着原始思维的浪漫,一个汉字里充满着原始神秘的故事,一个汉字里充满着原始创造的智慧。如果不讲究汉字识别的艺术性,我们怎能把中华汉字里的浪漫神秘和智慧传递给我们的下一代呢?

在具体的教学过程中,汉字的识别首先要激发学生的识字兴趣,其次要探讨识字教育方法和识字教学模式,然后再不断拓展识字渠道,引导小学生基于阅读识字,基于生活识字,基于表达识字。以《小小的船》来说,课文的内容不长:"弯弯的月儿小小的船,小小的船儿两头尖。我在小小的船里坐,只看见闪闪的星星蓝蓝的天。"这篇课文需要认识"的""船""在""里""两""看""闪""见""星"等汉字,需要写字的只有"月""儿""头""里"。我在教学时,引导学生反复诵读反复吟唱,等学生们会背诵、会歌唱时,才引导学生们识字。诸城市第一小学的老师们多强调"自主识字",小学低年级教师每每齐心协力地研究"自主识字"的对象、内容、方式、路径和策略。这些年,学校通过"传帮带","识字教学"研究团队每年都有新突破、新开拓、新完善。小学低年级甚至提出了"激趣、教法、拓源"的自主识字"三策略",老师积极寻求遵循儿童年龄特点,创设了丰富多彩的教学情境,优化识字教学方法,充分激发了学生自主识字的积极性,构建了开放而有活力的识字课程,学生们也拥有了更多的识字资源和实践机会。小学低年级的学生,不过于强调"认了多少字",而要注重激发学生认字的积极性,不断体验认字识字的快乐,不断浸润中华优秀汉字文化精华。诸城市第一小学在汉字教育和阳光生命课堂审美中,实现了学生由"我学会"变为"我会学",由"我会认"变为"我会说",由"被动识字"

变为"主动识字"、变为"文化识字"的目标,学生真正做到了"爱识字、会识字、多识字、识智慧",小学生语文能力及思维能力得到了全面发展。

新课程背景下,生命课堂建设要主动在汉字教育的情境中激发学生识字兴趣,让学生们爱上识字,爱上汉字里的中华传统文化。开展汉字识别活动需要中小学老师们继承传统、精益求精、总结规律、开拓创新。在生命课堂建设中,汉字教育是重要的领域,也是传统文化学习的重要天地。

阳光生命课堂开展汉字教育,既要懂得激发学生的识字活动,又要懂得识字策略,还要学会结合识字课堂开展以汉字教育为主题的课外实践活动。

汉字教育中,怎样激发学生们识别汉字的兴趣呢?

可以用汉字的故事激发学生的兴趣。爱听故事是儿童的天性。在小学六年级,每课通过一个汉字小故事激发学生认字读书的兴趣。比如学习"休息"的"休",我们就可以把它编写成一个故事:一个人走路走得累了,他看到前方有一棵大树,就倚靠在大树下休息。休息了一会儿,他精神振奋,又继续向前赶路。讲完这个故事时,可以引导学生说说这个故事里描述了一个怎样的汉字,这样就可以大大地激发学生认字读书的兴趣。

可以用汉字开展游戏,通过游戏活动激发学生认字识字的兴趣。儿童天性乐于游戏和活动,比如围绕囚徒的"囚"字,我们开展了围长城圈人的故事。当一个大大的正方形里面"圈"着一位同学时,引导学生猜想这是什么字。另外,还可以引导学生积极参与建设识字游戏项目。我在教学小学低年级时每每采用"识字粮食超市""春节送字回家""夏日逛汉字商场""玩玩嫦娥字卡""火眼金睛识汉字""我当汉字解说员"等识字游戏。在我的课堂上学生们快快乐乐地识字,高高兴兴地传递着识字的秘诀。事实上,从我校(诸城市第一小学)老师普遍采用的"小小魔术师""组合生字""叫字排队""送字回家""读词赏画""读文找字""逛超市""字卡游戏""找找朋友""火眼金睛""我们是小考官"等游戏方法教学来看,学生们在玩玩乐乐中常常更容易牢记汉字。

可以开展课堂汉字创新学习活动。常态的"课文教学识字课"中,可以根据低年级学生喜欢生动、厌倦单一的特点,开展以花草树木、鸟兽虫鱼、居家用品、走入田间、来到集市上等为内容的"主题活动识字课",让学生结合日常生活情境,了解汉字的造字规律,了解汉字蕴含的知识道理,感悟汉字文化的博大精深。还可以基于真实的生活情境开展"字理识字课",基于"主题阅读丛书"开展"阅读识字课",基于学生的汉字学习活动开展"比比谁是汉字大王"竞赛活动。在汉字教育过程中,教师每每让学生根据自己的兴趣选择剪剪、画画、贴贴活动,用图文并茂的方式编成自己的"识字课本"。这个过程,是学生动手、动脑,体会收集、整理、编排的创造过程,也成就了孩子剪贴板上永不磨灭的记忆。杜老师开展教育有巧妙的方法。她在一年级上学期安排学生做识字剪报,一年级下学期就让学生做"个性化识字书"。她在二年级引导学生做"课外识字集锦",让班级人人都成小主编。她尊重学生的个性差异,并没有硬性规定必须什么时候完成,谁早完成了谁就早装订成书,放在班级图书角被展示被借阅。她的实践证明,当把关注孩子的识字兴趣和方法放在第一位,让学生做学习的主人时,教师只需要去关注学生成长的过程,丰富学生学习的载体,多多给孩子更多的选择机会,汉字教育中学生更能实现最优发展。汉字识别教育实践表明,小学生们有了浓厚的汉字学习兴趣和科学方法,识字速度会突飞猛进,识字量会大大提高,对汉字文化也更加热爱了。在创造性的汉字学习过程中,如果我们把一个个方块字,变成一个个生动的故事和一幅幅生动形象的画面时,那么,就不仅能激发学生的好奇心和强烈的求知欲,也会使识字内化为孩子发展的内在需求。更重要的是,在汉字学习过程中,学生学会了观察与思考,感受到了汉字文化的博大精深,从而会更加热爱汉字学习!

汉字教育中,怎样用汉字认读的规律加快汉字识别呢?

部编版教材通过单元主题式的编排,增加了与汉字文化相关的知识内容,以促进小学生在识字过程中体验汉字的文化魅力,浸润汉字的文化精神。开展汉字教育要讲究识字策略,要学会运用汉字认读的规律,加快学生认识汉字、理解汉字的进程。许多老师总结出了生动活泼的"识字课堂"校本经验。

一、形象识记象形字

基于每个象形字就是一幅含义丰富的图画,采用看图识字的办法,学生乐学并能快速识记。象形字"水",就像河水流动的形态;象形字"鱼",就像画成鱼的一幅图画。象形字"牛",就像一个巨大的牛头;象形字"羊",就像小巧玲珑的羊的头部;象形字"鸟",就像飞翔的鸟的侧面样子;象形字"矢""弓",就像箭头和弓的样子;象形字"目",就像人的一只眼睛一样;象形字"自",就像人的鼻子的外形;象形字"日",圆形中间有一点,表明这就是太阳……在形象识字的基础上,汉字教育要渗透字理知识,让学生了解古人用象形的方式造字的秘密,从中探索规律,掌握识字技巧,感受汉字文化的魅力,比较牢固地掌握字的音、形、义的联系,提高汉字的运用能力。

二、科学识记会意字

一部分汉字是形义结合的合体字,把会意字的构字规律教给学生,学生能触类旁通,轻松快乐地记汉字。比如"莫"字,甲骨文"莫"字上下都是"草",中间是个太阳,意思是太阳落入草丛之中,表示天色已暮。"莫"是"草"和"日"两个象形字的会意字。比如"臭"字,从自从犬。"自"是鼻的象形字。"臭"字下面为什么要加个"犬"?有些专家推测,古人凭借日常狩猎生活的经验知道,狗鼻子的嗅觉对气味最为敏感,所以用"犬"字会意,表达"臭"的意思是气味流出。"气味"本来无形无状,但用了鼻子闻以后自然可"见于目"。"臭"字的创造可谓充满着原始的智慧。再如"盥"字,甲骨文中,下部"皿"是一只盆的形状,上部是两只"手"的象形,两只手伸入盆内,表示在洗手。"盥"字是"皿"和"手"两个象形字组合而成的会意字,表示"盥洗""洗手"的意思。再如"罗"字,没有简化前写作"羅",《说文解字》认为"从网从隹(鸟)",且"隹"在"网"之下①。"罗"字的含义就是以网罗鸟,用网捉鸟。像"盥""罗"这样的会意字,颇似人的行为或客观生活现象的素描写真。有些汉字,从字的原始构形上几乎一眼就能看出创造者想要表达何事何意。"息"从自从心。人和许多动物的呼吸都发于心脏而行于鼻腔,故表示气息和呼吸。

三、成串识记形声字

"秀才读半边"。在 3 500 个常用汉字中,有 2 522 个形声字,有 167 个义符,其中有效表义的占 83%,形声字的字形与字意存在很强的关系——形旁表义,声旁表音。汉字教育过程中我们可以引导学生通过声旁拆读汉字,通过形旁理解语义。一个字加上不同的形旁就带出一大串形声字。学生掌握了这一识字规律就能成串的识字。有的教师常常整理出常用部首,再给学生讲析部首的来源和含义。如"欠"小篆字形下面是人(儿),上面像人呼出的气,那么带"欠"的字多与呼吸有关。而带"攵"的字多与手的动作有关。这样学生就不会把"歌"字右边写错了。再比如带"页"字旁的字多与头有关,如"硕"是大头,"颗"是小头,"顾"是回头。星星是圆形的,所以是"一颗星"。这样的教学有助于学生理解字义,辨析形近字,有效地避免别字。一般来说,声旁表音,形旁表义。"主"加上不同的形旁可以成串认字:拄、住、注、炷、柱、驻、蛀。认识了"朱"字,学生可以猜"侏、洙、茱、珠、株、铢、蛛"的音和义。这样的规律识字让学生事半功倍,感觉其乐无穷。事实证明:给学生知识,不如给他方法;给他方法,不如给他规律;给他规律,不如激发他探索规律的愿望。

---

① 许慎.说文解字:大字本[M].[影印本].徐铉,校定.北京:中华书局,2013.

四、使用部首识字

《义务教育语文课程标准(2022年版)》(以下简称《课程标准》)规定九年义务教育阶段识字量3 500个,归于192个部首。科学解析一个部首,便于识字一大群。比如学生认识了"隹字旁""鱼字旁""鱼字底""革字旁""髟字头"等部首,细加引导便可认识"唯难""鲤鲜""鲨鳌""鞋鞍""鬓髯"等许多汉字,如表1-1所示。

表1-1

形状	名称	例字
隹	隹字旁	唯 难
鱼	鱼字旁	鲤 鲜
鱼	鱼字底	鲨 鳌
革	革字旁	鞋 鞍
髟	髟字头	鬓 髯

汉字教育过程中,教师每每给学生正确讲解分析部首的来源和含义,便于学生理解字义,辨析形近字,避免错别字。在形声字的学习中,师生可以从"声旁"入手搜集系列的"形声字字族文",可以从"形旁"入手寻找"形声字识字小助手",从而教给学生,按照规律认读汉字的方法。

五、联想识字法

汉字教育过程中可以引导学生积极地由一个汉字联想另一个汉字,教育学生认知"字根"的含义,学会书写;再用字形相似的方法引导学生识字。比如,通过增加笔画和偏旁部首,变成新的字。比如,由一个"字根"联想到相关的、带有这个字根的合体字、词、句,以及相关的事物、人物、事件等,就可以有效激活学生的联想思维,激发学生的识字潜能。联想不是目的,关键要开展汉字教育,要给学生讲解偏旁笔画的含义,讲解新字新词的含义,同时让学生认真书写,增强记忆。比如汉字"愉快"的"愉",是由"忄"和"俞"构成的形声字,前者表义,后者表声。声旁"俞"在"愉"字中只表示声音不表示意义。《说文解字》"俞"又拆分为"亼、月、刂"三个部件,"亼"表示"集合","月"为古"舟"字的变形,而"刂"则是古"水"字的变形,这三个部件"会意",则表示"俞"是"以树木作舟"之义。这样的造字理据的分析,显然不能用来学习"愉"字。怎样开启"愉"字的联想识字法?教学时,我把"愉"字拆分为"忄""人""一""月""刂"五个部件,带领学生一同开展愉快的生活联想:心情好;人一个;面对月亮,手拿刀;心情愉快,到处跑。我对"愉"字的字形结构的"组装",就是运用"联想"开启的浪漫的想象,学生们自然知道了"愉"字字形的组织架构。当然,联想识字还可以构成"字串",形成一组含有"忄"或者"俞"的字组:

联想"忄"的字组:忆、怕、忙、惭、情、慢、怪、悄、惊、懒、恼、快、怀、怜、愤、恒、恨、悔、惯、性、悟、悦、恰、憎、惧、懈、怔、忧、慨

联想"俞"的字组:瑜、渝、愈、喻、榆、逾、愉、谕、崳、蝓、偷、揄、觎、逾、腧

汉字教育中,阳光生命课堂怎样开展以汉字教育为主题的课外娱乐活动呢?汉字教育要寓教于乐,要遵循儿童识字的基本规律。重视"识字课堂"建设之外,还要积极开展以识字为主题的生动活泼的实践活动,引导学生在生动活泼的识字教育活动中,亲近汉字,识别汉字,理解汉字,学会使用汉字。

新课程背景下,生命课堂识字教育要主动贴近学生日常生活开展汉字教育,让汉字的理解和日常生活紧密地结合在一起。如果孩子的教育脱离了日常生活,很显然汉字教育会走向单调乏味。贴近生活挖掘识字资源,引导学生主动识字,是兴趣选择。我们要引导学生与"生活"交朋友,鼓励学生用眼睛留心观察生活环境,挖掘生活中一切可利用的识字资源,开展汉字学习活动和汉字书写活动。比如引导学生观察生活环境中汉字存在的情况。我班级的一位学生就从小区里面找到了542个汉字,试想在汉字寻找过程中一定发生了汉字的认读活动,汉字的字形辨认活动。这样生活就成了教育的基本情境。

围绕汉字的学习教育活动,积极建构以汉字识别为主的校园学习活动,也是一项很不错的设计。汉字是生命力和想象力的宝库,汉字是伟大发明和创造的起点。以汉字识别为主题的校园学习活动,很容易让"活动"成源泉。比如"小学生汉字操""汉字广场舞"……这样的汉字教育活动不仅拓展识字渠道,还搭建了学习汉字的桥梁,把抽象的汉字送回生活中去,让汉字活起来。这样的学习活动也使得小学生拥有了更多的识字资源和实践机会。试想,哪个小学生不喜欢广场舞活动呢?哪个小学生不想在主题活动中展现自己呢?开展与生活有关的"小学生汉字操""汉字广场舞"综合实践活动,建设以识字为主题的学习实践活动,汉字教育就趋于生动活泼,延伸于日常生活。

阳光生命课堂上,小学生们喜欢唱歌曲,如果把汉字编写在儿歌中,引导学生反复演唱,也是一项很不错的汉字教育活动。汉字里有浪漫的故事,汉字里也有美妙的歌曲。有的老师发现汉字音节优美,于是编成歌曲,让汉字融于朗朗上口的儿歌中,这些老师利用低年级学生记诵能力强的特点,在反复的诵读中引导学生多次感受汉字的形、音,熟读成诵,学生们便在自主快乐地识字,不断地演唱,也就强化了自主识字能力和运用能力,从而大大提高识字效率。我们学校许多老师

每天安排学生课外演唱或者诵读15分钟,圈画出不认识的生字,做成生字卡片或者写在识字本上,装订成册,这样每个孩子都拥有一本课外识字"书"。

围绕汉字的书写、汉字的制作,开展生动活泼的汉字字体形状设计活动,学生成为汉字字体形状的设计、创造者,也是一项不错的活动。汉字本身就是一种创造,汉字本身就是一次制作,汉字本身就是一次创举,因此开展汉字书写设计活动也是引导学生走向创造天地的一种创想。当学生和家长,学生和老师,学生和学生之间围绕汉字书写设计字体形状而展开讨论时,汉字教育是不是已经深入到学生思想深处了呢?这样的共同研讨活动,就把学习识字的经历"汇编"成了一次次思想碰撞的汉字教育"小课程"。在汉字制作的展示阶段,哪一个学生不是伟大的创造者?汉字教育中,通过多元评价,让学生体验识字的快乐,获得成就被肯定后,他们会更加自信阳光地投入学习乃至生活。这样汉字识别活动和小学生的汉字字形制作活动就紧密地结合在一起了。这样的汉字学习活动就是由创造走向创造,当我看到小学生们自己设计出来的汉字字形、自己创造的汉字书写方式时,惊诧极了!

我们认为,小学低年级的语文学习过程中,汉字教育不仅是学习语言、提升语言核心素养的重要途径,还是培养小学生文化素质的广阔桥梁,更是理解中华民族汉字文化、汉字智慧的广阔天地。小小汉字和小学生的生命成长息息相关,密不可分。多年的汉字教育实践告诉我:汉字教育里有学生的喜怒哀乐,汉字教育里有老师的一丝不苟;汉字教育里有中华文化自信,有中华智慧闪耀,更有民族精神的传承和创新!生命课堂就要绽放生命教育之美,就要绽放师生生存智慧的光芒!

生命课堂之美,美在哪里?在识字教学中绽放教师的识字智慧,用创新打破固化樊笼,在教育中融入民族文化精神!

第三节 汉字的精神

每一个汉字里都充满着中华民族的智慧,每一个汉字里都充满着中华文化的精神。中小学语文老师应该从汉字精神研究入手,全面理解汉字中浸润的中华民族精神。全面理解每一个汉字在诞生过程中所赋予的丰富多彩的精神品质。因此汉字教育的过程更多的是汉字精神的理解和传承过程。

即便是在小学低年级识字阶段,也要从汉字精神研究入手,弄清每一个汉字充满的中华民族文化精神。弄清每一个汉字诞生过程中所承载的中华民族文化精神。

"道德品质"的"德"字,是中国传统文化的核心内涵。"德"字生成的文化精神十分丰富——品德、道德、仁德、怀德、恩德、美德、积德、施德、德性、德行、德才、德成、德艺。在认识汉字时,我们要从"德"字本源上探究汉字的精神。甲骨文的"德"字,是由两个部分组成的——"行"和"直"(图1-7)。

图1-7

甲骨文中"德"字,可作如下拆分(图1-8)。

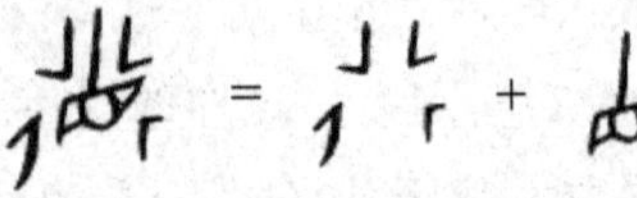

图1-8

甲骨文中"德"字被拆成了"行"和"直"。这两个"部件"表示什么意思?"直"被刻画成"一"和"目"组成的会意字,有什么讲究呢?

甲骨文"德"字中,"行"代表向前、行走,而"直"字则像一只眼睛看向一条直线,表明眼睛看着一条直线向前行。"德"字中的"行"要走到哪里去?古人为什么要将"德"字刻画成沿着一条直线向前走?显然,"直"字中的"一",象征着大路、直路,有着非同寻常的意义。

据史料记载,"德"字表现的是上古帝王的祭天过程。上古帝王在祭天过程中要沿着一条直路虔诚地前行,所以后来"德"字被附上了"行得要正,看得要直"的意思。从汉字的创造来看,"德"字更多的是表达祭祀过程中上古帝王的虔诚心理。这种虔诚心理或者是对大自然敬畏,或者是对先王的敬畏。

从汉字字形的变化来看,西周时期"德"字字形上没有什么变化,只是在春秋时期才在"德"字下面加了一颗"心"——心正,说明春秋时期人们对"德"要出自"心"的要求越来越高。因此,"德"也就有了"行正、眼正、心正"的意义。不论"德"字表现出怎样的义项,"德"字内里的虔诚、敬畏心理还是保留了。我们看"德"字字形变化(图1-9)。

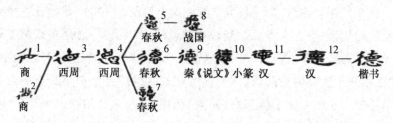

图 1-9

又比如"字典"的"典"(图 1-10)。

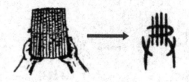

图 1-10

从现代汉语来看,"字典"就是中小学生学习汉语言的工具书。比如《新华字典》《古代汉语字典》等。从甲骨文来看,"典"很生动,由两部分组成。上面是甲骨文的"册"字——用绳串接几片木片或者竹片,写满了汉字,这就是后世的竹简。在没有纸张的年代,古人用竹简书写成书。而甲骨文中"典"字的下面是两只手。整个甲骨文字"典",可以解释为人们用双手捧着竹简——写满文字的竹简,或者双手捧读重要的典籍。如《书·五子之歌》中有"有典有则"。孔颖达解释为:"典,谓经。"也就是说,"典"是可以当作重要经典作品的东西。

现代汉语中,"典"一般指重要的文献或书籍。在甲骨文中,"典"字不仅真实地记录了原始先民们的创造智慧,还在鲜明地张扬着一种读书求知的理念。"典"字告诉人们,真正的知识是写在"竹简"上的,要学习这些知识就必须虔诚地去阅读"竹简"。或者说,只有向"竹简"学习,才能迅速获得真正的知识。

的确,"典"字的形状很直观地告诉人们,要阅读经典,要学会传承。这样看来,我们的先民们多么富有暗示性和创造性。

再比如"大树"的"树"(图 1-11)。

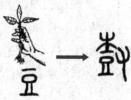

图 1-11

从甲骨文来看，"树"就是一只手拿着一棵小树苗——"木"栽种在盆里或者土地中。原始时代，中华古人将"木"栽种在盆里或者土地中，这是多么富于开创性的尝试和富于智慧的探索。这说明在原始社会，中华民族的先民们就懂得植物的栽培，就懂得开拓生存的空间，探索生存的方式。"树"字中是不是充满着先民们的探索精神呢？在学习这个汉字时，如果我们能从汉字的精神入手给学生讲解，那么"树"具有的"栽种"的意思不就深入学生的内心了吗？学生们在遇到"百年树木"这个词语时是不是会非常亲切呢？

又比如"舞蹈"的"舞"，甲骨文有多种写法（图1-12）。

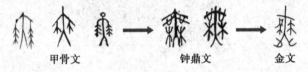

图1-12

不论何种写法，"舞"字细看都像一个人两手执兽尾或鸟羽在起舞。《说文解字》认为："舞，乐也，两足相背。从舛，无声。"①这说明"舞"字和"乐"相关联。而商代以后的舞蹈，则直接是从原始时代的"舞"字发展而来。从远古传说及岩画看：在原始时代，我们的先民已在手执牛尾或者鸟羽在起舞了。在钟鼎文时代，"舞"字的造型已经十分接近现代"舞"字的写法，而金文"舞"字则更加简化了。这表明"舞"字在造字过程中一直经历着"修修补补"。

原始时代人们为什么要舞蹈？是单纯的生活娱乐活动，还是有某种祈求？中国艺术研究院舞蹈研究所王克芬在《第三讲　奴隶制时代舞蹈的发展》中认为，奴隶制时代，夏启即位十年，在"大穆之野""舞《九韶》"（《竹书纪年》卷三）。据说，"舞《九韶》"源自"启"从天上取得的仙乐，是供启欣赏取乐的。《墨子·非乐》中也有"万舞翼翼，章闻于天"的记载。王克芬认为，"乐舞享乐"是"启"奢淫生活的组成部分，是经过艺术加工、具有一定欣赏价值的表演性舞蹈。

从现代汉语的语境看，"德""典""树""舞"四个汉字，分别表现着敬畏、阅读、劳动和娱乐。如果从原始社会的生存环境看，"德""典""树""舞"是不是表明原始社会已经向现代文明悄悄迈进了？要敬畏大自然，要向经典的书籍学习，要学会植物栽培，要学会劳逸结合……这些是不是新时代的学生应该汲取的生存智慧呢？阳光生命课堂在开展汉字教育审美时，十分注重汉字精神的挖掘和传承，主张在课堂教学过程中以汉字精神引领课堂学习，以汉字精神教育新时代的少年儿

---

① 许慎.说文解字：大字本[M].[影印本].徐铉，校定.北京：中华书局，2013.

童,真正让新时代的少年儿童沐浴在中华优秀传统文化的氛围中。

汉字的精神可以从哪些方面理解和传承呢?事实上,中国的汉字数量众多、博大精深,每一个汉字所浸润的精神又各不相同。但是,从青少年学生成长的层面上看,从提升中小学生语文核心素养的层面看,生命课堂审美过程中,汉字精神的挖掘、研习和传承可以从以下几个方面进行。

汉字的精神是尊重自然的精神。生命课堂要培育学生尊重自然的精神,就要从汉字的精神汲取开始。许多描摹自然的汉字都充满着尊重自然的精神。这种尊重自然的精神是真实的再现自然,描写自然,表现自然。如果从汉字尊重自然的精神出发,引导学生观察中国先民创造汉字的精神,是不是可以在汉字研习活动中传承尊重自然的生命精神呢?

小学一年级上学期要学习中小学第一篇课文《秋天》,要学习汉字"秋"。这是一篇怎样的课文?我们来看《秋天》全文:

天气凉了,树叶黄了。一片片叶子从树上落下来。

天空那么蓝,那么高。一群大雁往南飞,一会儿排成个"人"字,一会儿排成个"一"字。

啊!秋天来了。

可以说《秋天》这篇课文用了许多意象,意在向小学生们解释什么叫"秋天"。在课文中秋天到来有哪些痕迹呢?首先是"天气凉了",其次是"树叶黄了",并且"从树上落下来"。有时候单凭"树叶黄了",仍然不能判断是秋天。江南有许多地区,树的叶子是春天落的。秋天倒没有多少树叶落下。因此课文用了三组意象来表明"秋天来了":天气凉了、树叶黄了、一群大雁往南飞。

阳光生命课堂上,《秋天》这篇课文第一次给学生浸润了"秋"的意象,引导学生关注大自然,关注物候变化,从而作了生活判断。在学习"秋"字时,我并不只是分析"秋"字的左右结构,并不只是引导学生开展"秋"字的组词——秋水、秋风、秋阳、秋季、秋声、秋夜、秋光、秋收、秋种,我想到了"秋"字在甲骨文中的情形。"秋"字在甲骨文中是怎样的现象呢?我们看图1-13。

图 1-13

甲骨文中"秋"字有十几种写法,最典型的是上面的6种写法。甲骨文中的"秋"字表达的是什么意思呢?反映了什么样的物候变化呢?古人创造这个字时遵循了什么样的规律呢?仔细看,这6个"秋"字中似乎都像一个虫子,或左或右,或站或立。在金文中,"秋"字直接写成图1-14所示。

图 1-14

金文的"秋"字,活像一只爬行的甲虫,两只眼睛还望着造字者。可见,"秋"字是个象形文字。根据《说文解字》的解释,甲骨文中"秋"字的字形为蟋蟀形状[①]。古代虫以鸣秋,借蟋蟀的鸣叫来表达"秋天"这个概念。"秋"字还有另一种写法,在蟋蟀的形状下另加一个"火"字,来表示秋天禾谷熟,似火灼一样的色彩。因此"秋"的本义才是"收成""成熟的庄稼"的意思。唐诗中有"春种一粒粟,秋收万颗子"。这里,"秋"字表示时间与季节,则是春秋战国的时候。

从古人造字的层面来讲,甲骨文中的"秋"字恰到好处地描绘了蟋蟀的形状,以及鸣叫时候的样子。从造字方法上来看,远古时期的先民们很聪明,他们及时地捕捉到了秋天最特别的动物——蟋蟀,用来表示季节的到来,丰收时刻的到来。古人在造字时十分注重观察大自然的变化,注重表现万物变化的自然规律,巧妙地截取自然生活中典型物象来表示秋天的到来。阳光生命课堂上,我们开展汉字教育,要从古人造字智慧的层面观察古人对自然现象、自然变化、自然规律的发现和捕捉。尽管小学低年级的同学还不太懂得自然现象、自然变化、自然规律等知识。但作为教师,一定要研究清楚,要看出古人在造字上的伟大发现和伟大创造。从"秋"字的生成来看,"秋"字就是古人对自然规律以及生活规律的总结和归纳。

小学一年级上学期学习汉字"春"时,一般的老师会引导学生认真听"春"字的发音,分析"春"字的上下结构,尝试用"春"字组词造句,并引导学生回忆关于"春"的儿歌、"春"的诗句等。这些都是不错的教学策略。但是,从汉字教育的层面看,从汉字精神的挖掘上看,"春"字这样教学仍然没有达到最佳的审美状态。阳光生命课堂追求的是生命课堂之美,主张引导学生在课堂上开展审美教育活动。从甲

---

① 许慎.说文解字:大字本[M].[影印本].徐铉,校定.北京:中华书局,2013.

骨文看,"春"是怎样的生长状态呢? 我们看图1-15。

图1-15

在甲骨文中,"春"字表示什么呢? 我们看到在一片阳光下三棵小草发出了叶片,在娇嫩地生长着。远古时代人们认为,艳阳高照,大地上生长出了草叶,这就是"春"字。古代的"春"字写成"萅",由"草""日""屯"三个部件组成,现在简化成了"春"。古人在创造"春"字时极大地体现了对自然景物的尊重精神。当春回大地时,太阳照射,春草生长,这不是"春"字是什么呢? 因此,"春"字里蕴含着古人对自然规律的尊重,蕴含着古人对自然规律的发现,蕴含着古人对自然规律的反映。因此,在学习"春"字时我们首先要发现汉字里对自然的尊重、对规律的写真精神。在现代生活中,每当春天到来,小草碧绿地生长,春花娇艳地开放,用朱自清的话说,"一切都像刚睡醒的样子,欣欣然张开了眼。山朗润起来了,水涨起来了,太阳的脸红起来了"。

在建设阳光生命课堂时,我们要认识到,"春"字里面包含了古人对自然规律的发现,包含了古人对自然规律的尊重,包含了古人对自然规律的表现方式。在汉字教育过程中,在开展阳光生命课堂设计时,我们不能不佩服古人的眼光,古人的写真精神。因此,在学习"春"字时,要引导学生开展"三会"——会读、会拼、会写,还要看到"春"字里面所包含的有趣的自然现象、理性的自然规律和敬畏自然的生活情怀。

汉字的精神是襟怀坦白的真实精神。生命课堂要培育学生求真、向善、审美的时代少年,就不能不汲取古老汉字接近真实的写真精神。阅读甲骨文的残片或者甲骨文的文献,我每每有深刻的感叹,古人的一笔一画都浸润着古人襟怀坦白的求真精神,是他们的真实刻画、真实表达,才在窄窄的甲骨上给我们留下了丰厚的文化遗产。新时代要培养中小学生求真向善审美的思想品质,要让学生经历襟怀坦白的真实历程,就要好好地阅读汉字,领略汉字中的生命精神。在开展阳光课堂审美活动中,我常常和同事们一同研究甲骨文,特别是象形的甲骨文。那些象形的甲骨文,真实地表达了古人对自然、生活和世界的描写、刻录,那里面洋溢着远古时代人们朴素的求真精神。

我们看甲骨文中对于十二生肖的汉字创造(图1-16)。

图1-16　甲骨文十二生肖

从图1-16来看,"老鼠"的"鼠"是老鼠形象最生动活泼的刻画。甲骨文的字形上"鼠"具有尖嘴、长尾的特征。鼠头周围的"三个小点"代表老鼠正在咬碎东西。你看这样的刻画描写形象不形象生动不生动?这就是古人在造字过程中表现出来的坦诚的生命真实。

再看"老虎"的"虎"字。甲骨文中"虎"字是象形字,"虎"形象上长有大口长獠牙,有长足和利爪、身躯瘦长、尾巴弯曲,是典型的猛兽。金文中,"虎"字外露的獠牙、张大的嘴巴十分突出。"虎"字真实自然地表现出了老虎在森林中生活的实情实形。甲骨文中"鸡"字形象最生动,两只伸展的翅膀,昂起的鸡冠都活灵活现。"鸡"字的甲骨文生动形象地写出了"鸡"的精神风貌。而"马""羊""猴""猪"等字也十分逼真地刻画出了动物们的形体特点和生活特点。汉字的精神是万物和谐的精神,也是积极向上的精神。生命课堂上有意识地引导学生感受甲骨文中古人创造汉字时所坚守的写真精神,有利于培养学生仔细观察和热爱生活的品质。

生命课堂之美,还表现在汉字的优美书写上。汉字的书写,首先是汉字字形规范科学,其次是汉字书写顺序恰当,第三是汉字排列整齐优美。但是相比于汉字精神的理解和汉字精神的传承,汉字的书写就处于边缘地位了。我们在理解汉字精神的同时,应该把汉字的书写重视起来,因为汉字的书写也是开展汉字教育必不可少的环节。

第二章　生命课堂词语咀嚼

第一节　词语生成

　　史学界一般认为,伏羲女娲是中华民族百王之首,是东方各族人民的共同祖先。伏羲女娲氏政权,约起于公元前7724年,讫于公元前5008年,属于母系氏族公社时期。也就是说,至少七千年前,伏羲女娲们便开始了农业生产改良活动,各种动物被驯化出来,汉字也相应地被创造出来。史学家认为,伏羲女娲时代创造的文明主要有栽培牧草、莱麦,开农业之先;结网打鱼,开渔业之先;人工养蚕,开丝织业之先;创造圭表八卦太阳历,开天文学之先,开历法之先;发明琴瑟,开礼乐之先……从典史文化层面看,伏羲女娲时代最重要的贡献便是创造了中华文字,开启了"以文记事"的先河。可以说,伏羲女娲氏政权是中华民族自然和人文学科起步的初始时代,为中华文明丰富多样的文化诞生铺好了基石。

　　汉字的源头可以追溯到8 000到1万年之前。可是,我们现在能够看到的最早文字却不是8 000年前的样子,而是刻在殷墟甲骨上的甲骨文。而殷墟甲骨文时代,距今也只有3 000多年。在殷墟甲骨文时代,汉字已经被广泛地运用在龟甲兽骨的占卜上。可以说,甲骨文是汉字重要的"运用"源头,并不是真正的汉字"产生"的源头。

　　从甲骨文上我们也可以看出,汉字多是单个的使用,很少有几个汉字组成的双音词、三音节词。由此可以推测,汉字由单个的甲骨文字发展成由单个汉字、两个汉字、多个汉字组成的"词语"家庭,也要经历漫长的经验积累时间。因此,阳光生命课堂开展词语咀嚼、研究词语的生成,是非常有必要的。我以为,只有认真研究了词语的生成过程,才可以按照词语生成的规律开展词语咀嚼活动,开展词语运用体验,创造出生动活泼的校园文字来。我们看一段殷墟龟甲上的甲骨文(图2-1)[①]。

---

① 贾书晟,张鸿宾.汉字书法通解·甲骨文[M].北京:文物出版社,2005.

图 2-1

从左侧向右侧读为"戊一日用二告蒸其□于东更喜陟告今日骨其尽册王从卜已曰燕燕贞阱□午"(注:"□"为难以释读的字)。

殷墟建造的年代大约是公元前1319年—前1046年,距离今天有3 000多年。从这片甲骨文释读来看,大部分的词语都是单音词,只有"一日""今日"可作双音词看待。这说明,3 000多年前的殷墟时代,古人的占卜语言中单音词占了多数。从另一方面也说明,双音节和多音节词尚且没有大量生成。事实上,双音节或者多音节词语是汉语词语中最主要的词汇内容。用词语表达或者用词语组成句子表达,是汉语表达的主要方式。比如说,元代马致远的《天净沙·秋思》中,除了"断肠人""在"等词语,其他全是用双音节词语写成的。

天净沙·秋思

马致远

枯藤老树昏鸦,小桥流水人家,古道西风瘦马。

夕阳西下,断肠人在天涯。

但是,我们不能不承认,汉字由单个词变成两个汉字、多个汉字组成的"词语"经历了漫长的创造过程,也彰显着远古时代古人创造发明的智慧思考和智慧存在。当由一个汉字组成的词语变成双音节的词语,当这个双音节的词语出现在古人生活中时,这是多么伟大的飞跃啊!这里面有多少迷人的词语生成密码?要开展阳光生命课堂词语学习,就要研究词语生成密码,就要研究词语生成里蕴含的古人发明智慧和使用智慧。

汉语的词语,其实是由汉字而词语,由单音节而双音节。小学一年级教材上册的"识字"安排了4个专题,分别是"天地人""金木水火土""口耳目""日月水火",这些单个汉字在甲骨文中都可以找得到,有的象形,有的会意。为什么要设计这4个专题"识字"内容？让学生先学习单个汉字,主要是单个汉字是生成双音词的基础汉字。在原始社会,古人要将上述专题的汉字发展成"蓝天大地人口""金属树木流水火焰土地""门口耳朵目视""日常明月流水火焰"等双音节词语,一定经历了惊心动魄的选择,一定经历了超越俗见的突破,一定经历了由陌生到熟悉的使用过程。因此,识字课安排的4个专题内容的汉字学习,并不是单纯学习这13个汉字,而是因为这13个汉字在汉语单词中占有独特的地位,是构造双音或者多音词语的基础汉字。因此,在阳光生命语文学习过程中,教师能不引导学生经由古人的汉字到词语的生成过程？

我教小学识字课时这样想:小学一年级"识字"环节,为什么先从"天地人"等单个汉字组成的"词语"入手呢？后来我发现,这就是教材编制者希望教师们在课堂教学时,要努力尊重汉字创造的基本规律——远古时代,汉语是由单个字的"词"延伸到双音词语,再延伸到用词建构句子的。当下的识字学习,不也应该这样做吗？

从"天地人"等单个汉字组成的"词语"开启识字教学,还是因为单个汉字的学习和幼儿的语言学习过程非常相似。婴幼儿学习语言初期,多是用单个词来指代他们的需求。比如"奶""妈""爸""米""肉""鱼""鸡""鸭""鹅"等。渐渐地,幼儿才生成了叠音词"妈妈""爸爸""奶奶""爷爷""肉肉""鱼鱼""菜菜""米米"等。因此,开展汉语词语教学有必要研究词语的生成过程,既要看到造字、造词环节中,词语是由单音词、双音词以及多音词缓慢汇聚起来的,又要看到人类语言的学习是经由单音词到双音词,进而发展到多音节词、短语和句子的。

阳光生命课堂词语学习,要尊重"汉语生成""儿语学习"这两个方面的生成创造规律。如果开展词语学习不尊重"单音节到双音节""由词语组成句子"的生成规律,那么就难以学会在词语、句子中观察词语的生成和使用,进而发现词语生成和使用的规律。

总的来说,词语生成密码,是阳光生命课堂教学应该研究的对象。而由汉字到词语,是开展识字教学时应该关注到的重要环节。

在这个环节中,我们首先要研究好单个汉字构成的词语:单个名词、单个动词、单个形容词、单个数词、单个量词、单个副词、单个连词等。事实上,研究好单个汉字所构成的词语,才能够真正地认识汉字、理解汉字、运用汉字。

撇开一个字构成的词语不说,汉字是怎样由单个字发展到双音节或者多音节词语的呢？我们先看小学《语文》(一年级语文上册)《四季》这篇课文:

草芽尖尖,他对小鸟说:"我是春天。"

荷叶圆圆,他对青蛙说:"我是夏天。"
谷穗弯弯,他鞠着躬说:"我是秋天。"
雪人大肚子一挺,他顽皮地说:"我就是冬天。"

《四季》这篇课文,出现了哪些双音节以上的词语呢?仔细梳理一下,我们会发现出现了18个双音节、多音节词语:

草芽、尖尖、小鸟、春天、荷叶、圆圆、青蛙、夏天、谷穗、弯弯、鞠躬、秋天、雪人、大肚子、一挺、顽皮、就是、冬天。

这18个词语,除了"大肚子"是三音节,其他都是双音节。这说明《四季》这篇课文中双音节词语是主要的语言学习元素。如果对这些双音节或多音节的词语细细梳理,我们又会发现这些词语可以分成三组:

一组是通过音节重叠形成的双音词语——尖尖、圆圆、弯弯;
一组是由同义音节并列而形成的双音词语——鞠躬、顽皮;
一组是中心语加上修饰或者限制词语而生成的双音、多音词语——草芽、小鸟、春天、荷叶、青蛙、夏天、谷穗、秋天、雪人、大肚子、一挺、就是、冬天。

《四季》这篇课文词语学习的重点,要指向双音节词语的学习,通过双音节为主的词语学习,从而初步感受四季的不同,发现四季的特点和四季的美丽。如果从词语演变的历史层面细细地研究,我们还会发现,这里面就有原始社会汉字由单个音节词语发展成双音节、多音节词语的秘密。

在古代汉语的语境中,由单个汉字到双音节词语的变化非常清晰。开展汉字教学,开展汉语词语学习,一定要从历史层面观察汉语词语演变的轨迹。从殷墟时代到春秋时代,汉语的词语发生了怎样的变化呢?我们知道,在甲骨卜辞时代,人们多用单音的汉字占卜。即便是在春秋时的《诗经》时代,单音节词语仍在相关篇章中占主要地位。

我们看《诗经》中《芣苢》这一篇:

采采芣苢,薄言采之。采采芣苢,薄言有之。
采采芣苢,薄言掇之。采采芣苢,薄言捋之。
采采芣苢,薄言袺之。采采芣苢,薄言襭之。

《芣苢》中,除了"芣苢"这个联绵词是双音节词语,仅有"采采"是音节重叠而形成的双音词语。而其他"薄""言""采""之""有""掇""捋""袺""襭"均是单音节词语。和《芣苢》一样,《东方之日》也是这样。

我们看《诗经》"国风"之"齐风"中的《东方之日》①：

东方之日兮,彼姝者子,在我室兮。在我室兮,履我即兮。
东方之月兮,彼姝者子,在我闼兮。在我闼兮,履我发兮。

《东方之日》中,也仅仅有"东方"等词语是双音节,其他词语多是单音节。这说明在春秋时代,双音节词语还没有现代丰富。但这并不意味着双音节词语发展的步履就慢了下来。事实上,从甲骨文的单音节词语的使用到春秋以后双音节词语的爆发,是有一个过程的。《诗经》中个别文章使用单音节词语占主体,只是保留了上古表达的特点;但并不表示双音节词语发展的停滞。我们再来看《诗经》中《草虫》这一篇：

喓喓草虫,趯趯阜螽。未见君子,忧心忡忡。亦既见止,亦既觏止,我心则降。
陟彼南山,言采其蕨。未见君子,忧心惙惙。亦既见止,亦既觏止,我心则说。
陟彼南山,言采其薇。未见君子,我心伤悲。亦既见止,亦既觏止,我心则夷。

《草虫》是《诗经》"国风"中"召南"②里的一篇。从词语的角度来观察这首诗,我们会发现这首诗里面有许多双音节、多音节的词语,甚至是成语。

我们不妨来梳理一下。

单音节词语：亦、既、见、止、我、心、则、降、陟、彼、言、采、其、蕨、觏、说、薇、夷

音节重叠的双音词语：喓喓、趯趯、忡忡、惙惙

同义音节并列的双音词语：伤悲

修饰或者限制词语加上中心语的双音词语：草虫、阜螽、未见、君子、忧心、南山

四音节词语(成语)：忧心忡忡、忧心惙惙

很显然,《草虫》中双音节词语的使用就比较丰富。这就说明了汉语从单音节走向双音节是一个缓慢的过程,是一个不断发展的过程;但不同地区的发展程度并不相同。总体上说,词语从单音节发展到双音节,这是汉语发展的基本规律,谁也阻挡不了。如果我们考察一下汉代的文学作品,就会发现,汉代双音节词语的使用已经相当普遍。

我们看《古诗十九首》中的一首——《客从远方来》：

---

① 诗经[M].张晓琳,注析.北京:中国文联出版社,2016.
② 诗经[M].张晓琳,注析.北京:中国文联出版社,2016.

客从远方来，遗我一端绮。
相去万余里，故人心尚尔！
文彩双鸳鸯，裁为合欢被。
著以长相思，缘以结不解。
以胶投漆中，谁能别离此？

《客从远方来》中单节汉字和双音节词语丰富多彩。

单节的汉字：客、从、来、遗、我、一、心、双、裁、为、著、以、缘、以、结、以、胶、投、谁、能、此

双音节的词语：远方、端绮、相去、故人、尚尔、文彩、漆中、别离

三音节的词语：万余里、心尚尔、双鸳鸯、合欢被、长相思

拆开使用的词语：解结——结不解、胶漆——胶投漆中

阅读《客从远方来》这首诗时，注意到诗中所使用的双音节、三音节词语，然后再划分诗歌节奏而阅读这首诗，我相信读者很快会把握诗意诗情的。

汉字教育中为什么要重视研究音节的变化？主要是音节决定了词语的结构。而把握了词语的音节结构，就容易理解词义，就容易把词语读得准，就能够读出词语中所蕴含的思想感情。

汉语的音节发展到唐宋时代，和秦汉的时候又不一样。在唐宋时代，随着物质生活的高度繁荣，文化得到了快速的发展，出现了许多新的双音节词语。从汉语的层面来看，唐宋时代，汉语单音节和双音节词语更加丰富多彩。我们只要看辛弃疾的《青玉案》[①]，就能发现词语音节构成的多元以及双音节词语等的使用特点。

东风夜放花千树。更吹落、星如雨。宝马雕车香满路。凤箫声动，玉壶光转，一夜鱼龙舞。

蛾儿雪柳黄金缕。笑语盈盈暗香去。众里寻他千百度。蓦然回首，那人却在，灯火阑珊处。

对比《苤苢》，辛弃疾的词中双音词、多音词的使用更丰富多彩。如"东风""花千树""吹落""星如雨""宝马雕车""香满路""凤箫声动""玉壶光转""一夜""鱼龙舞""蛾儿雪柳""黄金缕""笑语盈盈""暗香""众里寻他""千百度""蓦然回首""那人""灯火阑珊处"。这说明汉语发展到唐宋时代双音词、多音词所构成的词语相

---

① 丁帆,杨九俊.唐诗宋词选读[M].3版.南京:江苏教育出版社,2007.

当丰富,使用的相当普及,相当活泼。阳光生命课堂开展词语教育,不妨使用词语音节分析的方法去认识词语生成的基本规律。

在现代汉语中,双音节、多音节词语是最基本的词汇。阳光生命课堂生活中,我们基本离不开双音节词语——上课、起立、坐下、认真、听讲、听听、看看、语文、作业、写字、上操、锻炼、奔跑、备课、课堂、教学、小组、讨论、倾听、下课、摔倒、开会、吃饭……

如果对这些双音节的词语细细地观察,我们会发现这些双音节的词语基本上可以分成四组:重叠词语——听听、看看;并列词语——起立、锻炼、奔跑、教学、讨论;修饰、限制＋中心语——课堂、小组、语文、作业、倾听;动词＋补充——坐下、认真、摔倒;动词＋宾语——上课、听讲、写字、上操、备课、下课、开会、吃饭。通过这样的分类,我们会发现生成双音节或多音节词语形成的基本规律越来越复杂。但是仍然可以发现其中蕴含的规律:音节重叠可以生成词语,同义音节并列可以生成词语,在单个表意汉字之前或后加入修饰或限制词语可以生成词语,动词后面一般带上名词而形成动宾关系。很显然,这里面就有甲骨文中单个汉字发展成双音节、多音节词语的基本规律。

学习《雷锋叔叔,你在哪里》这篇课文时,我在课堂上先引导学生读好第1～2节中的这些词语"沿着""长长""小溪""寻找""雷锋叔叔""足迹""在哪里""小溪""昨天""路过""这里""抱着""迷路""孩子""冒着""蒙蒙""细雨""泥泞""路上""脚窝""就是""留下""足迹"……然后,引导学生画出来第3～5节的重要词语。事实上,如果学生能够把《雷锋叔叔,你在哪里》这篇课文的双音节词语读准、读明、读出感情,那么"雷锋精神"也就浸润在学生的心海里了。《雷锋叔叔,你在哪里》所使用的词语80%以上都是双音节词语,这些词语音节和谐,朗朗上口。我又利用双音节词语的特点指导诵读,引导学生学习这篇课文中双音节词语的形义音的特点,课堂上学生们读得非常精彩,解释得非常有依据。事实上,对于第4节诵读来说,不只是读出"小路说"的内容,还要读出小路的深情蜜意。

小路说:昨天,
他曾路过这里,
背着年迈的大娘,
踏着路上的荆棘。
瞧,那花瓣上晶莹的露珠,
就是他洒下的汗滴。

从这段文字来看,"这里""昨天""年迈""荆棘""晶莹""露珠""洒下""汗滴"等词语,恰恰是学生应该琢磨,应该读出情味、情感的地方。学生如果不认真咀嚼这些双音节的汉语词语的声音轻重、语气长短、词义内涵,怎么能够领会作者浸润在文字中的浓浓的赞美之情、深沉的思念之意呢?阳光生命课堂,要引导学生开展词语咀嚼学习活动,开展词语运用活动,就不能不重视词语生成基本规律的观察与研究——研究词语的声音轻重、语气长短、词义内涵、词语的结构等。阳光生命课堂识字过程中,我提出一种观点:用汉字发展的基本规律来教学生识字、识词,让识字和词语教学回到汉字发展的基本规律上来。我的目的就是从汉字生成的源头上,从词语生成的过程上,从汉字本身的结构生成上来认识汉字,认识词语。

第二节 词语理解

认识词语的生成,认识词语的结构,主要目的是理解词语,是运用词语。现代汉语中的词语并不是凭空生成的,那么古代汉语里的词语也是有依据地生成的。认识词语的生成,认识词语的结构,才能够真正把词语理解好。小学《语文》(一年级上册)课文《大小多少》内容如下:

> 一个大,一个小,
> 一头黄牛一只猫。
> 一边多,一边少,
> 一群鸭子一只鸟。
> 一个大,一个小,
> 一个苹果一颗枣。
> 一边多,一边少,
> 一堆杏子一个桃。

这篇课文图文并茂,生动活泼,大大小小,多多少少,清清楚楚。教材的编者主要是引导一年级小朋友认识"大小多少"空间和数量的关系。课文的后面引导学生要学习这样一些词语"多少、黄牛、只、猫、边、鸭、苹果、杏、桃"。在这些词语中,双音节词语只有"黄牛、苹果"两个。单音节词语可以分成两类:一类是名词——猫、鸭、杏、桃;一类是量词——只、边。事实上,单音节词语通过组词就可以简单地转化成双音节词语——小猫、小鸭、杏子、桃子、一只、一边。由此,我们可以发现这些双音节词语生成的基本规律:在名词前面加"小",在名字后面加

"子",在量词前面加上数量词"一"。而在"读一读,记一记"中(图2-2)无论是单音节的词语还是双音节的词语,都很有效地和数量词结合在一起。我们看图2-2:

```
            dú yi dú      jì yi jì
     ○ 读 一 读 , 记 一 记 。
                                    qún
       一 头 牛    一 只 猫    一 群 鸭 子
           kē zǎo              duī
       一 颗 枣    一 个 桃    一 堆 杏 子
```
图2-2

这表明,词语学习实际上是不断"膨胀"的过程。词语学习从单音节词语的学习走向双音节,再由双音节词语的学习走向"双音节词或单音节词+数量词"——短语学习。即由独立汉字到双音节词语,再到三字短语、四字短语,教材的语言学习"扩张"的路线清清楚楚。

从语境上看,词语的情境长度比较短,理解起来方便容易。因此,词语的理解和使用是语文学科重要的学习内容,也是开展阳光课堂生命教育最理想的语言现场。

义务教育课程目标这样强调:"热爱国家通用语言文字,感受语言文字及作品的独特价值,认识中华文化的丰厚博大,汲取智慧,弘扬社会主义先进文化、革命文化、中华优秀传统文化,建立文化自信。"要真正让学生热爱祖国的语言文字,感受语言文字的独特价值,体验语言文字中丰富的中华文化和博大的中华智慧,就需要我们理解教材编写的路线,将学生从识词的层面引领到理解、使用词语的层面。只有这样,才能理解汉语词语中所浸润的中华优秀传统文化、社会主义先进文化等智慧,从而不断地增强词语学习的自信,不断地丰厚中华词语的使用经验。

从词语认知的角度看,要让小学生认知"江南",是不容易的事件。什么是"江南"?可以简单地说,就是长江以南吗?四川、湖北、安徽等省的长江以南并不叫江南。即便是在江苏,江南的理解也不同。常州的人说"常州是江南的中心",扬州的人说"扬州也是在江南",苏州的人说"所谓江南就是指苏杭地区",上海的人说"江南怎么能少了上海呢"……对于小学一年级的学生来说,如何认识"江南"这个词语,路径其实就在教材里。

汉乐府的《江南》是小学《语文》(一年级上册)课文的第三课:"江南可采莲,莲叶何田田。鱼戏莲叶间。鱼戏莲叶东,鱼戏莲叶西,鱼戏莲叶南,鱼戏莲叶北。"《江南》这首诗的背景选得非常好:一大片水塘,一大片莲叶,一大片小鱼,一大片鱼儿的游玩。观鱼者观察得入微,观察得目不转睛,观察得富有情趣,全在几句短小的采莲诗句中。学习《江南》,自然是感受传统江南文化之美,感受古人观察江南的细腻、描写江南的精致。如果说如何认识"江南",《江南》里才有江南的活动内容——江南可采莲,江南风景的特征——莲叶何田田。新时代小学生们学习《江南》自然是热爱江南——热爱江南的生活,热爱江南的劳动。

《江南》选自《汉乐府》,许多老师这样确定《江南》的教学目标:

1. 正确认读生字,用田字格写"江""南"等生字。
2. 借助拼音准确、流利地朗读、背诵课文。
3. 理解诗歌内容,想象诗歌描绘的美景。

这样的设计自然"中规中矩"。以"教学目标1来说",课文后面的"生字表"里已经确定了要学习的"生字"——江、南、可、采、莲、鱼、东、西、北。我在确定"识字、诵读、理解"教学目标时,在注重自我流畅地朗读、理解诗歌内容的基础上,重点研究了两点:一是认字写字,由字而词的规律;二是读诗读句,由诗而"江南"的情境。学生学习《江南》,主要是继续扩大识字量,不断积累汉语的词汇;同时在江南传统文化中想象江南之美,感受江南之美,因为我们山东诸城并不在"江南",而是在"江北"。但作为语文老师研究教材,不能停留在学生的境界上,应该有能力做好"读诗读句"工作,做好由诗而"江南"的阅读拓展。尽管我是教小学低年级的教师,但是知识视野也不能停留在小学低年级上。于是我在百科全书上找到了江南的词条。

"江南",是中国地理区域概念。依据不同的划分标准,"江南"的地理范围各个时代并不相同。一般地说,江南的地理范围要素有四个方面:自然地理、文化地理、行政地理、经济地理。从自然地理上看,江南的地理位置决定了江南的气候特征,江南的主要气候特征是夏季高温、潮湿、多雨的湿热和冬季阴沉、细雨的阴冷。从江南文化特征上看,江南文化经历了由尚武向崇文的转变,文化地位经历了由偏远到成为中心的转变。江南文化在隋唐之际内涵就比较稳定。从风景特色上看,江南地区的风景以园林和古镇为最,是典型的鱼米之乡……

一个词语的理解和运用,有自己特定的时间和空间。一个教师对一个词语的理解和运用有自己理解和运用上的特色和个性。开展汉语学习,开展词语咀嚼时,我们不能把自己对词语的个性化理解和运用,过度地"强加"在学生的理解和思考上。许多情况下,一个词语的选择和锤炼有着"众里寻他"的苦楚,一个词语的理解和运用也带有使用者的特色和风格。也就是说,一个词语的理解和运用因人因事、因地因时,有着万千种选择和万千种变化。这需要我们在开展词语理解时仔细斟酌,仔细琢磨,不断拓宽词语理解的空间,不断拓宽词语理解的视野。

小学词语教学设计,离不开词语教学情境的选择。也就是说,设计词语教学时,要在相应的语言情境中理解词语的结构和词语的内涵。做不到这一点,就难以实现在语言情境中学习语言的追求。

小学《语文》(二年级上册)课文《坐井观天》中,学生们要学习哪些词语呢?要学习"井沿""无边无际""不信""抬头""弄错""还用"等,这6个词语都在课文情境中出现过。教师教学时要根据课文情境引导学生了解这些词语的含义和用法。也就是说,这些词语的理解和运用都有特定的使用空间和特定的情境内涵。对于词语学习来说,我们必须在特定的使用空间和特定的情境中引导学生去理解词语的意义和内涵。如果单纯学习这6个词语,显然就做不到在语言文字的情境中理解和消化。

同样,开展词语教学实践也必须在相应的情境中来进行。阳光生命课堂的教学实践表明,在词语运用的典型环境中理解词语是最佳的教学路径。一般来说,小学低年级的词语学习情景多是故事性的,学生在故事的讲述中自然而然地接触了词语,感受了词语的含义,时间一长就记住了这个词语的存在。这时候再开展词语教学实践,引导学生理解词语的内涵,就比较容易了。事实上,一个词语有时就是一个概念。对于小学低年级学生来说,认识一个概念有时要费很多工夫。在设计教学过程时,我有时一节课只引导学生认识一个词语,比如"春天"这个词语。教学《语文》(二年级下册)课文《找春天》,我将学习重点确定为理解"春天"的含义。

在生活中,"春天"的含义丰富多彩。

从自然的角度看,"春天"是指四季之首。在四季的语境下,"春天"中,天气渐渐回暖。这时,万物复苏,草木萌芽,鲜花盛开。春天,是大自然重新焕发生机和活力的季节。

从语言的象征性来看,"春天"又象征着新生、希望、成长和新希望的开始或者到来。日常语言生活中,我们常常说"李老师的春天到来了"。这里的"春天"象征着经历事业寒冬之后李老师教学活力和教学梦想的复苏和重生。在这样的语境中,"春天"指的是给人们带来积极向上的力量,以及对未来美好的憧憬等。

从文学的角度看,"春天"往往被用作比喻美好、浪漫、温馨的象征。在《李春天的春天》中,"春天"可以指人物李春天的名字,也可以象征李春天在纷繁复杂的关系中发现梁冰冷漠和玩世不恭后的温柔和善良,让她心生好感,迎来爱情上的

"春天"。这儿的"春天",用来指爱情、友情、理想等美好的情感和追求。

在日常生活中,"春天"能够唤醒人们愉快的心情,让人感到充满活力和动力;"春天"也能激发人们非凡的创造力和积极的进取心。可见,"春天"的含义如此丰富多样,在不同的语境中有着不同内涵。

《找春天》的语境中,学生们要"找"的春天是放在"田野"上的。如何定位孩子们的"田野"和要寻找的"春天"呢?如果你阅读境界很小,那么"田野"和"春天"的境界就很小。如果你的阅读境界很高很远很开阔,那么"田野"和"春天"的境界就很高很远很开阔。很多老师只把《找春天》定义在"自然的春天"上,孩子们只能在"自然的春天"中去品读这一首散文诗。

我们先来看一下这首散文诗:

春天来了!春天来了!
我们几个孩子,脱掉棉袄,冲出家门,奔向田野,去寻找春天。
春天像个害羞的小姑娘,遮遮掩掩,躲躲藏藏。我们仔细地找哇,找哇。
小草从地下探出头来,那是春天的眉毛吧?
早开的野花一朵两朵,那是春天的眼睛吧?
树木吐出点点嫩芽,那是春天的音符吧?
解冻的小溪叮叮咚咚,那是春天的琴声吧?
春天来了!我们看到了她,我们听到了她,我们闻到了她,我们触到了她。她在柳枝上荡秋千,在风筝尾巴上摇哇摇;她在喜鹊、杜鹃嘴里叫,在桃花、杏花枝头笑……

《找春天》这首散文诗,先用一个反复的修辞强化,写出了发现春天到来时的惊喜、欢喜和急切。既然"春天来了",那么孩子们将怎样寻找春天呢?"我们几个孩子"要寻找春天的"准备"是什么呢?——脱掉棉袄,冲出家门,奔向田野。"奔向田野",说明孩子们要在"田野里"寻找春天。这里,我们可以看到孩子们和田野的关系,孩子们希望在田野里寻找到自己的春天。事实上,哪一个人不拥有一块属于自己的田野呢?哪一片田野里没有自己播种的春天呢?如果我们做这样的解读时,"原野""春天"就表现出两种含义。

"原野":大自然中的生态田野;人生、事业、奋斗的田野。

"春天":四季中的季节——春天;人生里具有象征意义的"春天"。

阳光生命课堂中,"春天"应该是什么样子?应该有什么样的情味?因此,阳光生命课堂设计《找春天》这篇课文教学时,首先要理解"原野""春天"丰富多样的含义。

　　我以为,在《找春天》的课文中,"春天"已经被童话化、拟人化。《找春天》课文里的"春天",其实具有虚实结合的两层含义。在"我们几个孩子"的视野中,"春天像个害羞的小姑娘,遮遮掩掩、躲躲藏藏",表面上看是春天难以寻找——因为春天遮遮掩掩、躲躲藏藏;实际上也在隐喻着学生们的人生、事业、理想、奋斗的春天有时也难以寻找。

　　我在教学设计时一直在思考:在寻找春天的过程中,作者为什么把"春天"写成害羞的小姑娘?这说明,"害羞"这个词语具有不同寻常的内涵。在理解"害羞"这个词语时,我和学生之间开展了这样的对话。

　　师:春天像个害羞的小姑娘呢?为什么这样说?

　　生:春天像个害羞的小姑娘,说明春天躲起来了,不愿意出现。

　　生:说明春天刚刚到来,花草树木还没有长出来,就害羞就羞答答的。

　　生:春天像个害羞的小姑娘,说明春天还没有完全来到,可能只是露出了一点点草芽。

　　师:春天刚刚到来,还没有全部现身。理解得非常好!生活中,"害羞"是什么意思啊?你有没有害羞的时刻,你的害羞是什么样子呢?

　　生:我在家里害羞过,就是不好意思,就是低下头,觉得自己做的不对。

　　师:春天是不是做错了事情呢?

　　生:不全是。

　　生:我在家里害羞,就是躲起来,就是趴在床上,就是觉得羞死人了。

　　师:你的害羞就是感到"难为情"。春天还没有完全到来,所以才遮遮掩掩、躲躲藏藏,才需要努力地寻找。春天真的想"遮遮掩掩、躲躲藏藏"吗?

　　生:春天不是真的想,这是想象的,像人一样。

　　师:你理解得真好!你们相信此时此刻"我们几个孩子"能找到春天吗?

　　生齐:能——!

　　师:现在我们抬头向窗外看,你能寻找到春天吗?……

　　这个教学片段,围绕理解"春天"的表现——"害羞""遮遮掩掩、躲躲藏藏"这几个词语咀嚼"春天"的内涵,课堂上充满了春天的诗意,也充满了对春天的向往。

　　《找春天》的课文最生动之处就是"春天像个害羞的小姑娘,遮遮掩掩、躲躲藏藏"这句。这个句子中,学生们需要理解"害羞",理解"遮遮掩掩、躲躲藏藏",这样才能看到春天刚刚到来时的形态。而由于作者使用比喻和拟人的修辞描写春天刚刚到来,万物初醒时候的样子,对于二年级的学生来说,不能开展比喻和拟人的修辞知识教学;但是我选择结合生活经验来理解"害羞""遮遮掩掩、躲躲藏藏"这些词语的妙处和情味,学生同样能够进入"春天"内涵的理解中。从"春天"这个词的理解看,当春天被描写成为"像个害羞的小姑娘,遮遮掩掩,躲躲藏藏"时,"春天"就具有了人性化的色彩,就很有形象性;而这恰恰适合小学二年级学生的阅读理解和阅读联想、想象。

  从文学创作的角度看,这里的"春天"既是指自然界中的春天,也是指"我们几个孩子"内心渴望的"学习春天"。如果超越了二年级的学习情景来看,生活在中小学校园的师生,哪个人不是一直在寻找着自己理想的春天、事业的春天、人生的春天呢?在建设中国式现代化的进程中,哪一个中国人不是在努力地寻找着自己的春天呢?因此,"找春天"有更多的象征意义,我在教学时并没有将"春天"只定义于自然界的春天。

  阳光生命课堂开展词语咀嚼活动时,我通过《找春天》课文的学习,重点引导学生理解"春天"的内涵和"春天"的特征,我把对"春天"这个词语的理解既放在自然界四季变迁的进程中来审视,也把"春天"内涵和特征的理解放在学习人生、事业发展、国家发展的层面来审视。这样,"春天"的内涵就更加丰富多样了。

  从汉语学习的角度来看,一个词语生成了,词语的理解就是一个很重要的环节。如果词语理解出现了误差,特别是在起始阶段词语的理解出现了误差,很可能导致汉语学习后半程出现很大的偏差。我在开展高中教学时,能够明显感觉到来自小学低年级的错误理解一直延伸到高中阶段。因此,小学起始阶段的词语理解和运用,应该被定义为相当关键、相当重要的环节。只有起始阶段词语理解正确、词语与运用正确,才不会影响未来的阅读和表达。可以这样说,小学阶段对词语无论怎样反复理解反复记忆、无论怎样反复运用反复推敲都不算过度。

  有时,我甚至只围绕一个词语开展整篇课文教学。教学《开满鲜花的小路》时,我的设计便指向了一个词:礼物。《开满鲜花的小路》的课文很短,我们不妨引用在这里。

开满鲜花的小路

邮递员黄狗在门口喊:"鼹鼠先生,您的包裹单!"

原来,长颈鹿大叔给鼹鼠先生寄来了一个包裹。

鼹鼠先生赶紧骑着摩托车,到邮局去领包裹。他回家后打开包裹,看见一堆小颗粒,可认不出是什么东西。

鼹鼠先生拿着包裹,来到松鼠太太家。他问松鼠太太:"长颈鹿大叔寄来一个包裹,您能帮我看看是什么东西吗?"

松鼠太太拿过来一看,里面空空的,什么也没有。原来,包裹破了,里面的东西不见了。看来都漏在来时的路上啦!鼹鼠先生很懊丧。

春天来了,鼹鼠先生要去松鼠太太家做客。啊,通往松鼠太太家的路,成了一条开满鲜花的小路。

鼹鼠先生路过刺猬太太家,正巧,刺猬太太走出门。看到门前开着一大片绚丽多彩的鲜花,她惊奇地说:"这是谁在我家门前种的花?多美啊!"

鼹鼠先生回答:"我不知道!"

鼹鼠先生经过狐狸太太家,正巧,狐狸太太走出门。看到门前开着一大片五颜六色的鲜花,她奇怪地问:"这是谁在我家门前种的花?真美啊!"

鼹鼠先生回答:"我不知道!"

鼹鼠先生来到松鼠太太门前。松鼠太太走出门,看见门前的小路上花朵簇簇,小松鼠、小刺猬和小狐狸在那里快活地蹦啊跳啊。

松鼠太太对鼹鼠先生说:"我知道了,去年长颈鹿大叔寄给你的是花籽。这是多么美好的礼物啊!"

《开满鲜花的小路》这篇课文涉及的人物很多,有邮递员黄狗、长颈鹿大叔、鼹鼠先生、松鼠太太、刺猬太太、狐狸太太、小松鼠、小刺猬和小狐狸等。作者围绕这么多人物讲述了"开满鲜花的小路"的故事。

在设计教学时,我在思考"开满鲜花的小路"和"礼物"之间是什么关系。如果没有长颈鹿大叔给鼹鼠先生寄来一个包裹——里面是一堆小颗粒,如果鼹鼠先生不拿着包裹到松鼠太太家去,会有这条开满鲜花的小路吗?因此,课文中强调的"礼物"既是长颈鹿大叔送的,也是鼹鼠先生送的。

《开满鲜花的小路》中,鼹鼠先生起初是很懊丧的,因为包裹破了,里面的东西都漏在来时的路上。而恰恰是漏在来时路上的花种,使得通往松鼠太太家的路"成了一条开满鲜花的小路",使得刺猬太太门前也开出了"一大片绚丽多彩的鲜花",也使得狐狸太太门前"开着一大片五颜六色的鲜花"……当花朵簇簇,花香扑鼻时,小松鼠、小刺猬和小狐狸们才在那里"快活地蹦啊跳啊"。要问"谁在我家门前种的花",还不是鼹鼠先生?童话故事在最后才让松鼠太太揭示谜底:"去年长颈鹿大叔寄给你的是花籽。这是多么美好的礼物啊!"

设计教学时,我以"礼物"为关键词,让学生重新理解这个故事——长颈鹿大叔给鼹鼠先生寄来的包裹是礼物;邮递员黄狗送来的包裹就是礼物;鼹鼠先生拿着包裹,来到松鼠太太家,就是给松鼠太太送礼物;鼹鼠先生也给刺猬太太、狐狸太太送去了礼物;甚至也给小松鼠、小刺猬和小狐狸们送去了礼物。这"礼物"就是长颈鹿大叔寄给鼹鼠先生的花籽。"花籽"——美丽的花种,就是美好的礼物——长颈鹿大叔送给鼹鼠先生的礼物、鼹鼠先生送给大家的礼物。

阳光生命课堂上,我以"礼物"为关键词,引导学生思考"春天,送什么样的礼物,才能给小区的所有人送去幸福和快乐?"《开满鲜花的小路》给我们以生命启示,课文学习不只是学习几个生字、生词,不只是读了一篇故事,还要汲取其中生命的营养、精神的营养——真正的朋友要给人们带来花朵簇簇、花香扑鼻的礼物,要给人们带来"快活地蹦啊跳啊"的幸福。

我们的中小学生懂得给朋友给亲人带来花朵簇簇、花香扑鼻,带来幸福和快乐吗?鼹鼠先生无意之间播撒了花朵簇簇、花香扑鼻,为什么能够令人们惊诧?日常生活中,我们的中小学生是不是也能够在人间播撒花朵簇簇、花香扑鼻呢?是不是也能像长颈鹿大叔那样在人间播撒分享自己的礼物呢?这些都值得我们深深地思考。

日常生活中,我们看到很多学生成了"小霸王""小皇上""小公主",不懂得分享幸福,不懂得分享成长。他们目中无人,唯我独尊,妄自尊大,为所欲为。因此,阳光生命课堂开展词语咀嚼活动,我常常是引导学生们向课文中长颈鹿大叔、鼹鼠先生那样,播撒美丽,播撒花香,让人世间充满温馨,充满爱意——给人间带来美丽,带来快乐,带来幸福。阳光生命课堂如果不能从词语咀嚼中传递健康生活的信息,发现时代生活的美好,学生们怎么才能够在词语咀嚼中走向精神丰富,走向人格成长呢?

总之,从词语的结构上、生成上、情境中认识词语,是比较科学、便捷的"识词"之路。在认识词语的过程中,如果能够结合具体语境去理解词语,词语的结构和词语的内涵就会紧密地融合在一起。中小学词语学习过程中,我们要认识到词语结构在理解词义过程中的重要地位,同时还要认识到结合具体语境,特别是句子使用的情境来理解词语的内涵,也是特别重要的学习方式。语文学习过程中,如果把结合语境的词语学习变成脱离语境的词语集中学习,每每事倍功半。

第三节 词语运用

在词语学习过程中,词语运用是低年级学生最高级语文学习的重要阶段。但是很少有语文老师认识到,词语运用是语文学习训练高级语文思维的开始。没有词语运用的训练,就没有语篇的横空出世。可以说,词语运用的训练和写作能力的表达是相辅相成的。这样看一年级教材中设计的"字词句运用",才理解其意义所在。

一年级上册的"字词句运用",要求学生们"读一读,说一说",其实就是由词语理解走向词语运用的初级阶段。比如"春天,夏天,秋天,冬天",教材编者把表示四季的词语放在一起,让学生读一读、说一说,一来可以形成四季词语的情境,二来为四季词的"字词句"运用做铺垫。事实上,此前教材已经安排了四季的课文学习,接触了春天、夏天、秋天、冬天等词语。这时候的读一读,说一说,便是词语理解和运用的积累阶段。在四季的词语之后,编排了下列 8 个词语。

大地　　树叶　　青草　　莲花
飞鸟　　小鱼　　青蛙　　雪人

很显然这 8 个词语,都是和四季情境密切相关的。与春天、夏天、秋天、冬天相关的课文中都出现这样的词语。阳光生命课堂上认识词语的构成、理解词语的含义,其目的是更好地运用词语,体验词语运用的幸福和快乐。四季词语和这 8 个词语,实际上可以理解为在课文情境上的深化理解和运用。

从义务教育课程标准的层面来看,认识词语的构成,理解词语的含义,主要是主动积累、梳理基本的语言材料和语言经验,从而形成良好的语感,为语言文字的全面应用打牢基础。所以语文课程标准强调"主动积累、梳理基本的语言材料和语言经验,逐步形成良好的语感,初步领悟语言文字运用规律"。

一、学段的要求

对于词语的理解和运用,在第一学段的"阅读和鉴赏"中,《课程标准》这样规定:"结合上下文和生活实际了解课文中词句的意思,在阅读中积累词语。"《课程标准》强调,词语的理解是放在阅读和鉴赏的实践中,特别是放在"结合上下文"和"生活实际"等学习生活体验过程中去感受和理解。而对"表达与交流"这样规定:"对写话有兴趣,留心周围事物,写自己想说的话,写想象中的事物。在写话中乐于运用阅读和生活中学到的词语。"[①]这里强调的"乐于"运用学到的"词语",显然指向词语的"运用",是语言学习的较高要求。

小学《语文》(一年级上册)第 1 篇课文《秋天》是这样的:

天气凉了,树叶黄了。一片片叶子从树上落下来。

---

① 中华人民共和国教育部.义务教育语文课程标准(2022 年版)[M].北京:北京师范大学出版社,2022.

天空那么蓝,那么高。一群大雁往南飞,一会儿排成个"人"字,一会儿排成个"一"字。

啊！秋天来了！

《秋天》的课文共有三段。在三段中,学生要学习这样一些双音节、三音节词语:天气、凉了、树叶、黄了、一片片、叶子、树上、下来、天空、那么、一群、大雁、一会儿、排成、人字、一字、来了。在教学过程中,当我们反复引导学生诵读《秋天》这篇课文时,上述词语学习就成了咀嚼的重点。我们就要通过生活实践和生活体验,引导学生感受、理解上述这些词语的内容所指,让学生了解这些词语的意思,而为写话奠定良好的词语基础。《课程标准》强调"在写话中乐于运用阅读和生活中学到的词语"。因此在开展写话教学时,我们一般先开始词语的填空训练。比如针对课文中的"凉了""黄了"等词语我们可以开展如下训练。

1. 校园后面的果园里,梨子(　　),苹果(　　),葡萄(　　),秋天是丰收的季节。

2. 秋天来了,小兔子(　　)站起来,(　　)坐起来,不知如何是好。

第1个句子括号里,学生要填"黄了""红了""紫了"。第2个句子括号里填写的是"一会儿""一会儿"。做了这样的铺垫之后,老师们才创设这样"交流会"的情境：

秋天到了,我们周围发生了哪些变化？自己在书本中画下来。

在"交流会"之前,学生观察周围的秋天景色的具体变化以后,并在自己的书本中画下来;课堂开展交流活动时,就能准确流畅地说清周围发生了哪些变化。比如,"秋天到了,树叶都变黄了。""秋天到了,衣服比以前穿多了。""秋天来了,树叶纷纷落下来了。""秋天来了,天气有点凉了。""秋天来了,太阳不再那么热了。"课堂上学生说出了诸多句子,从句子的形态上来看,实际上就是对课本句子的模仿使用。学生们经历过课堂观察的"交流会"的训练,开展课外写句子训练时,他们就可以写得生动活泼,不拘一格了。

《课程标准》强调,小学低年级乐于运用阅读和生活中学到的词语去开展"写话"活动。如果词语的理解和积累不能为"写自己想说的话,写想象中的事物"服务,那么词语的理解和积累有什么价值呢？所以,《课程标准》强调在写话活动中

"乐于运用"阅读和生活中学到的新词与新概念,去描述周围事物,去再现生活过程,去表达自己心里的想象,去发表自己的意见。基于《秋天》中颜色词的学习,许多学生在"写话"时尝试使用颜色词去描写观察到的景物。但常常使用不准确。这就需要教师提前浸润、铺垫。比如补充阅读《秋天的颜色》。

谷子说:"秋天是黄色的。"
高粱说:"秋天是红色的。"
棉花说:"秋天是白色的。"
松树说:"秋天是绿色的。"
大地说:"秋天是彩色的。"

低年级的孩子可能不清楚谷子、高粱、棉花、松树、大地的色彩,或者说积累不足。这时候,就需要老师提前铺垫、提前积累。写话的时候才能应用自如,恰到好处。缺少了秋天颜色的知识铺垫,学生们写话时可能颜色词用得不准确。有的老师在课堂上会反复地补充阅读。比如另外一首《秋天的颜色》。

我问小草,
小草轻轻地说:"秋天是黄色的啊!"
我问枫叶,
枫叶沙沙地说:"秋天是红色的啊!"
我问白菊,
白菊微笑地说:"秋天是白色的啊!"
我问松树,
松树大声地说:"秋天是绿色的啊!"
我问大地,
大地自信地说:"秋天是绚丽多彩的啊!"

有了这么多秋天颜色的知识铺垫,《秋天》中"天气凉了,树叶黄了。一片片叶子从树上落下来"中的"黄了",学生就有了更宽阔的理解,同时还积累了许多关于秋天的颜色词语。事实上,从课文的颜色词出发,不断丰富扩大颜色词的理解和认知,学生对秋天颜色的认识才走向丰富多彩。在此基础上,我们开展写话训练:"秋天的校园景色多么美丽,秋天的公园景色多么迷人,请你拿出多彩的画笔,画出你心目中的秋天;并且写下你最真实的感叹:赞美、迷恋、热爱。"这样设计写话活动,一方面承接了阅读积累,一方面着眼了词语的场景运用。这样去设计阳光生命课堂实践,词语的理解和运用就统一起来了。

上述教学设计告诉我们,词语运用不是一件小事情。课文学习过程中要积累词语的理解经验、运用经验;同时,要不断地扩大词语的边界,以帮助学生在写话过程中准确使用积累起来的词语。也就是说,词语的理解和运用是一枚硬币的两面,二者是相互促进,相互融合,相互深化的。事实上,从小学第一学段的学习历程来看,从单个汉字的学习到双音节词语的学习,这是一种质的突破——认知思维、认知边界的突破。

对于词语的理解和运用,在第二学段的"阅读和鉴赏"中,《课程标准》这样规定:"能联系上下文,理解词句的意思,体会课文中关键词句表达情意的作用。能借助字典、词典和生活积累,理解生词的意义。在理解语句的过程中,体会句号与逗号的不同用法,了解冒号、引号的一般用法。"[①]在第二学段的词语学习过程中,《课程标准》依然强调放在阅读和鉴赏的实践中去理解词语,积累词语运用的经验。事实上,教学过程中如果不强调联系上下文,活跃在课本中的词语就很难深入到学生的内心,成为学生词语运用的基础。只有从语言运用的情境中去理解词句的意思,去体会课文中关键词句在表情达意上的重要作用,语文教学才能走向生动活泼的理解层面和应用层面。

相比于第一阶段的要求,第二阶段还强调借助字典、词典和生活积累理解生词的意义。在这里出现一个概念——生词,这就说明,词语的理解、词语的运用经验和词语积累已是非常重要的学习内容。对比第一阶段的词语学习,《课程标准》只是要求学生能够结合上下文和生活实际了解课文中的词句的意思,而在第二学段则扩展到"能借助字典、词典和生活积累,理解生词的意义"。这不仅仅是简单的词语学习量的增加,还是词语学习方式的变革,词语学习方式的丰富与转换。也就是说在第二学段的阅读和鉴赏中,我们要把词句的理解、词句的积累等,当作语文学习的主要方式。

这里我们还要注意词语的理解和运用是放在"语句"中,也就是说,强调在基本的语句中理解词语,强调在词语理解中去理解语句是相辅相成,互相配合的语言学习互动。在第二学段的"表达与交流"中,词语的理解性的运用又被强调出来。课程目标强调"尝试在习作中运用自己平时积累的语言材料,特别是有新鲜感的词句。""学习修改习作中有明显错误的词句"。第一学段只是强调在写话中运用学到的词语,而第二学段则强调在习作中运用"有新鲜感的词句",强调学生

---

① 中华人民共和国教育部.义务教育语文课程标准(2022年版)[M].北京:北京师范大学出版社,2022.

要能够修改习作中有明显错误的词句。从课文词语在具体场景下的运用到课文词语选择上的创新，从词语的运用到词语运用错误的修改，词语的理解和运用显然已经走向了高级阶段。如果学生的习作只是使用课本中学到的词语或者句子，不能有效地运用有新鲜感的词句，不能发现、修改自己词语应用中的典型错误，那么习作表达还不能算是走向高级词语运用的阶段。

对于词语的理解和运用，在第三学段的"阅读和鉴赏"中，十分重视对词语含义的"推想"和词语理解运用上的"推想"。在语文学习过程中尝试用"推想"的方式去确定词语的含义，去推敲词语运用。这是比较高的学习要求。

《课程标准》这样规定："能联系上下文和自己的积累，推想课文中有关词句的意思，辨别词语的感情色彩，体会其表达效果。"①小学一二年级的课程标准只是强调结合上下文和生活实际"了解课文中词句的意思，在阅读中积累词语"。对于持续学习的要求，停留在"了解"和"积累"这两个词语上，要求并不是很高的。毕竟小学一二年级的语文学习基础比较薄弱，字词的积累也不丰厚。"了解"和"积累"应该理解为最低层次的词语学习要求。但是在第三学段的"阅读和鉴赏"中，要求学生能够"联系上下文和自己的积累"去"推想"课文中词句的意思，这就是运用逻辑思维推理的方式去猜想课文中词句的理解。这在词语学习过程中是比较高的思维要求。

比如在《语文》（五年级下册）课文《梅花魂》中"眷恋"的理解就需要运用推想的方式去揣测词语的含义。"眷恋"是什么意思呢？词典上"眷恋"解释为依恋或怀念之情。但是课文中"眷恋"仅仅是一种简单的依恋或怀念吗？这就需要师生共同去推想，从而产生"眷恋"在具体语言情境中的特殊含义。

在《梅花魂》中，外祖父漂泊他乡，最终葬身异国；但生前却教我读唐诗宋词的"独在异乡为异客，每逢佳节倍思亲""春草明年绿，王孙归不归""自在飞花轻似梦，无边丝雨细如愁"之类的句子，甚至"冰凉的泪珠落在我的腮边、手背"；当我摆弄外祖父的墨梅图，"留了个脏手印"，他"顿时拉下脸"，认为"我"玷污了清白的梅花；当"我"要回唐山去，外祖父竟然郑重地将那幅最宝贵的墨梅图、一块"绣着血色的梅花"手绢送给"我"，并且告诉我"梅花，是我们中国最有名的花"，梅花"愈是寒冷，愈是风欺雪压，花开得愈精神，愈秀气"，梅花是"最有品格、最有灵魂、最有骨气的"！

---

① 中华人民共和国教育部.义务教育语文课程标准（2022年版）[M].北京：北京师范大学出版社，2022.

这样看来，外祖父珍藏的梅花图以及赠给"我"的手绢里的"眷恋"，就不仅仅表示对"我"的"依恋或怀念"。这"眷恋"，应该理解为身在异国的华侨老人对祖国执着不变的、深沉而热烈的赤诚之心、赤子之心。如果不结合课文推想"眷恋"的深刻含义，仅仅依靠查字典或查词典去背诵和记忆，"眷恋"里蕴藏着的深厚情感，学生们能够深切地体会到吗？学生们在课文的深情诵读中能够表达出眷恋的思想情感吗？可见，"联系上下文和自己的积累"去"推想"课文中的词句，才能真正地理解词语的丰富而深刻的含义。

当然，"推想"可以使用在词句的理解过程中，也可以使用在词语的运用中。试想哪一个词语的运用不存在"推想"的具体过程？由此可见，第三学段的"阅读和鉴赏"对于词语的理解还是比较高的。传统小学语文教学中强调的"词解"，只是重在词义的理解和记忆，并不存在词句的"推想"。

在第三学段的"表达与交流"中，词语的理解、运用上的"语言美"也被强调出来。实际上，词语的理解和运用的最终目标是走向美的语言表达，把自己发现的生活之美表达出来。课程目标强调："听人说话认真、耐心，能抓住要点，并能简要转述。乐于表达，与人交流能尊重和理解对方。注意语言美，抵制不文明的语言。""修改自己的习作，并主动与他人交换修改，做到语句通顺。"这里注意"语言美"、抵制"不文明的语言"，是小学阶段对词语的理解和运用的最高要求。从词语的理解和运用角度来看，阳光生命语文课堂的词语理解，最终要走向对词语的审美和创造。在这个过程中，我们强调语言美，抵制不文明的语言现象，就要从词语的理解和运用入手，把好词语的理解和运用的"入口"观，主动"修改自己的习作，并主动与他人交换修改"，这样才能做到"语句通顺"，用生动活泼、准确规范的语言表达对现实生活的理解。如果一名学生连最起码的词语的理解都不正确，那么他能运用得正确吗？如果不在词语的理解和运用上把好关口，他能做到语言美吗？他能自觉地抵制不文明的语言现象吗？第三学段的"表达与交流"引入"语言美"这个概念，在建设阳光生命课堂时，我们应该做深刻的理解。

对于词语的理解和运用，在第四学段的"阅读和鉴赏"中，《课程标准》这样规定："在通读课文的基础上，理清思路，理解、分析主要内容，体味和推敲重要词句在语言环境中的意义和作用。对课文的内容和表达有自己的心得，能提出自己的看法，并能与他人合作，共同探讨、分析、解决疑难问题。"[①]在中学阶段，阳光生命

---

① 中华人民共和国教育部.义务教育语文课程标准(2022年版)[M].北京:北京师范大学出版社，2022.

课堂如何理解这段话呢？很显然,第四学段的阅读和鉴赏对词语理解的要求已经加深加难了。这就需要我们在语文课堂教学过程中努力地引导学生感受词语运用之美。

《课程标准》强调"通读课文",在理清思路、理解分析全文主要内容的基础上"体味和推敲重要词句在语言环境中的意义和作用"[①]。这样,词语学习就从单纯的词义的理解走向在语言环境中研习词语的意义和作用。"意义和作用",显然是从两个方面去研究词语的使用。这样的学习要求对学生思维和语言都有相当高的挑战性。史铁生《秋天的怀念》中有这样一个词语"好好儿活"。这个词语就需要师生细细体味和推敲,从而发现"好好儿活"中蕴含的史铁生母亲对儿女的深情期待和对全文篇章的重要作用。"好好儿活"是散文的中心也是散文的文眼。这个词语在文中多次出现。第一次是史铁生因脾气变得暴怒无常而"狠命地捶打"两条瘫痪的腿时,史铁生喊道:"我可活什么劲儿!"他的母亲抓住他的手,"忍住哭声"对他说:"咱娘儿俩在一块儿,好好儿活,好好儿活……"这里两个"好好儿活",突出了母子在艰难情境下的相依为命。此时此刻,史铁生只看到自己双腿瘫痪带来的人生希望的黯淡,但是没有想到他的母亲早已"肝疼得整宿整宿翻来覆去地睡不了觉"。他的母亲病重到如此程度,还能鼓励自己的儿子"好好儿活"。这是多么坚强和伟大的母亲啊！史铁生的母亲在自己的世界早已陷入一片黑暗的时候,还鼓励着儿子好好地活下去、勇敢地活下去。这是怎样伟大的母亲呢？当史铁生愿意去看北海的菊花时,他的母亲"高兴得一会儿坐下,一会儿站起",当母亲"大口大口地吐着鲜血""艰难地呼吸着"时,心里牵挂的还是"我那个有病的儿子和我那个还未成年的女儿……",所以"又是秋天,妹妹推我去北海看了菊花"时,看到"黄色的花淡雅、白色的花高洁、紫红色的花热烈而深沉,泼泼洒洒,秋风中正开得烂漫",史铁生才"懂得母亲没有说完的话"——"我俩在一块儿,要好好儿活"。"好好儿活"不仅仅是母亲对儿子的嘱咐和期望,不仅仅是全文的中心；还是贯穿全文的线索,在全文的结构上起着重要的作用。一是母亲生前对史铁生做的一切事情都在表明"好好儿活"的理想状态——娘俩一同看菊花、一同去吃豌豆黄儿；二是史铁生和妹妹一同到北海去看菊花,实现母亲的愿望,就是在实践母亲所说的"好好儿活"；三是史铁生由之前的暴怒无常变得写文章时候的理性、温情、悲伤,就是"好好儿活"的表现。阳光生命课堂教学过程中,我们为什么要引导学生

[①] 中华人民共和国教育部.义务教育语文课程标准(2022年版)[M].北京:北京师范大学出版社,2022.

理解"好好儿活"这个词语呢？因为"好好儿活"这个词语中表现了母亲对儿子的深情厚谊，"好好儿活"这个词语也表现了儿子对母亲的忏悔、思念和感恩。

阳光生命课堂需要学生从史铁生的"长大"中看到自己的影子。学生们何尝没有自己的暴怒无常呢？学生们何尝少了和父母之间的冷战和对立呢？所以，读了《秋天的怀念》其实是让自己"好好儿活"的理想更加切合实际，让自己"好好儿活"的现实更加理性，更加真实。阳光生命课堂，希望学生们过上一种诗意与幸福的生活，如果不理解"好好儿活"的意义和作用，生命课堂的希望之花何时绽放呢？

从义务教育课程标准来看，不同学段课程对词语的运用提出了不同的要求。从第一学段的"了解""积累"到第二学段的"理解""体会"，从第三阶段的"推想""体会"到第四学段的"体味和推敲"……随着学段的不断升高，课程标准对词语理解与运用的要求也越来越高。阳光生命课堂如何在汉语学习的背景上设计好我们的词语学习行动？如何结合不同类型的校园生活特色开展词语教育？广大语文教师在开展阳光生命课堂教学设计时要把握好不同阶段词语理解和运用的学习要求，要结合好不同类型学校的资源特点，要结合不同老师对词语理解和运用的经验，恰到好处地把词语的理解、词语的运用的课程目标落实在课堂上，贯穿在表达实践中。

二、词语的运用

词语的运用讲究准确、清晰、生动。

准确、清晰、生动是词语运用的基本标准。用得准确，才能够正确地传递出自己的思想和思考。用得清晰，才能够让人准确领会你的思想和思考。用得生动，才能够吸引人，才能够让人拍案叫绝，留下深刻的印象。陶行知先生说："千教万教教人求真，千学万学学做真人。"词语运用的教学也要经历"教人求真""学做真人"的过程。词语的运用讲究准确、清晰、生动地传达生活内容和思想感情。

《语文》（七年级上册）中的《天净沙·秋思》是元代马致远写的小令，句子非常简短："枯藤老树昏鸦，小桥流水人家，古道西风瘦马。夕阳西下，断肠人在天涯。"如果从词语运用的角度来看，马致远的词语运用已经达到了很高的准确、清晰、生动境界。这首元曲除了"西下""在"等词语，其他几乎都是名词。马致远使用名词和名词排列组合的方式写成了这首元曲。这首元曲可用"增之一分则太长，减之一分则太短"来形容，其文字意象之精炼达到了不能再增、减一字的程度。

《天净沙·秋思》是马致远一生郁郁寡欢，无用武之地的写真。马致远用名词意象排列描绘了一幅深秋漂泊图，再现了天涯沦落人的羁旅愁思。全曲五句二十八字,准确、生动地写了风尘仆仆的游子骑着瘦马,迎着西风踽踽独行的形象。枯藤、老树、暮鸦、溪流、小桥、人家……可是漂泊者却没有投宿之处,恐怕迎接他的又是漫漫的长夜。漂泊者怎不感叹"断肠人在天涯"? 小令中的漂泊者何尝不是马致远一生的浓缩呢? 准确、清晰、生动的词语,有利于表达作者的思想感情。

这首小令仅二十八个字,却达到了以少胜多的表达效果。在小令中,马致远精心地选择了藤、树、鸦、桥、水、家、道、风、马等九种事物,一词一景,"惜墨如金"。读者可以想象苍凉的晚秋,暗淡的枯藤老树,寂寞的小桥流水,惆怅的羁旅漂泊者,和谐地浓缩在这幅优美的深秋漂泊途中,语言简约而不失精致。

阳光生命课堂教学时,我引导学生思考这首元代的小令美妙在什么地方? 其实这首小令美在什么地方,我想,美就美在词语的推敲和排列上、词语的选择运用上。要做到准确、清晰、生动就不能不向课文学习。

马致远将相对独立的不同的事物以名词的方式排列起来,将它们纳入画面之中,从而形成了明与暗、动与静、远和近、景和情的相互映衬。老树归鸦呈现出空中的动态之美,流水淙淙呈现出地表的动态之美。寂寞的小桥、稀疏的人家更显出画面的幽径;西风古道和惆怅的漂泊者,彼此应和,更显苍凉。真像有的评论者所说的"一面是枯藤、老树、昏鸦在秋风萧瑟中一派灰暗,一面是落日的余晖给枯藤、老树、昏鸦涂上一抹金黄的颜色"。其实,"小桥流水人家"三个名词形成的画面呈现出一派安静、祥和、安适的景象,可是漂泊的游子的心情是怎样的呢? 我们可以想象"断肠人"的悲愁。

事实上,作者在用词造句上技艺高超,朴素的名词,精致的排列,便把凄苦愁楚之情,渲染得淋漓尽致。那是枯藤老树吗? 那是小桥流水吗? 那是西风瘦马吗? 这些有形可感的意象,恰恰折射了羁旅漂泊者的凄苦之情。

准确、清晰、生动,写文章才能达到这样的效果——情因景而显,景因情而生。《天净沙·秋思》堪称写景艺术的高峰。曲中有景有人有情——"词"中有情,情中有"词","词"显断肠人。而这些表达艺术都由名词排列生成,用词之妙恰到好处。因此要研究名词的使用艺术,就不能绕开《天净沙·秋思》。

准确、清晰、生动的经验智慧就在语文课堂上。我在阳光生命课堂实践时,对于这首元曲,采用了诗句用词比较的方法,引导学生深入鉴赏。

1. "枯藤老树昏鸦",有的人认为是"瘦藤新树昏鸦",你认为哪个更好?
2. "小桥流水人家",有的人认为是"远山流水人家",你认为哪个更好?
3. "断肠人在天涯",有的人认为是"断肠人去天涯",你认为哪个更好?
4. "断肠人在天涯",有的人认为是"瘦马狂奔天涯",你认为哪个更好?

生命课堂上,学生们认为"瘦藤新树昏鸦",渲染不出昏暗低沉荒凉的漂泊感受。断肠人在天涯,他看到了枯藤、老树和昏鸦,心中涌起的情感是惆怅、悲凉、哀婉。如果变成"瘦藤新树",很显然营造不出昏暗低沉荒凉的氛围。如果写成"远山流水人家",小令远和近的层次感就失去了。实际上马致远是从近处写到远处,从环境写到断肠人,行文的层次清清楚楚。如果使用"远山"这个词,"枯藤老树昏鸦"就无法放置了。在生命课堂上,学生们认为,"远山流水人家"营造不出温馨自然和谐的田园村庄的氛围,更反衬不出断肠人在天涯的惆怅、孤独、寂寞。"一词一句总关情"。在咀嚼词语使用时,我们要引导学生意识到:一个词语的变化会改变整个篇章的结构和篇章的氛围。"断肠人去天涯",断肠人的去向很明确。而"断肠人在天涯"则写出了断肠人无处可去,孤独、寂寞、惆怅、举目无亲、走投无路的苦难情形。而"瘦马狂奔天涯",又使得原来画面中的人景结合、人景相衬的情形消逝了。当一个画面失去了人,而只有一匹瘦马在奔向天涯时,这样的画面蕴含着的情感就暗淡了。前边的"枯藤老树昏鸦"的渲染,"小桥流水人家"的温馨,如果不能为塑造"断肠人"服务的话,而只是为一匹瘦马狂奔做背景,主题和情感还和小令相映衬吗?阳光生命课堂教学时,我采用诗句用词比较的方法让学生意识到,词语的选用是艺术。用准了词语,才能表达出主题,渲染出情感。

词语运用的训练无非探讨、分析、尝试。

《课程标准》强调词语的运用要经由"探讨、分析、尝试"。要正确地运用好词语,把一个刚刚学到的词语运用好,运用得恰到好处,不仅要咀嚼词语的含义,还要研究词语的作用。这就需要经由探讨、分析和尝试的过程。阳光生命课堂主张在课堂上训练好学生运用词语的真功夫。

阳光生命课堂上,学生探讨了,分析了,尝试了,词语运用的经验就积累了。《天净沙·秋思》是用词艺术的高峰,值得引导学生驻足鉴赏品味,学习词语运用的智慧。在台湾地区的语文课堂上,老师们常常引导学生开展基于小令《天净沙·秋思》的词语应用教学,他们的《天净沙·秋思》的词语运用经验的学习分成三个阶段:

第一阶段,诵读感受阶段。诵读永远是学习词语运用的最好方式。老师会调取往届学生诵读的视频,让学生借鉴欣赏,然后引导学生研究怎样读出《天净沙·秋思》的情和味。当学生经过揣摩演练以后,会以小组的形式诵读《天净沙·秋思》,语文老师进行录像,作为资料保存留给学弟学妹们观赏。

第二阶段,语言改造阶段。将作者的语言运用格式揉碎,然后对比就能够发现作者语言运用的特点。老师会引导学生将长短不齐的课文,改成七言诗句。《天净沙·秋思》的句式以六言为主,怎么样改成七言诗句呢?课堂上老师先做示范:"枯藤老树落昏鸦。"加入一个动词"落",原来的六个字的句子就变成了七个字的句子。在老师的引领下,学生们兴趣盎然地做着诗句的改写。我们看学生改出的七言诗句:

> 枯藤老树落昏鸦,
> 小桥流水傍人家,
> 古道西风走瘦马。
> 夕阳悄悄在西下,
> 断肠人泣在天涯。

我认为,诗句改造的过程就是揣摩诗意、诗篇的过程,也是揣摩词和词之间存在关系的过程。如果不认真研究,如何改成七言诗句?如果不认真研究,学生就难以完成六言诗句改成七言诗句的改造任务。事实上,从六言诗句改造成七言诗句,学生要反复尝试、反复探索。这个过程实际是斟酌词语选择和插入,斟酌词语使用恰当与否的过程。当改造出来的七言诗和原来的小令做对比,自然就发现了小令创作的特点。

第三阶段,语言创造阶段。课文的学习永远是为语言创造做准备的。学习课文中词语的运用就是为语言创造做铺垫。中小学生害怕写作文,作文训练从哪里开始写起呢?教师在课堂上引导学生将《天净沙·秋思》改写成一篇散文。

教师在课堂上提出了这样的要求:"把你和你奶奶或者你和你爷爷放入《天净沙·秋思》中的景色将怎样呈现?新加入的人物和《天净沙·秋思》画面又怎样融合在一起?"很显然这样的语言创造活动是很受学生欢迎的,谁不愿意在课文中插入自己和奶奶或自己和爷爷的情节?而且这样的语言创造活动简单易行。现成的元曲情境,现成的爷爷奶奶,学生要做的事情就是将人物融入画面中,让人物的出现跟景色之间发生关联。我们看学生们的作品:

"奶奶你看,一颗枯藤缠绕着老树,多有年代感!"
"是的,看那一群一群的昏鸦,正要落下来呢。走!我们那边去。"
"奶奶你看——小桥、流水、人家,多有诗意啊!"
"小桥流水人家,正是江南好景色。"
"奶奶你再看,那里有一条古道,古道上还有一匹瘦马呢。"
"秋风吹起来了。你看马旁边的那个书生……"
"奶奶,他要去哪里?他该不会无家可归吧?"
"啊!夕阳西下了,断肠人还徘徊在天涯……"
"秋风吹,夕阳落。他要到哪里去呢?"

五句二十八字的《天净沙·秋思》，被学生改写成了约 200 字的散文小品。我们可以想一想，学生在语言创造时，要花费怎样的工夫——他要思考《天净沙·秋思》诗句的语义，要加入自己和奶奶这两个人物，要把原来的小令《天净沙·秋思》变成一篇对话式的散文……但是我相信，有了课文《天净沙·秋思》的情境结构，这样的语言创造将格外易行，格外迷人。

词语运用讲究遵循基本的规律。对于中小学生来说，要正确运用词语，就要遵循词语运用最基本的规律。

首先，学习课文时要正确理解词义，并积极积累词语的使用智慧。课外阅读时遇到不认识的词语，除了要结合上下文来揣测推敲体会词语的含义，还要勤查字典或词典，了解词语的正确含义，包括词语的本义、词语的引申意义和词语的比喻义等。

其次，要学会积累词语使用的经验。首先积累好课本上学到的新词语，其次积累好课外阅读中遇到的新词语。对于学习到的词语要建立词语本，把学到的词语整理下来。可以按照名词、动词、形容词、数量词等方式整理，要养成积累优美生动的词语的习惯。我们以小学《语文》（六年级上册）的课文《花之歌》为例，从词性上来看，这篇课文里面有哪些美丽的词语呢？我们可以做分类整理，词语运用时就可以翻开来调动积累的词语了。

名　词：星星　苍穹　绿茵　礼品　冠冕　祭献　晨风　光明　群鸟　原野　清风　风光　黑夜星空　眼睛　朝露　琼浆　芳草

动　词：坠落　孕育　开放　成长　赠予　欢迎　送行　摇曳　呼吸微睡　醒来　凝视　鸣啭　歌唱　鼓掌　仰望　酿成　领悟

形容词：旖旎　馥郁　亮晶晶　硕大无朋　婆娑

成　语：心驰神往　顾影自怜　孤芳自赏

再次，要注意研究词语的修饰和搭配。不同的词语有不同的修饰对象。不同的词语有不同的搭配习惯。弄清了词语的修饰部分和词语常见的搭配习惯，在使用词语时就不会出问题了。

阳光生命课堂开展词语咀嚼活动，实际也要研究词语的修饰（含限制）和词语的搭配。不做好这两方面的工作，运用词语时可能就会出现这样或那样的问题。

词语的修饰常常彰显作者的表达艺术。《语文》（四年级上册）课文《观潮》用了大量修饰性的词语来描写钱塘江的大潮。比如"宽阔的钱塘江"中的"宽阔"、"雨后的阳光"中的"雨后"、"一层蒙蒙的薄雾"中的"一层蒙蒙"、"小山在云雾中若隐若现"中的"若隐若现"、"海塘大堤上早已人山人海"中的"人山人海"、"隆隆的响声"中的"隆隆"、"江面还是风平浪静"中的"风平浪静"、"水天相接的地方"中的"水天相接"、"两丈多高的水墙"中的"两丈多高"、"千万匹白色战马"中的"千万匹""白色"、"浩浩荡荡地飞奔而来"中的"浩浩荡荡"、"声音如同山崩地裂"中的"山崩地裂"、"漫天卷地般涌来"中的"漫天卷地"、"江面上依旧风号浪吼"中的"风号浪吼"……这些修饰性的词语要引导学生仔细咀嚼品味,就能够发现作者的词语运用智慧。如果我们对上面修饰性的词语做一个分类,就会发现修饰性的词语有着内在的使用规律。比如:

数量性修饰:"一层蒙蒙的薄雾"中的"一层蒙蒙"、"海塘大堤上早已人山人海"中的"人山人海"、"两丈多高的水墙"中的"两丈多高"、"千万匹白色战马"中的"千万匹"

形容性修饰:"宽阔的钱塘江"中的"宽阔"、"小山在云雾中若隐若现"中的"若隐若现"、"江面还是风平浪静"中的"风平浪静"、"浩浩荡荡地飞奔而来"中的"浩浩荡荡"、"漫天卷地般涌来"中的"漫天卷地"

拟声性修饰:"隆隆的响声"中的"隆隆"、"声音如同山崩地裂"中的"山崩地裂"、"江面上依旧风号浪吼"中的"风号浪吼"

范围性修饰:"水天相接的地方"中的"水天相接"、"雨后的阳光"中的"雨后"

弄清常见词语的搭配习惯,也有利于准确、清晰地运用词语。《语文》(三年级上册)课文《美丽的小兴安岭》,就是训练词语搭配的较好场景。比如"树木抽出新的枝条"中的"抽出","山上的积雪融化了"中的"融化","雪水汇成小溪"中的"汇成","溪里涨满了春水"中的"涨满","有的俯下身子喝水"中的"俯下","欣赏自己映在水里的影子"中的"欣赏","挡住了人们的视线"中的"挡住","遮住了蓝蓝的天空"中的"遮住","雾从山谷里升起来"中的"升起来","整个森林浸在乳白色的浓雾里"中的"浸"……作者准确地运用了一系列动词描绘小兴安岭一年四季美丽的景色,如果不讲究动词的搭配,作者怎能将小兴安岭的景色呈现在读者面前呢?如果不讲究动词的搭配习惯,在读者眼中的小兴安岭怎能"是一座美丽的大花园,也是一座巨大的宝库"? 因此,弄清常见词语的搭配习惯,准确生动贴切使用好词语搭配,写人绘景叙事才生动形象。

当然,阳光生命课堂训练词语运用,还要引导学生们区分好近义词、反义词,还要讲究词语的感情色彩、语体色彩等。在此基础上,再多开展词语辨析训练以及词语运用训练,词语运用的准确性、生动性、形象性的风景,才能渐渐地出现在我们的教育视野。

第三章　生命课堂语句锻炼

第一节　语句的形成

《课程标准》对语文性质做了这样的规定:"语言文字是人类社会最重要的交际工具和信息载体,是人类文化的重要组成部分。"[1]从交际工具的层面来看,语句是最基本的交际单位。这种交际单位广泛地运用在日常生活、学习和工作过程中。没有"语句",就没有热烈而欢快的交流。可以说,人类社会生活的各个领域都在使用着语句。

日常生活中,"语句"是具有重要交流价值的语言单位,人与人之间的沟通和交流都是通过语句来完成的。有位专家说:"生活中语句无所不在!"很有道理。从语言的结构上来看,语句又是由词汇有序构成的。从某种意义上来说,说句、写句就是用词汇建构意义,用词汇来表达生活内容。由此,由词语而语句,这是语言发展上质的飞跃。

语句是最生动活泼的语言单位。日常生活中有时不符合语法规范的句子,也能够传递信息表达内容。比如"猕猴桃,甜的,多少钱一斤?",这个句子的正确表达应该是"甜的猕猴桃多少钱一斤?"但是,前一个句子语序上的混乱,并不影响意思的表达。事实上,并不是所有不符合语法规范的句子,我们都能够读得懂。有时候,即便是伟大的作家,也会写出不符合语法规范的句子,甚至他们"故意"出错。

鲁迅的短篇小说《药》[2]中,康大叔有一句话读起来就很费劲:"吃了么?好了么?老栓,就是运气了你!你运气,要不是我信息灵……"当时小栓刚刚吃过所谓的药,驼背五少爷正在和花白胡子们讲话,作者写道,"突然闯进了一个满脸横肉的人,披一件玄色布衫,散着纽扣,用很宽的玄色腰带,胡乱捆在腰间。"这个人便是康大叔,他刚进门便对老栓嚷出了这一句。从语法规范上来看,这句话有好多

---

[1] 中华人民共和国教育部.义务教育语文课程标准(2022年版)[M].北京:北京师范大学出版社,2022.
[2] 鲁迅.呐喊[M].北京:中国友谊出版公司,2017.

不合常理。药吃过了就会马上好吗？显然不可能。"运气"是一个名词，但是在康大叔的嘴里却变成了动词，而且讲出了"运气了你"这样不合语法规范的句子。接下来的"你运气"更是残缺不全。所以，从语句的规范性表达来看，康大叔的语言确实有"嚷"的特点，——他的话是"嚷"出来的，所以有很多处不符合语法规范的现象。而恰恰是这些不符合语法规范的地方，又可以看出康大叔的野蛮粗鲁，缺少文化教养。

所谓的语句，是具有完整的意思表达和完美的语法结构建构。读懂了语句，真正的阅读也就开始了。而中小学生的语句阅读多是从"经典语句"开始的，教材选择的多是"经典语句"以浸润学生的语感。语文课本中更多的是符合语法规范的、流畅自然的语句，目的是引导学生阅读体验，反复浸润，从而习得语句创造的经验。但是，很少有人从语句开始研究阳光生命课堂的语言教育。

因此我们有必要研究语句的结构、语句的类型并探究语义的发现和理解。

一、语句的结构

从语言习得的角度来看，语句结构很值得广大中小学教师关注。语句结构决定了语句的理解。语句的理解又关联到语句的表达和写作。

语句的结构从哪里开始研究？我想最好的途径就是日常生活。从学生开始到校的时候，语句就应用在日常生活中。比如说"老师早！""老师好！""老师辛苦了！""老师，又见到您了！"等。这些问候性的语句表达了学生对老师的尊敬和理解。这些语句的结构是怎样的呢？如果你细细分析，你就会发现这些语句的结构是"陈述对象+陈述内容"。而"你为什么这样思考呢？""我在班里强调了多少次呢？""你为什么总是做错呢？""你能不能把问题想得复杂一些呢？"这些带有责备性的语句很显然表达了内心的焦灼和不安。如果我们从语句的结构分析，我们会发现这些句子的基本结构则是"代词+疑问的内容"。无论是"陈述对象+陈述内容"，还是"代词+疑问的内容"，我们都可以概括为"主语+谓语"这个基本的语句结构。汉语的语句结构有很多种形式：独词句、主谓句、动宾句、动补句、介词宾语句、动词为主句、名词为主句、形容词为主句、代词为主句、数量词为主句、省略句等。

以部编版教材小学《语文》（一年级上册）第1篇课文《秋天》来说，一共有8个句子。那么，这8个句子中，语句结构分别是怎样的呢？我们不妨做一个归类分析。

主谓句(主语+谓语):天气凉了;树叶黄了;一片片叶子从树上落下来;一群大雁往南飞;秋天来了

省略句:一会儿排成个"人"字;一会儿排成个"一"字。

独词句:啊!

《秋天》的语句结构比较简单,主要以主谓句为主。所以开展阳光生命课堂学习,主要是通过训练学生习惯主谓句的一般表达形式,知道完整的表达要有陈述的对象和陈述的内容。一名小学生要用一句话完整地陈述校园生活内容,教材就是一个最好的例子。

小学《语文》(一年级上册)课文《雨点儿》句子就相对的长一些,但语句类型并不复杂。我们看这篇课文:

数不清的雨点儿,从云彩里飘落下来。
半空中,大雨点儿问小雨点儿:"你要到哪里去?"
小雨点儿回答:"我要去有花有草的地方。你呢?"
大雨点儿说:"我要去没有花没有草的地方。"
不久,有花有草的地方,花更红了,草更绿了。没有花没有草的地方,开出了红的花,长出了绿的草。

这篇课文的句式有哪些类型呢?主要是主谓句的结构。这篇课文的语句结构和《秋天》相比,基本相同。所不同的是这篇课文主谓式的语句结构,主要是用在对话之中——多是以"×××说"的方式,完成陈述内容。而"×××说"内部的陈述方式又是主谓式的语句结构。我们看:

半空中,大雨点儿问小雨点儿:"你要到哪里去?"
小雨点儿回答:"我要去有花有草的地方。你呢?"
大雨点儿说:"我要去没有花没有草的地方。"

如果我们把对话中的内容单列出来,这也是典型的主谓语句结构。

你//要到哪里去?
我//要去有花有草的地方。
我//要去没有花没有草的地方。

所以,我在教学《雨点儿》时,重点训练学生在对话中理解语句的内容,学会在对话情境中表达自己的思想内容。很多小学生连一句完整的话都讲不清楚,主要是陈述对象和陈述内容不能区分清楚。语文教师如果掌握了语句的结构,特别是掌握了各种不同形式的语句结构,在诵读训练中稍微加以强调学生就能够掌握基本的主谓式语句结构——陈述对象+陈述内容。

　　在现代汉语的语句结构中,语句的分析更加复杂。如果说上面讲的仅仅是基本的语句结构,还有相对复杂的语句结构。比如复句、对比句、排比句、设问句、层进句等。即便以复句来看,复句的类型也比较多。一般来说,复句可以分成并列复句、因果复句、条件复句、递进复句、转折复句、假设复句、总分复句、目的复句等。从小学一年级的课文来看,在语句学习情境中,复句已经进入了课文内容之中,成了语句学习的对象。一年级教材《秋天》中,具有并列关系的复句:"一群大雁往南飞,一会儿排成个'人'字,一会儿排成个'一'字。"《比尾巴》中也出现了并列关系的复句:"谁的尾巴长?谁的尾巴短?谁的尾巴好像一把伞?""猴子的尾巴长,兔子的尾巴短,松鼠的尾巴好像一把伞。"《乌鸦喝水》中出现了转折关系的复句:"瓶子里有水,可是瓶子很高,瓶口很小,里边的水又少,它喝不着水。"

　　"一会儿……一会儿……"是表示并列关系的关联词语。许多老师开展课堂教学的时候,会引导学生用这一对关联词语写句子。事实上,很多小学生并不能理解这两个关联词语之间的并列关系以及语句结构规定(前后陈述对象要一致,前后两个分句句式结构要一致,前后两个分句的内容不能矛盾、冲突)。诸如两个关联词语之后的内容,应该是结构相同的并列式语句,教师每每不能直接"告诉"学生。在这种情况下,开展写句子训练很容易出现问题。我们看一个班级学生写的句子:

　　花园里花一会儿开,一会儿不开。〔不存在。花要么开,要么不开。〕
　　我写字一会儿,帮奶奶一会儿。〔不是并列关系的关联词语。〕
　　我一会儿写字,妈妈一会儿打扫卫生。〔前后陈述对象不一致。〕
　　一会儿我写字,一会儿妈妈做饭。〔前后句式不一致,陈述对象不一致。〕
　　春天一会儿绿色,一会儿红色。〔前后句子内容矛盾。〕
　　秋天的太阳一会儿落,一会儿不落。〔前后句子内容矛盾。〕
　　在教室里,老师一会儿吃饭,一会儿上课。〔不可能。前后是矛盾的两个动作〕
　　秋天,大雁一会儿往南飞,一会儿往北飞。〔秋天一般向南飞。〕
　　小明一会儿打篮球,一会儿上超市。〔前后句子内容不能在同一时间段衔接。〕

　　即便是很简单的写句子,问题也出现得五花八门。基于"一会儿……一会儿……"的写句子活动,出现了上述诸多问题。怎么解决？我想最好的方式是让学生多读,通过语感的积累从而"悟得"怎样写句子。为了尽快让小学生熟悉各种典型的语句,我在小学低年级语句训练中时常开展先读后写活动,积累了大量的训练复句语句。

我一会儿唱歌,一会儿跳舞。
我爱妈妈,妈妈也爱我。
花园里有白色的月季花,也有红色的月季花。
我不仅爱妈妈,还爱老师。
我们不仅上课时要认真听课,课后还要认真做作业。
如果不完成作业,明天老师会批评的。
如果我们上课迟到了,会影响老师的上课。
……

我想有了这样大量的复句语句的积累,学生再开展读写活动就容易多了。

如果我们能够关注日常生活中出现的语句,并进而关注课文中这些典型的语句的结构,就可以更好地训练学生把握语句结构,进而理解好所要表达的含义。学生的语文素养的提升,其前提就是正确地理解好语句,熟悉典型语句的结构,从而为正确的语句表达奠定良好的基础。小学低年级如果不在语句结构的理解上下功夫,如果不在典型语句的体验和积累上下功夫,那么学生在写句训练中、写话训练中出现颠三倒四的情况,完全是有可能的。因此真正聪明的老师会从语句的角度去研究整篇课文,然后再从整篇课文的层面上来审视每一个语句的表达功能和表达价值。

日常生活中,语句是最基本的交流单位,也是使用频率最高的语言形式。不论在什么话语情境下,语句是交流的基本单位和基本形式。中小学语文教学应该研究语句的基本形式和基本变化。在此基础上,我们再思考,要用什么样的语句引领学生们的语言学习,用什么样的语句发展学生的语言素养。

语句结构决定了语句识记和诵读。《语文》（一年级上册）第1篇课文《秋天》,内容是这样的：

天气凉了,树叶黄了,一片片叶子从树上落下来。
一群大雁往南飞,一会儿排成个"人"字,一会儿排成个"一"字。
啊！秋天来了！

这篇课文分成三个段落：第1个段落描写天气树叶；第2个段落描写大雁向

南飞;第3个段落表达的是发现后的感叹惊讶。这三个段落先写大自然中植物的变化,再写大自然中动物的变化。从植物的变化到动物的变化,从而作出判断:秋天来了。从逻辑上来说,这三个段落之间一层一层地递进,逻辑关系非常紧密。但是这篇课文是不是一年级小学生学习语言的最好篇章呢?从语句的角度看,第1段的三个句子有短有长,第2段的三个句子有散有整,第3段的两个句子直接是感叹。应该说用这样的句子发展学生的语言表达能力有利于浸润小学生的语句审美和表达。

综上所述,生活中的语句结构丰富多样,需要我们善于观察发现。教材中的语句结构,需要我们善于总结拓宽。这就需要广大中小学教师认真研究语句的结构,不断提升语句理解和鉴赏水平。

二、语句的类型

从语文学习的真实场景来看,语句有哪些基本的形式呢?其实,仅出现在中小学语文课文中的语句便有多种样式。阳光课堂要开展语句锻炼活动,就需要注意语句的各种类型。

按照句子文字含量来划分有独词句、短句和长句。

按照语气来划分有陈述句、感叹句、祈使句、判断句等。

按照修辞使用来划分有反复句、对偶句、排比句、反问句、设问句、比喻句、拟人句等。

按照句子表达方式来划分有叙事句、描写句、说明句、议论句、抒情句。

按照句子在语篇中的位置来划分,可以分为段首句、段尾句、过渡句或者篇首句、篇中句、篇尾句。

按照语句和中心的关系来划分,可以分为关键句/非关键句、重点句/非重点句、主旨句/非主旨句。

阳光生命课堂语句锻炼过程中不能不关注语句的解读。语文课程标准强调,语文学习要引导学生"热爱国家通用语言文字"。如果要实现"热爱国家通用的语言文字"这个目标,学生们首先要对语言文字的基本单位——语句,要有一个清晰的理解——理解语句的基本形式,理解语句的变化情况,这样才能在真实的语言运用情境中,通过主动积极的语言实践,体会语言文字的特点和运用规律,积累起语言运用的课堂经验,从而完成培养语言文字运用能力的目标。

有时候,哪怕是只有一个字或者一个词的语句,它也表达了丰富的意义。小学《语文》(一年级上册)课文《秋天》,作者仅用了50多个字,清晰简单地描写了秋天的天气、树叶、天空、大雁等物象,引导孩子们发现秋天的到来,感受秋天的美丽。在课文的最后,作者这样写:"啊!秋天来了!"这里的"啊!"既有发现秋天到来的惊讶,也有看到美丽秋天景色的惊喜。这个"啊!"就非常值得小学生们仔细地品味。当一声声清脆的"啊!"出现在诵读中的时候,我们应该能够感到孩子们心里"咯噔""咯噔"的阅读惊讶。所以,这个读词句的表现力是很强大的,需要小学生们通过诵读去感叹、去惊讶、去表现。

小学《语文》(四年级上册)课文《延安,我把你追寻》的最后一段,作者就是用一个"啊"来表达丰富而深刻的感情。我们看:

  啊!延安,我把你追寻,
  追寻信念,追寻金色的理想;
  追寻温暖,追寻明媚的春光;
  追寻光明,追寻火红的太阳!

"啊"这个语气词,有着丰富的含义。它可以表示感叹、赞美,如"不错啊!";也可以表示惊疑、惊讶,如"啊?你怎么可以这样?";也可以表示追问,如"啊?你到底喝不喝啊?";也可以表示应答、应诺,如:"啊,就听你的吧。";还可以表示明白过来、醒悟过来,"啊,语文书在你这里呀。"表示赞叹或惊异:"啊,中国运动员竟然取得了开门红的成绩!"日常生活交流中,判断"啊"的含义要结合语言文字运用的情境。

《延安,我把你追寻》最后一段的"啊",是一个感叹句,表现了作者怎样的情感?要结合前一段来观察。前一段是这样的:"延安,你的精神灿烂辉煌!如果一旦失去了你啊,那就仿佛没有了灵魂,怎能向美好的未来展翅飞翔?"结合这一段来看,"啊!"表现的就是作者鲜明而坚定的情感:作者一定要把延安精神追寻。这里面还有鲜明的赞叹、仰慕。

二年级上册课文《难忘的泼水节》也有一个"啊"的使用与理解。课文写的是1961年的泼水节,傣族人民邀请周恩来总理和他们一起过泼水节。"周总理身穿对襟白褂、咖啡色长裤,头上包着一条水红色头巾,笑容满面地来到人群中。他接过一只象脚鼓,敲着欢乐的鼓点,踩着凤凰花铺成的'地毯',同傣族人民一起跳舞。"当周总理一手端着盛满清水的银碗,一手拿着树枝向人们泼洒,作者便发自真情地感叹着:"清清的水,泼啊,洒啊!周总理和傣族人民笑啊,跳啊,是那么开心!"这里的四个"啊"字,表达着傣族人民的热情好客、热情洋溢和热情的播撒、传递。这四个简简单单的感叹词"啊",却把傣族人民期盼幸福美好的心愿表达出来了。在语句运用时,即便是再简短的语句也有丰富的内容,需要我们仔细咀嚼,细细斟酌,谨慎地应用。

有时候,一个简单的重复里却表达着丰富的情感内容。香港地区小学一年级第1课《春天》,使用了反复句。我们来看这篇课文:"风儿跑呀跑,向大家报告好消息:春天来了!春天来了!花儿站在枝头,看不见春天,急得大声叫:春天在哪里?春天在哪里?花儿不知道,自己就是春天。"从修辞的角度来讲,重复就是运用了反复的修辞。《春天》用了哪些反复的修辞呢?首先是"跑呀跑",其次是"春天来了!春天来了!",再次是"春天在哪里?春天在哪里?"。"跑呀跑"写出了风儿的急切心情,它要向大家报告好消息。"春天来了!春天来了!"是报告的内容,也表达了春天到来的惊喜。"春天在哪里?春天在哪里?"表达的是困惑、疑惑,这个反复里面有一种寻觅、寻找的意味。《春天》语句工整,生动活泼,运用的反复修辞含有特别的情味,很适合小学一年级学生的语气和语调,是训练语句语感的较好的情景材料。

小学生的语言素养是要用精美的语句来训练的。如果小学起始阶段语句的质量达不到要求,那么训练效果可想而知。因此,用精美的语句才能陶冶学生的语句素养;用适合学生诵读的语句才能让小学生爱上语句的精美。语句素养是日积月累积淀而成的。

朱自清也是善于使用反复句的高手。有人说,朱自清的散文名篇《春》是"贮满诗意"的"春的赞歌",里面有一片蓬蓬勃勃的春天。《春》之美因素多多。从语句的角度看,《春》之美也在于反复句的使用。《春》开篇便是"盼望着,盼望着,东风来了,春天的脚步近了"。其中"盼望着,盼望着",就把作者对春天急切的盼望之情强烈地表现出来了。作者此时的状态是急切地盼望着春天到来,在急切的盼望中春天渐渐地走进了读者的视野——"东风来了,春天的脚步近了"。这才有第2段的"欣欣然张开了眼"的美丽与精彩——"山朗润起来了,水涨起来了,太阳的脸红起来了"。朱自清用优美而充满感情的语句表达了对自然之春的欣喜、对靓丽人生人格的追求和向往;但是更让我难以忘怀的是开篇的这个反复句的使用,一下子把作者盼春的急切心情"抖搂"了出来。所以看似简单的重复,却表现了细腻而深厚的情感。阳光生命课堂语句审美训练,怎能不细细地品读这反复中急切的心情呢?

有时候,一串叠词句的使用可以将作者的情味表达得朗朗上口而又淋漓尽致。说朗朗上口是强调叠词句的音节和谐,整齐优美;说淋漓尽致是叠词句能够把作者的情味表现得十分细腻。我国叠词的使用史可以上推到春秋之前。《诗经》中的叠词句,已经用得相当普及。以《国风》的《关雎》看,第一个词语便是描写关雎鸣叫声音的叠词"关关雎鸠,在河之洲"。这最起码可以说明,叠词句可以描摹动物的叫声。《葛覃》中也有这样的句子:"黄鸟于飞,集于灌木,其鸣喈喈。"叠词句还可以描写人类的动作。如《卷耳》"采采卷耳,不盈顷筐"中的"采采",很形象地把人类不断采集卷耳的动作展示了出来。叠词句还可以用来描写景物。《秦风》中的《蒹葭》里就使用了"苍苍""萋萋""采采"等词语来描写蒹葭的密集程度和色调。有了这些叠词的使用,朗读《诗经》语句时就感觉到语言朗朗上口,节奏分明,音乐性十分强烈。

　　在唐代,叠词句已经大量进入了诗句中。许多诗句因为叠词的使用而格外生动形象。如在《全唐诗广选新注集评(1-10卷)》[①]中,杜甫的诗歌就分外突出。杜甫的《登高》中"无边落木萧萧下,不尽长江滚滚来",两个叠词,一个写声音,一个写流水的状态;《江畔独步寻花·其六》"留连戏蝶时时舞,自在娇莺恰恰啼",两个叠词,一个写时间的不断,一个描写声音的美丽动听;《茅屋为秋风所破歌》中"俄顷风定云墨色,秋天漠漠向昏黑",叠词把秋天天气浓阴写出来了;《蜀相》中"丞相祠堂何处寻？锦官城外柏森森","森森"把柏树树荫浓密、凄凉阴森情景写出来了;《旅夜书怀》"飘飘何所似,天地一沙鸥","飘飘"写出了诗人漂泊无定的生活状态;《客至》"舍南舍北皆春水,但见群鸥日日来"……

　　义务教育语文教材中很多篇章涉及叠词句的使用,我们需要认真研究琢磨叠词句的结构和功能。朱自清善于使用叠词句。他的《春》中叠词句用的特别多。比如"一切都像刚睡醒的样子,欣欣然张开了眼","欣欣然"就写出了万事万物高兴舒展的样子。"小草偷偷地从土里钻出来,嫩嫩的,绿绿的","嫩嫩的"是写小草的质地,"绿绿的"是写小草的颜色,这样就把早春小草的质地、色彩写出来了。"风轻悄悄的,草软绵绵的",两个叠词,一个是写风,一个是写草。一个是写风的轻和静,一个是写草的质地绵软。"花下成千成百的蜜蜂嗡嗡地闹着","嗡嗡"描写蜜蜂的声音生动形象。"还有各种花的香,都在微微润湿的空气里酝酿","微微"写出了春雨的细微微小。"密密地斜织着,人家屋顶上全笼着一层薄烟","密密地斜织着"写出春雨的细丝之多,而又写出了风之"细软"。"他们的房屋,稀稀疏疏的,在雨里静默着","稀稀疏疏"写出了房屋布局之稀疏的情形。当春天到来的时候,作者写城里乡下的"家家户户,老老小小""一个个都出来了""舒活舒活筋骨,抖擞抖擞精神",又用了大量的叠词,更加突出作者对春天到来的喜爱之情。

[①] 袁闾琨.全唐诗广选新注集评(1-10卷)[M].2版.沈阳:辽宁人民出版社,1997.

有时候整句的运用,让语言变得音节和谐朗朗上口。语句中的整句是最具有表现力的句子。在抒情和议论性的文体中,整句是最受到关注的。老师们练习学生的诵读,也多从整句的音节划分和整句的表现力上着手。《语文》(六年级上册)课文《花之歌》想象奇特,其中整句的运用就显得非常典型。比如"我是大自然的话语,大自然说出来,又收回去,藏在心间,然后又说一遍……"这一句的语序先后非常清楚,读起来自然显得文脉清清楚楚。"我是诸元素之女;冬将我孕育,春使我开放,夏让我成长,秋令我昏昏睡去。"这一句先把花比作"诸元素之女",然后按照冬—春—夏—秋的顺序去描写,句式工整,读起来非常流畅。而"我是亲友之间交往的礼品,我是婚礼的冠冕,我是生者赠予死者最后的祭献"三个句子则运用排比,把"花"的意义和价值展示得非常清晰——礼品、冠冕、献祭,这是多么形象的博喻。而"清早,我同晨风一道将光明欢迎;傍晚,我又与群鸟一起为它送行"则是对仗工整的对句,作者从时间的角度用对偶的修辞把花儿在清晨和傍晚的存在价值表现了出来。"我在原野上摇曳,使原野风光更加旖旎;我在清风中呼吸,使清风芬芳馥郁。我微睡时,黑夜星空的千万颗亮晶晶的眼睛对我察看;我醒来时,白昼的那只硕大无朋的独眼向我凝视。"作者从原野上、清风中、微睡时、醒来时4个层面把鲜花对于人类对于宇宙的意义展示出来。从这四个角度细细品味,你会发现作者洋溢在文字中对花儿的呵护之情,对花儿的赞美之情。

　　叶圣陶先生说过,"国文学科本是读的学科"。而越是整句丰富多样的文章,越适合学生们诵读。《花之歌》中的整句可以说达到了丰富多样——有对偶句,有排比句,有递进句等。从诵读的角度来说,不论何种句式,读起来都给人一种整齐的美,和谐的美,顿挫的美。比如朱自清《春》的最后三段:

　　春天像刚落地的娃娃,从头到脚都是新的,他生长着。
　　春天像小姑娘,花枝招展的,笑着,走着。
　　春天像健壮的青年,有铁一般的胳膊和腰脚,领着我们上前去。

　　最后三段用了比喻加排比的句式渲染春天崭新的生命力、花枝招展的生活面貌和奋发向上的青春活力。课堂上,老师们越是引领学生诵读,越能读出春天万物复苏,活力迸发的精神气。阳光生命课堂的精神来自哪里?就是来自这样整句的充满生机、充满活力、充满审美的诵读当中。有位语文教育专家说,如果要感受语文之美,那就在课堂上努力地组织整句尝试诵读。充满激情的整句的诵读,会让学生感到语言的魅力,从而焕发生命精神,爆发出生命活力。

　　我在教学《花之歌》过程中每每引导学生沉浸式诵读。学生们每每沉浸在花儿的价值理解中,花儿存在意义的生成之中。学生们也每每感受到自己便应如一朵花儿,自己应该像一朵花儿的方式存在——"饮着朝露酿成的琼浆,听着小鸟的鸣啭、歌唱""婆娑起舞,芳草为我鼓掌""仰望高空,对光明心驰神往""从不顾影自怜,也不孤芳自赏"。《花之歌》中,作者强调那些人类尚未完全领悟的哲理,恰恰是学生们应该去揣测,应该去咀嚼,应该去回味的。事实上,像《花之歌》这样,越是整齐的句子越适合学生们诵读,学生们在诵读中才能细细地品味作者在整句中浸润的细腻的思想和情感。

《义务教育语文课程标准(2022年版)》强调:语文课程是一门学习国家通用语言文字运用的综合性、实践性课程。语文课程应引导学生热爱国家通用语言文字,在真实的语言运用情境中,通过积极的语言实践,积累语言经验,体会语言文字的特点和运用规律,培养语言文字运用能力;同时,发展思维能力,提升思维品质,形成自觉的审美意识,培养高雅的审美情趣,积淀丰厚的文化底蕴,继承和弘扬中华优秀传统文化、革命文化、社会主义先进文化,增强对习近平新时代中国特色社会主义思想的理解和认识,全面提升核心素养。[1]

第二节 语句的性质

语句的锻炼要遵循语句的性质。阳光课堂要开展语句锻炼活动——语句的理解、语句的表达等,就要研究语句的不同性质。语句有多种含义,谓之多元;理解语句有多种方法,亦谓之多元。前者指向语句丰富的含义,丰富的内涵。如表层含义和深层含义、字面意思和象征意思、作者情感和读者情感等性质;后者指向理解语句的多种类型、多种路径,即按照不同性质的语句开展语句的多元理解。所谓多元理解,更多的指向根据不同性质的语句开展不同方式的语义理解,从而实现有针对性的理解,有针对性的"造句"磨炼,不断提升中小学生的语文核心素养。

不同性质的语句需要用不同方式去理解,语句理解上的多元性,给中小学生提供了较多的理解路径和空间。语句性质不同,理解的智慧不同、思路不同。描写性的语句要按照描写的角度和顺序去理解,记叙性语句要按照叙事情节发展的过程去理解,说明性的语句要按照说明事物的特征去理解,议论性的语句要按照

---

[1] 中华人民共和国教育部.义务教育语文课程标准(2022年版)[M].北京:北京师范大学出版社,2022.

议论的中心去理解,抒情的语句要按照情感洋溢的方式去理解……不同性质的语句要求使用不同的理解方式。如果不区分语句的性质生硬地去理解,那么就谈不上理解上的多元。

一、描写性语句

描写性语句以描写为重点,突出人或物的形象性,给人以身临其境的感觉。描写性的语句多使用修辞的语言,讲究描写的顺序、角度等性质。

《语文》(一年级上册)课文《小小的船》:"弯弯的月儿小小的船,小小的船儿两头尖。我在小小的船里坐,只看见闪闪的星星蓝蓝的天。"

这篇课文虽然短小,但是修辞使用却生动活泼。首先是运用比喻的修辞,把"弯弯的月亮"比喻成"小小的船";然后以"小小的船"展开想象,把"小小的船"想象成两头尖尖,并且想象"我在小小的船里坐";最后使用对比的修辞,"闪闪的星星"和"蓝蓝的天"一明一暗,对比鲜明。《小小的船》使用的丰富叠词音节和谐,十分适合儿童阅读。《小小的船》以想象的方式,将人们的情思引向遥远的宇宙空间,从而开启了小学生对空间的认知。要理解其中描写性的语句"弯弯的月儿小小的船""小小的船儿两头尖""只看见闪闪的星星蓝蓝的天",就要看到作者所使用的丰富的想象和多种修辞方式。

描写性语句,由于要突出描写事物的形象性,常常使用大量的修辞来形容刻画;在理解这些语句的时候,我们不妨从修辞的鉴赏入手发现每一种修辞手法的绝妙之处,进而理解全句所表达的思想情感。

《语文》(一年级上册)的第1篇课文《秋天》,作者在描写秋天景色的时候十分讲究描写的顺序。第1节由面到点的描写顺序十分清晰。作者首先由面上的"天气凉了",引出"树叶黄了"这个"点";再由"树叶黄了"这个"面",引出"一片片叶子从树上落下来"这个点。第1节两次运用了由面到点的写法,层次清清楚楚。第2节整体写天空:"天空那么蓝,那么高。"然后写天空中的局部现象——"一群大雁往南飞",接着细致刻画这一群向南飞的大雁——一会儿排成个"人"字,一会儿排成个"一"字。由整体到局部的描写顺序,恰到好处。而第3节在1、2两节观察、描写的基础上做出了理性的判断——"啊!秋天来了。"理解《秋天》中的描写性语句,就要注意作者在描写秋天景物时候所选择的描写顺序。如果不关注作者描写景物的顺序,就难以看出句和句之间的有机关联。

当描写性语句的描写对象比较丰富,作者常常是分点、分片、分层去观察与描写。这样描写的目的是具体而生动地展示景物或事物的全貌。对于复杂的描写对象,讲究有顺序的描写也容易被读者读取、接受和认同。如果不讲究描写顺序,描写时颠三倒四,每每不方便读者及时认识描写对象的复杂关系。而理解描写性语句的含义时,只要按照描写的顺序逐步展开理解,就能够理解描写对象的全部信息和存在价值。

朱自清的散文《春》首先用两个小节描写自己焦急地盼望着"春天的脚步",当春天到来的时候,朱自清的笔下"山朗润起来了,水涨起来了,太阳的脸红起来了"。此时此刻朱自清面前的春天是怎样的形象?有哪些春天特有的景色呢?朱自清对这个复杂的观察和描写对象就做到了分片分层去观察和描写,要开展生命课堂语句锤炼活动,真正地去把握语句的含义,就要从描写性语句的特点入手去咀嚼、去品味。

朱自清首先写的是春草。朱自清给我们描绘了一幅"春草图":"小草偷偷地从土里钻出来,嫩嫩的,绿绿的。"接着去描写园子里、田野里的"一大片一大片满是的"小草。当小草长出来的时候,人们便来到了软绵绵的草地上,"坐着,躺着,打两个滚,踢几脚球,赛几趟跑,捉几回迷藏"。春草碧绿,是春天到来的发出的第一条信息。明代杨基在《春草》中写道:"嫩绿柔香远更浓,春来无处不茸茸。六朝旧恨斜阳里,南浦新愁细雨中。近水欲迷歌扇绿,隔花偏衬舞裙红。平川十里人归晚,无数牛羊一笛风。"朱自清笔下的春草"嫩嫩的,绿绿的"是不是能和"嫩绿柔香远更浓,春来无处不茸茸"一比?

朱自清其次写的是春花。朱自清给我们描绘了一幅"春花图"。朱自清用了大量的修辞描写桃树、杏树、梨树的花,写树间的蜜蜂、蝴蝶,写树下的遍地野花。桃树、杏树、梨树是"你不让我,我不让你,都开满了花赶趟儿",运用的对偶、拟人、顶针的修辞。"红的像火,粉的像霞,白的像雪",运用的是排比、比喻的修辞写各种花的颜色。"花里带着甜味儿;闭了眼,树上仿佛已经满是桃儿、杏儿、梨儿",从嗅觉上写花的味道,并展开了联想和想象。"花下成千成百的蜜蜂嗡嗡地闹着,大小的蝴蝶飞来飞去",和上面写花的颜色形成了动静结合的写法。"野花遍地是:杂样儿,有名字的,没名字的,散在草丛里,像眼睛,像星星,还眨呀眨的",从树上写到树下,写野花的名字,写野花的形状灵动,生动活泼。在春花图的描写中,朱自清大量使用了描写性语句,这些描写性语句生动活泼,清新别致,极富有表现力。

像这样,朱自清又描写了"春风图""春雨图""活动图"。对于丰富多样的春天,朱自清分点、分片、分层地观察和描写,春天的气息便洋溢于篇章之中。也正是描写了不同的对象,使用了不同的描写方式,才使这篇散文格外生机勃勃,美不胜收。而在理解这些描写性语句的时候,我们就要从不同的对象、不同的描写方式,甚至不同的修辞方式入手,才能真正理解这些语句的含义,品味出作者浸润其中的热爱春天的思想感情。

景物的描写讲究分点分片分层次,人物的描写也讲究描写的角度和顺序。中小学习作过程中要大力开展人物描写活动,以展示生活中的各类各样的人物形象。而理解好教材中描写性语句对于开展不同类型的习作活动意义深远。朱自清的《背影》中,当父亲要为儿子买几个橘子去时说:"我买几个橘子去。你就在此地,不要走动。"事实上,朱自清的父亲要到那边月台的栅栏外买东西"须穿过铁道,须跳下去又爬上去"。而朱自清的父亲身体肥胖,"是一个胖子",走过去当然要费些事。朱自清本来要去的,可是朱自清的父亲不同意。于是朱自清细细地观察了父亲过铁道买橘子时的背影,他是这样写的:

"我看见他戴着黑布小帽,穿着黑布大马褂,深青布棉袍,蹒跚地走到铁道边,慢慢探身下去,尚不大难。可是他穿过铁道,要爬上那边月台,就不容易了。他用两手攀着上面,两脚再向上缩;他肥胖的身子向左微倾,显出努力的样子,这时我看见他的背影,我的泪很快地流下来了。我赶紧拭干了泪,怕他看见,也怕别人看见。我再向外看时,他已抱了朱红的橘子往回走了。"

朱自清较多地使用了描写性的语句,再现父亲过铁道时的情形。比如"戴着黑布小帽,穿着黑布大马褂,深青布棉袍"——再现了父亲的肖像,极符合民国民众的普通装扮;"蹒跚地走到铁道边,慢慢探身下去"——再现了父亲的步履、步态以及过铁道探身的情形;"两手攀着上面,两脚再向上缩;他肥胖的身子向左微倾,显出努力的样子"——十分逼真地写出了父亲过铁道时攀、缩的情形,突出了父亲过铁道时候的不容易……像这样的描写性语句,课堂上引导学生反复咀嚼,反复鉴赏,自然就习得了描写性语句中充满着的作者对父亲过铁道不容易的感叹和怜悯,为后来反思自己的年轻冲动,不懂事做了铺垫。父亲在家庭败落,失去工作的时候,还不忘为孩子买几个橘子,这是怎样的"人间大爱"?因此描写性的语句把作者对父亲的敬爱之情、自己对父亲不理解的忏悔之情,生动形象地表现出来了。

二、抒情性语句

抒情性语句是以抒情为主要动机的语句。抒情性语句有时候放在文章的开头,奠定全文的感情基调;有时候放在文章的结尾,总结全文,深化中心。不同位置的抒情性语句有着不同的使用功能和价值。认真研究抒情性语句的鉴赏,有利于提高学生的阅读素养。从阳光生命课堂的审美性来看,抒情性语句的审美,最容易浸润美的享受、美的思考,从而给学生的生命审美增加丰富多彩的底蕴。所以。善于开展生命课堂教学的老师,常常会抓住抒情性语句引导学生咀嚼鉴赏品味,然后通过诵读的方式沉浸其中,从而实现和作者情感的对话。因此抒情性语句含义的理解,就是诗意开掘的过程,就是审美深化的过程。

《背影》中的抒情性语句最能打动读者的心。开展《背影》生命课堂教学的时候,我重点引导学生品悟"背影"中极富有抒情性的语句。

我们知道,《背影》的第一至第三段,主要是交代人物关系,叙述跟父亲奔丧回家的情节,为描写父亲过铁道时的背影做好铺垫。第四至第六段,主要是写父亲为"我"送行的场景,主要是集中描写父亲的背影,以表现父亲对"我"的真挚感情。祖母丧事完毕,父子同行到了南京——父亲要到南京谋事,"我"要到北京读书。于是,才生成了震撼人心的背影的细节。最后一段,作者充分酝酿和调动自己的情感,以抒情的语句表达了分别后对父亲浓浓的思念之情:

近几年来,父亲和我都是东奔西走,家中光景是一日不如一日。他少年出外谋生,独力支持,做了许多大事。哪知老境却如此颓唐!他触目伤怀,自然情不能自已。情郁于中,自然要发之于外;家庭琐屑便往往触他之怒。他待我渐渐不同往日。但最近两年的不见,他终于忘却我的不好,只是惦记着我,惦记着我的儿子。我北来后,他写了一信给我,信中说道:"我身体平安,唯膀子疼痛厉害,举箸提笔,诸多不便,大约大去之期不远矣。"我读到此处,在晶莹的泪光中,又看见那肥胖的、青布棉袍黑布马褂的背影。唉!我不知何时再能与他相见!

这一段的抒情性的语句为什么让人心酸凄楚?为什么让人能够同情起朱自清的尴尬和遭遇?为什么让人能够增强人们对背影的深刻理解?主要是作者在这里运用了抒情性的语句。

《背影》最后一段的抒情性语句很有特点:议论和抒情相结合。在大段的叙事之后才开展议论和抒情,在议论和抒情中概括父亲和自己的不容易,这种在凄凉背景上叙述家事的风格,是朱自清的独创。因此,开展抒情性语句鉴赏时,我引导学生一句一句地咀嚼父子的"东奔西走",一句一句地品味家中的"一日不如一日",从而读出父亲的"老境却如此颓唐"和朱自清这些年的"不容易"。

抒情性的语句要有良好的记叙描写做铺垫。如果缺少了必要的事件的记叙和景物的描写等铺垫,那么用于抒情的语句就显得生硬苍白,读者往往难以接受。因此,鉴赏书信的语句一定要在研究记叙和描写语段的基础上进行。失去了记叙和描写的文字,议论抒情性的语句往往色彩大失。

《语文》(九年级上册)课文范仲淹的《岳阳楼记》的抒情性的语句也要这样来理解。庆历四年春,滕子京"谪守巴陵郡"。第二年,滕子京把岳阳治理的"政通人和,百废具兴"。在重修岳阳楼的时候,范仲淹想象的洞庭湖的美丽景色"淫雨霏霏,连月不开,阴风怒号,浊浪排空""长烟一空,皓月千里,浮光跃金,静影沉璧",于是才发现了议论抒情性的感叹:"居庙堂之高则忧其民;处江湖之远则忧其君""先天下之忧而忧,后天下之乐而乐"。

要理解这些议论抒情性的语句,就要看到作者在前面描写的两种阴晴不同的景色和产生的悲欢不同的心情。当"商旅不行,樯倾楫摧;薄暮冥冥,虎啸猿啼"时,人们产生的是"去国怀乡,忧谗畏讥,满目萧然,感极而悲"之苦情。当"春和景明,波澜不惊,上下天光,一碧万顷"时,人们产生的是"心旷神怡,宠辱偕忘,把酒临风,其喜洋洋"之乐情。然而在胸怀天下的范仲淹等名臣的心中,他们却是"不以物喜,不以己悲"。他们的心中自有远大抱负"居庙堂之高则忧其民;处江湖之远则忧其君""先天下之忧而忧,后天下之乐而乐"。所以,这两句话就要放在前面叙事写景的基础上理解,看到范仲淹和普通的谪迁人员的不同忧乐,一个着眼于天下的悲喜,一个着眼于眼前的得失。

《语文》(九年级上册)诗歌《我爱这土地》,也是抒情性语句比较突出的课文。《我爱这土地》以鸟和土地为抒情对象,表达了一只喉咙嘶哑的鸟儿对大地的深情。其中抒情性的语句"为什么我的眼里常含泪水?因为我对这土地爱得深沉……"更是表达了"鸟儿"对土地忠贞不渝的情感。因此要理解这个抒情性语句,就必须放在《我爱这土地》所营造的悲剧性的氛围中。要看到"鸟儿"对于大地的情感穿越了暴风雨,穿越了汹涌的河流,穿越了狂风,穿越了黎明。《我爱这土地》恰恰表达了艾青对多灾多难祖国的深切爱戴之情。如果不咀嚼被暴风雨所打击的土地、如果不咀嚼永远汹涌着的河流、如果不品味无休止吹刮着的激怒的风,就看不到诗行中涌动着的赤子深情。为什么那只鸟即使是"我死了","连羽毛也腐烂在土地里面",还对这土地爱得深沉,还对这土地满含泪水?这只鸟儿恰恰是一批批热爱祖国甘愿为祖国献身的中国青年的象征。

对祖国深沉的爱,可以通过文字诵读、审美体验而得以强化。在阳光生命课堂上,学习《我爱这土地》这首诗目的是什么?就是要通过抒情性语句的审美,领悟诗人对祖国的赤子情怀,对祖国爱得深沉!

《语文》(七年级上册)课文朱自清的《春》的最后三句话也是抒情性语句:"春天像刚落地的娃娃,从头到脚都是新的,他生长着。春天像小姑娘,花枝招展的,笑着,走着。春天像健壮的青年,有铁一般的胳膊和腰脚,领着我们上前去。"这三句话用了排比和比喻的修辞,从娃娃、小姑娘和健壮青年三个方面赞扬了春天崭新的生命力、多姿多彩的模样和蓬勃向上的强劲力量。阳光生命课堂上开展《春》的诵读活动,我把重心就放在抒情性语句的鉴赏上,引导学生仔细地品味这个排比的角度性、生动性和情感性。可以说,抒情性语句是《我爱这土地》《春》等课文的诗眼所在,文眼所在。理解了这些抒情性的语句,也就理解了这些精美的篇章,理解了作者在这些篇章里面所表达对祖国对土地对自然的深情。因此咀嚼、鉴赏抒情性语句,要和全文要表达的思想情感结合起来。

三、记叙性语句

记叙性语句以叙事为主,具有鲜明的叙事特征。要理解好记叙性的语句,就要弄清记叙性语句在什么时间、什么地点、讲了什么事等。这就需要仔细阅读并留意语句中的叙事细节,注意时间、地点、人物、事件的起因、经过和结果等叙事要素。如果不关注这些关键的叙事信息,不能有效地提取叙事元素,就很难理解记叙性语句讲述的内容,更无法看出记叙性语句在整个故事框架中的作用和地位。

有时,为了更好地理解记叙性语句,还需要读者设身处地地去感受语句所描述的情境,甚至要把自己带入故事情节中想象,自己处于那样的叙事场景和叙事情节中将是怎样设想、怎样处置等,从而增强对记叙内容的共鸣和理解,全面理解记叙性语句的表达效果和存在价值。

《语文》(三年级上册)课文《掌声》,讲述的是小学生英子重拾自信的故事。里面有许多值得理解的记叙性语句。我在阅读这篇课文的时候做了批注——

"她很文静,总是默默地坐在教室的一角。"

——"文静"是什么意思呢?她为什么总是默默地坐在教室的一角?这暗示了什么?以前上课的老师为什么没有发现她的这种情况呢?为什么没有提出合理的引导建议呢?

"上课前,她早早地就来到教室,下课后,她又总是最后一个离开。"

——这里的"早早"是什么意思呢?这里的"最后一个"说明了什么问题?英子接受自己是残疾的这个事实吗?她为什么没有勇气看待自己是残疾的事实?同学和老师为什么没有人关注这个细节呢?

"轮到英子的时候,全班同学的目光一齐投向了那个角落,英子立刻把头低了下去。"

——全班同学为什么目光一起投向了那个角落？小英子为什么把头低了下去？如果小英子就是不上台讲故事将是怎样的结果呢？

"英子犹豫了一会儿，慢吞吞地站了起来，眼圈红红的。"

——小英子犹豫了一下的心理活动是什么呢？为什么慢吞吞地站起来了，而且眼圈还是红红的呢？这里有怎样的心理过程和心理思考呢？

"就在英子刚刚站定的那一刻，教室里骤然间响起了掌声，那掌声热烈而持久。"

——教室里为什么会响起了掌声而且掌声那么热烈而持久？此前为什么没有这样的掌声呢？这掌声对小英子的心理是怎样的影响呢？这掌声产生了怎样的意义呢？

"在掌声里，我们看到，英子的泪水流了下来。"

——小英子为什么泪水流下来了？这掌声对于小英子产生了怎样的精神触动呢？

英子同学腿脚落下了残疾，但是她不愿意承认残疾的事实，因此心理上总是拒绝。这才有"总是默默地坐在教室的一角"，总是"早早地就来到教室"，又总是"最后一个离开"。也就是说小英子有残疾的心理阴影，所以当老师轮流讲故事时，英子"立刻把头低了下去"。生活中总是有许多学生不愿意正视自己身体存在的问题，或者把自己包裹在特定的心理圈中，不愿意走出心理圈。小英子就是这样的同学。

要真正理解同学们"骤然间响起的掌声"的意义和价值就要认真地去理解这篇课文中记叙性的语句。理解小英子故事讲完了，"教室里又响起了热烈的掌声"背后的真正内涵——"不再像以前那么忧郁""和同学们一起游戏说笑"……在教育生活中，同学和老师的关心帮助，同学和老师的鼓励、赞美，同学和老师的认可都是心有阴影的同学走出心理的重要的动力。所以几年以后，英子仍然难忘小学时候精彩生活给她的"极大的鼓励"。

开展阳光生命课堂教学时，我始终遵循这样的理念："生命至上，幸福为本，活力为先，个性为重。"从教育的层面看，从立德树人的层面看，阳光生命课堂要真正培养品质高尚、正直向上的优秀学生，就需要像《语文》(三年级上册)课文《掌声》中的学生们那样，积极营造乐观向上、真诚如一的学习氛围，及时给身体或心理上有残缺的同学以真诚的呵护、热烈的掌声。而对于身体或心理上有残缺的同学，也要正视自己的残缺、正视自己的短处,像花木那样热烈而积极地生长——积极地走向同学、走向生活、走向阳光,做一名乐观向上、坦率真诚的阳光学生。

当然,理解记叙性的语句还需要关注作者使用的叙事技巧,比如悬念设置、铺垫烘托、首尾呼应、对比反衬、卒章显志、出人意料等叙事技巧,从而全面地了解记叙性的语句所表达的叙事内容和情节价值。在记叙性语句中,典型语句背后的含义和作者的表达意图,是阅读的时候应该努力关注并尝试解决的。中小学生的语句解读技巧、语句领悟素养多是在日常阅读生活中潜移默化习得的。因此,多阅读优秀的记叙性作品,多读多思记叙性语句的内涵,不断积累记叙性语句的理解经验和鉴赏体验,中小学生的语文核心素养一定会提升。

朱自清的散文《背影》写于1925年,写的是对父亲感恩怀念的故事。《背影》是叙事写人的经典,无论在散文史上,还是在教育学史上,都无以取代。作者与父亲因各种家庭矛盾阻隔而两年余不能相见,于是作者便回忆起"最不能忘记的是他的背影"。《背影》作为一篇有阅读史的课文,读懂了其中的叙事性语句,就真正读懂了朱自清当年的"懵懂""尴尬"。

散文《背影》中有着大量内涵丰富的记叙性语句。比如"那年冬天,祖母死了,父亲的差使也交卸了""我从北京到徐州,打算跟着父亲奔丧回家""到徐州见着父亲,看见满院狼藉的东西,又想起祖母,不禁簌簌地流下眼泪""回家变卖典质,父亲还了亏空;又借钱办了丧事""这些日子,家中光景很是惨淡""丧事完毕,父亲要到南京谋事,我也要回北京念书,我们便同行"……可以说这些记叙性的语句,每一个句子背后都有丰富的内涵。我在教学这篇课文的时候,对课文中的记叙性语句做了点读:

"我与父亲不相见已二年余了。"

——朱自清为什么与父亲不相见已二年余了?北京距扬州交通很方便,朱自清为什么不能带着一家人返回扬州和父亲相见呢?朱自清的父亲并没有什么工作,为什么不能主动到北京去看望朱自清呢?

"那年冬天,祖母死了,父亲的差使也交卸了"

——那年冬天祖母为什么会死去?父亲在徐州的差事——为什么会"交卸"?这两者之间有没有关联?祖母是不是被父亲气死的?朱自清的父亲是徐州榷运局长,即俗称的"烟酒公卖局长",一个油水很厚的官员因为什么而官职差事被取消?

"我从北京到徐州,打算跟着父亲奔丧回家。"

——朱自清为什么要从北京到徐州？朱自清当时正在北京大学哲学系读书，为什么不能直接到南京浦口呢？而父亲朱鸿钧则在徐州当官，朱自清到徐州的父亲家，还有什么深刻的用意呢？他能看到父亲在徐州偷偷娶的姨太太吗？

"到徐州见着父亲，看见满院狼藉的东西，又想起祖母，不禁簌簌地流下眼泪。"

——朱自清看到父亲为什么是满院狼藉的样子？是谁造成了满院狼藉的现场？"满院狼藉的东西"渲染了怎样凄凉的氛围？"满院狼藉的东西"，又为什么让朱自清想起了祖母？祖母的去世和"满院狼藉的东西"有没有关联？

"回家变卖典质，父亲还了亏空；又借钱办了丧事。"

——父亲朱鸿钧在徐州当官，为什么办了丧事还要"变卖典质"？朱自清在暗示着什么信息呢？父亲为什么还要"还了亏空"呢，这些亏空是怎样造成的呢？朱自清家真实的经济情况怎样呢？为什么要"借钱办了丧事"？

"这些日子，家中光景很是惨淡"

——造成这种惨淡的光景，原因是什么呢？朱自清为什么要写家中的光景很是惨淡？这和下文写背影有关联吗？

"丧事完毕，父亲要到南京谋事，我也要回北京念书，我们便同行。"

——父亲为什么要到南京谋差事？作者为什么要写父亲到南京谋差事？朱自清为什么选择和父亲同行呢？这一句记叙性的话语传递了怎样的信息呢？在情节发展上有什么作用呢？

上述的点读、批读，只是我在教学的时候随笔而写的文字。要真正读懂朱自清、真正读懂朱自清的《背影》，就要读懂朱自清的出生历史、家庭历史。从朱自清出生到1925年的大事年表可看出，朱自清写《背影》的时候朱自清和父亲的关系并不好！上述记叙性的语句所点读的内容、所提出的各种问题，就一目了然。

父亲的差事为什么会"交卸"呢？要弄清这个原因就不能不去关注发生在徐州的"姨太太"事件。1916年朱自清以优异成绩从江苏省立第八中学毕业。秋天，朱自清就考上了北京大学预科。同年12月，朱自清与扬州名医武威三的女儿武钟谦结婚。婚后，朱自清只身赴北京大学读书。

1917年，朱自清的儿子出生，父亲朱鸿钧遭遇了人生的大变故。这变故就是徐州的"姨太太"事件。据有关资料记载，时任徐州榷运局长的朱鸿钧，在徐州偷偷纳妾，被扬州家中的潘姓姨太太发现，潘姓姨太太跑到徐州大吵大闹，弄得满城风雨。于是，上司怪罪下来，朱鸿钧的"差事"给闹得"交卸"了。而为了打发徐州娶的姨太太，朱父亏空了五百元，朱父只好回家变卖家当——卖了祖母非常不愿意出售的珠宝首饰，才补上了徐州的窟窿。这就是《背影》中"回家变卖典质"一事。而朱自清祖母不堪承受如此变故而辞世。祖母去世后，朱自清从北京回到徐州，知道变故因由以后，对父亲十分不满，所以看到父亲在徐州的家是满目狼藉的样子。

1917年的朱自清"大事记"里这样记载："1917年考入北大哲学系。冬天：父亲受姨太太牵累，亏空公款500元，祖母因此辞世，享年71岁。父亲失业，二弟要考大学，于是朱自清又决定要提前一年毕业。"当时朱自清父亲失业，尚处在青春时代的朱自清并未有丝毫同情之心。这多少是因为父亲在徐州行事不当，而朱自清心中块垒未除。

《背影》中，"我"在送行的"现场"，对父亲爱子之情并未领悟和感受到。"我"一直处于看不起父亲、嘲讽父亲的状态。如"这样大年纪的人""说话不大漂亮"，并且"暗笑他的迂"。可见，"徐州纳妾"风波的负面情绪、祖母去世的哀痛之情，对朱自清的影响十分强烈。而《背影》所写的"背影"故事，恰恰发生在这样尴尬的背景上。因此，理解《背影》中的典型记叙性语句时，如果不建构民国时期朱自清家这段特殊的生活经遇的情境，就看不出在那样情境中父子之情的珍贵，朱自清的心理与情感之真实。对于《背影》的记叙性语句的理解来说，要真正理解上述记叙性的语句，就不能不感受朱自清的家庭风貌，特别是朱自清个人的情感尴尬。

有了上面的文献支撑我们便能弄明白"那年冬天"，"父亲的差使"为什么而"交卸"，祖母的死与父亲的丑事之间的关系，就能够理解朱自清父亲为什么要"回家变卖典质"还"亏空"。其实，"那年冬天"前发生的徐州的"姨太太"事件，才是朱自清不把父亲放在眼里的主要原因！理解语句的时候，我们一定要引导学生历史的、全面的"认识朱自清"的家庭因素！这样，才能在"朱家故事"的背景里读懂《背影》，弄清《背影》中"我"的现场情绪，从而理解典型的记叙性语句的深刻内涵。

朱自清为什么和父亲两年多不相见呢？《背影》中，"我与父亲不相见"还有另外一个原因。朱自清1917年考入北大哲学系。父亲失业后，二弟又要考大学，朱自清又决定要提前一年毕业。朱自清做什么去了呢？——教书挣钱！于是，就发生了朱自清父亲在扬州中学干的"代领薪水"之事。

《背影》的真实故事发生在1917年，《背影》的篇章产生于1925年。因此，这期间发生的事情值得关注。《背影》的情感并不单纯、单一。我读《背影》，感觉情丝中有淡淡的"感恩的心"、深深的"至诚的父爱"；但里面还有许多复杂的情感。

如朱自清的尴尬、单纯、悲凉、隐忍、痛苦和自责与反思等。这和朱自清与父亲矛盾激化有关,特别是"代领薪水"事件。

　　1925年10月,朱自清接到父亲的家信——他们两年多"不相见"。这十分让人疑惑!在信中,父亲惦记着长孙,希望朱自清"不要耽误他才好",还说"我身体平安,唯膀子疼痛厉害,举箸提笔,诸多不便,大约大去之期不远矣"。这封家书的出现,才使得朱自清的内心受到刺激,于是才有了《背影》。为什么不见面?1917年,朱父徐州失业后,家庭陷入困境,开支渐拙。于是,朱自清不得不提前毕业开始工作。工作后,朱自清每月寄一半薪水回家,贴补家用,可是父亲仍然不满意。1921年,朱自清回到扬州八中担任教务主任。朱父封建思想浓重,又听了姨太太的话,常常不经朱自清同意去扬州八中代领朱自清的工资。朱自清十分生气,便辞职"出走"。1921年秋天,先到上海中国公学中学部教书,1922年年初又到台州浙江第六师范教书。距离父亲远了,父亲再也不能左右朱自清了。可以说,"代领薪水"事件导致了朱自清的"家庭失和"。到了南方以后,朱自清本想解决父子矛盾。1922年暑假,朱自清曾主动缓解和过与父亲的矛盾。当时,他带着妻儿回家,朱鸿钧则不准朱自清一家进家门。朱自清只好把夫人与孩子带到杭州,组织自己的小家庭,每月除了寄钱回家,连书信也很少了。1924年暑假,朱自清因为姨娘跋扈再度回家,朱鸿钧冷脸相见,双方便进入了"冷战"状态。朱自清只好把母亲与妹妹接出来一起住。——从此与扬州老家几乎断绝了关系。因此,朱自清在《背影》结尾写道:"近几年来,父亲和我都是东奔西走,家中光景是一日不如一日。"——"家中光景"是怎样的"一日不如一日"?"但最近两年的不见,他终于忘却我的不好"——"我"有哪些"不好"?这都集中指向了徐州的"姨太太"事件、"代领薪水"事件,这都可以用徐州的"姨太太"事件、"代领薪水"事件来解释。

　　到1925年暑假,朱自清去北京教书时,他心里惦记的只有母亲、夫人、孩子与在浙江上虞白马湖的家……

　　《背影》中朱自清在记叙性的语句中所隐含的诸多问题,要放在民国家庭情境中审视,才能还原民国家庭中的那一段生活、那一些情绪。"姨太太"事件与"代领薪水"事件则是解读《背影》的重要密码。因此,开展《背影》的语句理解,要注意解读这两件事。

　　《背影》中朱自清的父子关系,很显然有离经叛道的意味。在半封建半殖民地的中国,父子关系有着重要的伦理定位,那就是父慈子孝。朱自清的背影时代,父子之间还受着"父父子子"的封建思想左右。作为儿子要以父为大,无条件、无理由地听从父亲的指令。在婚姻上,仍然遵循着父母之命,媒妁之约。这就是封建家庭伦理。所谓伦理主要就是指家庭、家族成员之间的血缘辈分、亲疏、位次关系或顺序。传统的亲情、血缘和辈分关系，自然生成了亲情、辈分的秩序，存在着生养、爱慈、友恭的关系。而《背影》中就有鲜明的"父慈子不孝"的现象。从这方面来看，《背影》里父子故事所显现的父子关系，就有了特别的意义，即有着重要的伦理意味，值得我们品味鉴赏！

语句理解时，《背影》里有两个问题，我们要深入思考：第一朱自清父亲为什么要到南京寻找差事？第二朱自清和父亲为什么会两年不相见？——指向徐州"姨太太"事件、扬州中学的"代领薪水"事件。其实，这两个问题都与朱自清和父亲之间的人伦关系发生了冲突有关。

《背影》中明显地写到父亲的差事也交卸了。这是为什么呢？这个问题指向朱自清父亲的人品人性，指向朱自清父亲封建家长形象在朱自清心中的倒塌！《背影》中，朱先生为什么和父亲两年不相见呢？父子之间，小家庭和大家庭之间为什么会发生这样的冲突呢？《背影》中朱自清置父亲于不顾，给我们产生了亲情瞬间崩溃、道德立刻坍塌的错觉。这是朱自清所不愿意接受的。因此，这才有朱自清的反思，朱自清的忏悔，朱自清向父亲的道歉。可以说《背影》这篇文章就是公开向父亲道歉的方式。因此，《背影》中存在着民国家庭中的封建伦理关系，以及这种关系对朱自清的影响，应该是在新时代教学《背影》这篇课文时应该考虑的。

《背影》中洋溢的自我反思精神或者说自我反思的价值。一直以来，人们都认为《背影》这篇课文表现的是父爱，是浓浓的父子之情。《背影》中这篇课文最重要的是表现了朱自清的自我反思精神或者说自我反思价值。中国知识分子的自我反思精神是五四时代培养起来的，而朱自清就是最鲜明的代表。在封建文化中，中国知识分子绝少有自我反思精神，绝少有淋漓尽致的自我反思品质。所以《背影》这篇课文就具有象征性具有代表性。即便是在新时代，广大青少年学生仍然需要这种自我反思精神，或者自我反思品质。因此从自我反思上来看，《背影》这篇课文具有自我反思上的引领价值。

传统修身之讲究"与人不求备，检身若不及"。五四运动之前，中国几乎没有十分鲜明的指向自我反思的文学作品！而五四运动之后，知识分子的自我反思成了重要的表达主题！鲁迅先生的《一件小事》、郁达夫的《沉沦》、叶圣陶先生的许多小说，都是知识分子自我反思，自我检讨的精品。同样《背影》也是五四运动之后知识分子自我反思的精品。如果说《背影》还有什么特别的阅读价值的话，其中朱自清的自我反思精神、自我审视精神、自我忏悔精神，就是最值得当下教师和学生阅读的地方。《背影》中朱自清对父亲的认识和态度发生了变化。家庭伦理中，父子之伦是以血缘关系建立起来的父子关系。父母爱子之情，人所共有。语篇分析时，《背影》的自我反思精神，自我反思样式，值得师生探讨。

《背影》的语句内涵是划时代的，《背影》的叙述方式也是划时代的。父亲和儿子、读书和谋差事、大家庭和小家庭、思念和忏悔融于一体。语句理解时，我们要看到《背影》的阅读价值不在于语句内容有什么创意，不在于故事情节有什么激动人心的地方。我在教学中十分重视引导学生鉴赏《背影》在语句表达与写作上的价值。对于初中学生来说，《背影》的语句在写作教学上有着不可低估的作用。

比如《背影》在大事件大背景基础上的细节描写，值得学生们继承。朱自清在《背影》中实际上为我们提供了两个大背景：一是朱自清父亲的家庭变故。父亲因为在外面搞小妾，差事被解除了，借钱还了亏空，祖母气死了，朱自清很生气，朱自清的母亲和她的姨娘也很生气。二是朱自清夫妻和朱自清父亲之间存在着家庭冷战。到父亲送朱自清去浦口火车站的时候，朱自清和父亲之间的父子关系仍然很僵硬。这就是为什么朱自清在火车站的时候一直嘲笑，一直冷落，一直鄙视父亲的主要原因。而在这样的背景上，朱自清还能看到父亲过铁道的细节，两年后还能记住父亲过铁道的情形，这细节、这回忆真是辽阔的太空闪烁的星星。

一位著名的作家说："记叙文中每一句话都有它的生命意义。"实际上，在叙事性的作品中，每一句话都有它存在的理由，每一句话都有它存在的价值。认真的研究好叙事性作品中的语句的意义和作用，才能真正地理解好叙事性作品。当然，理解好记叙性的语句不仅需要结合上下文，还要观察作者生活的时代背景，特别是作者在家庭生活中所遇到的种种问题。理清了这些阅读元素我们才可以准确地理解好典型的记叙性的语句在文中传递的信息和在篇章上的重要价值。

除了上述三种语句类型，还有说明性的语句和议论性的语句。

说明性的语句重在说明事物的特征，表现事物的各种各样的特点。比如《富饶的西沙群岛》中，更多的是说明性的语句。"西沙群岛位于南海的西北部，是我国海南省三沙市的一部分"——说明西沙群岛的地理位置和三沙市的关系。"那里风景优美，物产丰富，是个可爱的地方"——说明西沙群岛风景优美，物产丰富，总领全文。"西沙群岛一带海水五光十色，瑰丽无比：有深蓝的，淡青的，浅绿的，杏黄的"——说明西沙群岛海水的颜色。"因为海底高低不平，有山崖，有峡谷，海水有深有浅，从海面看，色彩就不同了"——解释西沙群岛海水深浅颜色不同的原因。"海底的岩石上长着各种各样的珊瑚，有的像绽开的花朵，有的像分枝的鹿角"——说明西沙群岛有丰富的珊瑚。"海参到处都是，在海底懒洋洋地蠕动。大龙虾全身披甲,划过来,划过去,样子挺威武"——介绍西沙群岛的物产——海参和大龙虾……正是有了这些书面性的语句,人们才对富饶的西沙群岛中的"富饶"有了鲜明的理解。

同样,议论性的语句主要是发表议论,表达自己鲜明的观点。《语文》(一年级上册)课文《大还是小》中就有着大量的议论性语句。这些议论性的语句,主要是表现对自己成长的认知,这种成长认知的诉说方式采用"观点＋例证"的言说方式,即成长观点加上成长中的事实论据。《大还是小》中一共有三组"观点＋例证"的句子。

"有时候,我觉得自己很大"——成长的观点。

"我自己穿衣服的时候,我自己系鞋带的时候,我觉得自己很大"——成长的例证。

"有时候,我觉得自己很小"——成长的观点。

"我够不到按钮的时候,我听到雷声喊妈妈的时候,我觉得自己很小"——成长的例证。

"有时候,我希望自己不要长大"——成长的观点。

"更多的时候,我盼着自己快点儿长大"——成长的观点。

学习议论性的语句,容易让学生变得更加理性,能够冷静地发现自己的成长,从而发现成长的规律,并进一步地用这种理性观察他人和发现世界。在众多文学作品中,议论性语句是突出中心的主要方式。

在议论文当中,议论性语句更容易突出自己鲜明的观点。《语文》(七年级上册)课文《纪念白求恩》中,毛泽东用了大量议论性的语句,突出了白求恩先生的国际主义精神:"白求恩同志毫不利己专门利人的精神,表现在他对工作的极端的负责任,对同志对人民的极端的热忱。每个共产党员都要学习他。""我们大家要学习他毫无自私自利之心的精神。""一个人能力有大小,但只要有这点精神,就是一个高尚的人,一个纯粹的人,一个有道德的人,一个脱离了低级趣味的人,一个有益于人民的人。"这些议论性的语句就把白求恩的精神诠释得非常清晰,白求恩的精神就是高尚的精神,纯粹的精神,有道德的精神,有益于人民的精神。

在散文中,议论性语句更容易突出描写对象的主要特征。比如老舍先生的《济南的冬天》的开头就采用了大量对比式的议论性语句。

对于一个在北平住惯的人,像我,冬天要是不刮风,便觉得是奇迹;济南的冬天是没有风声的。对于一个刚由伦敦回来的人,像我,冬天要能看得见日光,便觉得是怪事;济南的冬天是响晴的。自然,在热带的地方,日光是永远那么毒,响亮的天气,反有点叫人害怕。可是,在北中国的冬天,而能有温晴的天气,济南真得算个宝地。

老舍展开议论用了三组对比:一是北京冬天刮风和济南冬天没有风对比,二是伦敦冬天看不见日光和济南冬天响晴形成对比,三是热带地方日光永远叫人害怕和北中国济南冬天的温晴形成对比。这种用对比的方式议论就突出了济南的冬天的特点:冬天没有风声、冬天有响晴的日光和温暖的天气。

第三节 语句的含义

理解语句的含义是重要的语句锻炼项目。语言学习的途径是从识字、词语到语句,乃至全篇阅读。很显然,语句是全篇阅读或者是整本书阅读的起点。我们有必要讨论一下理解句子含义的一般方法、一般经验。

正确的理解和把握语句的含义,是语文课程标准规定的学习要求。课程总目标对语句学习做了这样的规定:"主动积累、梳理基本的语言材料和语言经验,逐步形成良好的语感,初步领悟语言文字运用规律。"可见,语句是最基本的语言材料和语言经验。理解好语句,运用好语句,才能形成良好的语感,并进而领悟语言文字运用的规律。

中小学生阅读,包括整本书阅读,从某种意义上来说可以概括为语句含义的理解过程。语句含义理解了,语篇的含义也便容易把握。因此,所谓的阅读飞跃即是从语句的含义到语篇的含义的占领。这个"占领"过程要由少积多、由浅到深、由点到面,要不断深入。

有人说,语句一看就知道什么意思了,还需要讨论怎样理解和把握句子含义这个问题吗?事实上,有些语句"一看",含义有时还是很难理解的。这就需要"讨论一下"理解语句含义的各种方法,或者是探讨一下理解各种类型的语句含义的路径。

在一般老师的经验中,理解语句的含义通常有8种路径。

1. 关注语句结构:了解句子的主要结构关系,明确句间的主要内容和重点。

2. 抓关键词语:找出句子中的关键词,理解含义并结合关键词理解整个句子的含义。

3. 了解语句背景:弄清作者的生平、写作背景、时代背景等,明确语句与背景的关系。

4. 联系上下情境:结合句子所在的段落甚至整篇的语境,来推断句子的丰富内涵。

5. 鉴赏修辞手法:研习句中博喻、拟人、排比、反复、夸张等修辞,要理解其效果。

6. 融入生活经验:把生活经历和感受融入语句情境中,体会语句所表达的情感和意义。

7. 转换表述方式:尝试用自己的语句重新表述句子,通过对比发现语句的表达重点。

8. 在篇章中审美:把要理解的语句放在篇章中审视,发现语句的内涵和存在价值。

上述理解语句含义的智慧,都有其使用价值。但是单从语句的含义上来看,语句的含义无非"事实含义"和"抽象含义"(隐藏含义)。

"事实含义"就是这个句子讲了什么事实、陈述了怎样的信息。"事实含义",指向对语句本身、表层内容的"抓取",讲究的是事实全面、清晰完整。"抽象含义"就是这个句子的背后隐含了哪些信息,字面的信息后还传递了怎样的信息等。"抽象含义",指向对语句背后深层内容的"挖掘",讲究的是深刻独到,丰富全面。阳光生命课堂教学过程中,我们要善于引导学生从"事实含义"理解走向"抽象含义"理解,不断地提升学生阅读认知的水平,并最终提升学生的阅读鉴赏素养。

一、理解事实

中小学阳光生命课堂教学中,对于"事实含义"的理解要做到具体全面,不丢不漏。对于中高年级的学生来说,"事实含义"的发现、抓取和概括,相对来讲比较容易。有些语句表现的就是事实内容,学生只要理解了事实本身,诸如事实本身的存在、实施发展的过程等,就基本理解了语句的含义。在事实的理解过程中应该做到"三不":事实不残缺、事实不加多、事实不偏离。

《语文》(三年级上册)课文《卖火柴的小女孩》,安排了这样的课后练习:"小女孩擦燃了几次火柴?每次擦燃后看到了什么?表达了她怎样的愿望?"这个问题实际是对课文语句内容的理解。而这些被理解的语句实际上就是课文"事实含义"的发现。

卖火柴的小女孩又冷又饿时,蜷缩成一团,小手几乎冻僵了,于是从"成把的火柴"里抽出一根在墙上擦燃了,目的很单纯,就是"暖和暖和自己的小手"。她又擦燃了一根的时候,看到桌子上铺着雪白的台布,摆着精致的盘子和碗,肚子里填满了苹果和梅子的烤鹅正冒着香气……当她再次擦着了一根火柴的时候,她看见了美丽的圣诞树、翠绿的树枝上点着几千只明晃晃的蜡烛。当她第4次擦着了火柴的时候,温和慈祥的奶奶出现在光亮里。最后她把所有的火柴全部擦着了,小女孩也和奶奶一起在光明和快乐中越飞越高……学生要完成这个课后练习,就要仔仔细细地阅读课文,从课文的事实语句中找到答案。但事实上很多学生找得出几次却找不出"看到了什么""怎样的愿望"。这说明学生对语句含义的理解还停留在表层,还没有从作者所描绘的事实中发现小女孩的渴望和期待。

很多情况下,中小学生对"事实含义"的理解会出现丢失、偏离现象。这就需要我们引导学生努力关注语句本身的内容,解读语句本身的事实。比如小学一年级第1篇课文《秋天》中,表现秋天的事实便有三个——天气凉了、树叶黄了或者落下来、一群大雁往南飞,当有了这样三个事实以后,我们才可以做出判断——秋天来了!所谓理解事实就是句子本身究竟讲了哪一些事、道理等。

课文《江南》是几句诗组成的:"江南可采莲,莲叶何田田。鱼戏莲叶间。鱼戏莲叶东,鱼戏莲叶西,鱼戏莲叶南,鱼戏莲叶北。"要真正理解这首诗,就要理解这首诗里面所描述的事实。那么,诗中的语句呈现了哪些事实呢?"江南可采莲""莲叶何田田""鱼戏莲叶间。鱼戏莲叶东,鱼戏莲叶西,鱼戏莲叶南,鱼戏莲叶北"等。

中小学生阅读过程中学生对"事实含义"的理解,常常会出现偏差。造成阅读偏差,主要是对句子认知不仔细、不全面。我们看《江南》的教学片段:

师:小朋友们江南可采莲,莲叶长得怎么样?

生:长得很大,像个大帽子。

生:长得很多。

生:长得很绿很绿,碧绿碧绿的。

师:"莲叶何田田"说的是莲叶很多、叶叶相连、长得茂盛的样子。那么,我们看到了荷叶,还看到了什么呢?

生:还看到鱼。

师:鱼在哪里呢?

生1:鱼在莲叶间。

生2:鱼在莲叶东。

生3:鱼在莲叶西。

生4:鱼在莲叶南。

生5：鱼戏在叶北。

师：谁能用简单的语言概括一下，鱼到底在哪里呢？

生：鱼在水塘里。

生：鱼在荷叶边。

生：鱼在水池里。

师：我们一起来朗读一下好不好？

……

"田田"，多指莲叶相连、盛密。可是，学生们不知道词语的"事实含义"。怎么办？一般课堂，教师教学每每引导学生去想象。在想象之后，便投影"荷叶田田"的样子，引导学生去判断。事实上，上述三个小朋友对"田田"的理解都出现了偏差，一个认为是"长得很大，像个大帽子"，从形状、体积上理解。一个认为"长得很多"，从数量上理解。一个认为是"长得很绿很绿，碧绿碧绿的"，从颜色上理解。这就是属于事实理解有问题。

为什么会出现这样的问题呢？主要是小学生的知识积累不够。在这种情况下，教师采用投影"荷叶田田"的样子对于理解"事实含义"是可行的。——虽然课文学习的重点，不是对这个词语的理解。而对于"鱼在哪里呢"这个问题的回答，五位学生均出现了"只见其一"的现象。这说明小学生的阅读理解"视野不全面"，才出现回答偏差。

在这种情况下，教师应该怎样处理呢？教师让学生"用简单的语言概括一下"，然而概括的结果并不理想。有的学生说"鱼在水塘里"，有的学生说"鱼在荷叶边"，还有的学生说"鱼在水池里"。显然这样的概括并不是老师所需要的。"鱼到底在哪里呢"，这其实是关于"事实含义"的理解。当学生出现了理解上的偏差的时候，我们就应该引导学生去"看"整个课文。所以，教师的策略是"我们一起来朗读"，从而渐渐地发现"事实含义"。

教学《吃水不忘挖井人》重点就是语句"事实含义"的理解。我们先看这篇短小的课文：

瑞金城外有个村子叫沙洲坝，毛主席在江西领导革命的时候，在那儿住过。

村子里没有水井，乡亲们吃水要到很远的地方去挑。毛主席就带领战士和乡亲们挖了一口井。

解放以后，乡亲们在井旁立了一块石碑，上面刻着："吃水不忘挖井人，时刻想念毛主席！"

这篇课文里哪些语句是事实性的语句呢？我们可以做一下梳理：一是"瑞金城外有个沙洲坝"；二是"毛主席在江西领导革命的时候，在那儿住过"；三是"村子里没有水井，乡亲们吃水要到很远的地方去挑"；四是"毛主席就带领战士和乡亲们挖了一口井"；五是"解放以后，乡亲们在井旁立了一块石碑"；六是"上面刻着：吃水不忘挖井人，时刻想念毛主席"。

一位江西的教师设计教学时向学生发问："瑞金城外有个村子叫什么？"三个学生分别回答："大布村""清水村""沙洲坝"。很显然，"大布村""清水村"这些答案和课文表述的事实就不符。但是如果脱离了课文的事实情境去解释"事实含义"，很有可能"大布村""清水村"都是正确的。

理解"事实含义"时，教师一定要确定语句所在的情境，引导学生基于语句所在的事实情境回答问题。如果教师设问时改成："课文中，瑞金城外有个村子叫什么？"那么这时候答案就是唯一的。理解事实时，一定要确定语句和语句之间的关联。毛主席在瑞金城住过，才发现村子里没有水井。村子里没有水井，乡亲们吃水才困难。乡亲们吃水困难，毛主席才带领战士和乡亲们挖井。毛主席带领战士和乡亲们挖井，乡亲们才在井旁立了一块石碑赞扬毛主席。语句和语句之间的逻辑关系，是流畅表达的时候需要注意的。

阅读一般要从语句的"事实含义"的理解，过渡到语句间逻辑关系的研习与理解，这样阅读教学才能走向深入。教学《吃水不忘挖井人》时，如果能从语句和语句之间的逻辑关系入手，引导学生理解篇章层次，学生便能知道每个语句所承担的逻辑使命。

二、理解抽象

语句锻炼活动更重要的是发现语句蕴含的"抽象含义"。

"抽象含义"的发现，是学生阅读思维深入的标志。"抽象含义"和深入阅读密不可分，也是学生思维成长的重要标志。一个复杂的语句能够把其中的抽象含义发现概括，那么就说明学生的阅读达到了一定的高度。

小学一年级训练"抽象含义"的理解，要循序渐进，不必盲目求成。在小学一年级理解"抽象含义"，要讲究情境化、生活性，要由表层含义的理解，渐渐走向深层含义的理解。有的时候，"抽象含义"仿佛是一堵墙壁，学生很难把它推倒。这样，含有抽象性含义的语句，给学生的理解带来了挑战。因此在教学设计的时候，教师一定要考虑中小学生思维发展的状态，考虑中小学生知识和能力的水平。也就是说，训练抽象含义的理解能力，要建立在学生理解基础上、学情基础上。

"抽象含义"的理解，在我的公开课上常常是巨大的思维挑战。老师一眼可以看穿的抽象的含义，然而学生的回答往往不着边际。我常常考虑如何把学生从具体思维引领到抽象思维的境界。小学低年级学生思维的特点就是形象性，句子含义的理解每每停留在表面内容的认知上，这就需要我们在教学设计时要努力架设思维支架，以引领学生到抽象含义的发现和归纳之桥上。

　　抽象含义的发现实际是和抽象思维品质的培养密切相连的。日常生活中我们经常会鼓掌，会给别人送去掌声；但进入表达情境中的"掌声"，每每会产生相当抽象的含义。比如《掌声》这篇课文中，"掌声"象征着同伴对"我"的鼓励、象征着"我"鼓起勇气接受自己的残疾，微笑着面对生活……因此，《掌声》里的"掌声"和日常生活中会议中的掌声是不同的。《掌声》里的"掌声"就具有抽象的含义，就带有了象征性。英子之所以难以忘记，就是因为那一次的"掌声"不同寻常。我在教学过程中发现，学生们对于"掌声"中所浸润的丰富精神内涵却捉摸不透。

　　我的教学实践表明，事实性语句只要仔细认真地阅读，理解起来基本能够接近事实本身。这样的语句的基本功能就是传递事实、传递信息。在汉语学习过程中，难以理解的是抽象性语句，或者说带有抽象性内涵的语句。对于中小学生来说，理解抽象语句通常有理解上的屏障，具有较大的挑战性。

　　抽象的语句如何理解？抽象语句每每不直接描述具体的事物或情境，而是通过引申、隐喻、象征、情境寄托等方式来传达某种意思。要理解抽象性强的语句，教师在教学设计的时候就要下功夫，在课堂上引导学生多停留，多琢磨，多思考。比如引导学生了解相关的背景信息、查看语句出现的前后文、关注话题和讨论的范畴等，从而为理解抽象语句提供重要的线索。

　　《语文》（三年级上册）第4单元主要是引导学生去猜想与推想，使阅读之旅充满乐趣。课文《总也倒不了的老屋》题目理解起来抽象性就很强。老屋为什么总也倒不了？是谁让老屋总也倒不了？要弄清这个语句的含义，就要全面了解课文的内容。老屋已经活了100多岁了，门板也破了洞。但是为了小猫在暴风雨的夜晚能够有个安心睡觉的地方，它选择了"再站一个晚上"。第二天天晴了，老母鸡哀求它"再过二十一天"倒下，因为老母鸡要安心地孵小鸡。当老母鸡带着九只小鸡从门板上钻出来以后，小蜘蛛希望找到一个安心织网抓虫的地方，因为"外面的树被砍光了"，它"好饿好饿"。于是在小蜘蛛的故事中老屋一直"站在那儿"。课文的结尾很有趣——小蜘蛛讲的故事"一直没讲完"。

　　"老屋为什么总也倒不下？"是因为小猫、老母鸡和小蜘蛛不希望它倒下，是因为它一直对小动物们有着无边的意义和价值。因此，老屋门洞破旧本该倒下，但是为什么倒不下呢？要理解老屋为什么倒不下，这就是一个非常抽象的问题。学生们一样能够从老屋对小猫，对老母鸡，对小蜘蛛的重要性上来思考。如果老屋倒下去了，小猫、老母鸡、小蜘蛛的愿望就难以实现。作者为什么不希望老屋倒下去呢？还不是因为作者有着高尚的怜悯之心？这才是课文《总也倒不了的老屋》要弘扬的精神意义。当然，作者为什么要以老屋为故事的陈述对象？意在提醒人们——即便是很老很老的老屋，仍然有存在的意义和价值。生活中许多老旧的物品不都有这样的存在意义和价值吗？《总也倒不了的老屋》的精神内涵隐藏的很深很深。

阅读教学中，对于典型语句，我们要做两手准备：一是要善于通过具体的老屋形象，理解背后的抽象内涵，要善于将具体升华成抽象；二是尝试根据自己的经验和知识，为抽象的表述内容赋予具体的生活例子或场景，将抽象转化为具体，让意义直观化。

《课程标准》对中小学生理解抽象性的语句做出了规定："结合上下文和生活实际了解课文中词句的意思，在阅读中积累词语。"[①]教学《读不完的大书》这篇课文，其中典型的语句"大自然是一本看不完的大画册，是一部永远读不完的大书"，含义也值得咀嚼。

如何咀嚼？要结合上下文，看上下文的语境与内容，看故事情节背后的主旨追求，看事物景物所浸润的思想感情。

《读不完的大书》先从作者"喜欢到大自然去寻找好玩的东西"写起，如"高远的天空，广阔的大地，空中的浮云飞鸟，地上的走兽昆虫，林间的花草树木，水里的虾蟹游鱼……"作者说，"世界万物，不仅好玩，还让人沉思和遐想"。在课文《读不完的大书》中，作者写了小麻雀、老鹰、蚂蚁的"好玩"，写了"花草树木"的生长、开花、结籽等的趣味，写了房子前后栽的各种果树上果子的味道鲜美，写了家屋后的两丛竹子和一株棕榈的诗意样子。作者看到秋高气爽的日子里，万物倒映在池塘中，小鱼在倒影间游玩，则感受到了人间的"另一种境界"。大自然，给了作者什么？知识、趣味、美丽、眷恋……在此基础上，作者才感叹"大自然是一本看不完的大画册，是一部永远读不完的大书"。为什么这样说？因为大自然里"有无穷的奥秘，有无尽的乐趣"。因此，要理解好"读不完的大书"的抽象含义，需要考虑好作者的写作意图和表达的情感，了解作者想要表达的核心观点、态度或情感倾向，才

[①] 中华人民共和国教育部.义务教育语文课程标准（2022年版）[M].北京：北京师范大学出版社，2022.

有助于借助课文内容把握抽象语句"读不完的大书"的深层含义。

理解抽象性语句的基础和标准是什么呢？我想就是语文课程标准。比如要求中小学生结合已有的知识和经验，理解抽象性语句的抽象性内涵，学会将抽象的概念和熟悉的理论、观点、故事或生活经历相联系，从已有的认知框架中寻找类似的模式或逻辑。三年级的文言课文《司马光》理解起来比较抽象。因为是文言语句，三年级的学生理解上有语言障碍。我们先看这篇文言短文："群儿戏于庭，一儿登瓮，足跌没水中。众皆弃去，光持石击瓮破之，水迸，儿得活。"

《司马光》救人背后反映的精神内涵是什么呢？

我想就是做事要冷静，要沉着机智；遇到困难不要躲避，要动脑筋、想办法去解决问题。但是要理解这样抽象的内涵，就必须先疏通文字，读得清清楚楚，然后从故事情节入手去揣测这篇课文的深刻内涵。

教学过程中，我先让学生进行音节的划分。如果学生不能从音节上断句，又怎能读懂每句话的内容呢？课堂上我对课文做了这样的音节划分："群儿/戏于庭，一儿/登瓮，足跌/没水中。众/皆/弃去，光/持石/击瓮/破之，水迸，儿得活。"当学生反复诵读理解了故事情节之后，我引导学生思考"儿得活"这句话背后的司马光的做人智慧。学生们发现，司马光值得称赞主要是遇事不慌不忙，沉着机智；主要是勇于承担责任，帮助别人。

事实上，《司马光》是小学阶段学习的第1篇文言课文，文言语句很抽象很难懂，但是如果能够结合学生已有知识经验，能够通过诵读、咀嚼、品味，也是能够触摸课文的精神内涵的。

理解抽象性的语句或者具有抽象性内涵的语句，有的时候要引导学生抓住关键词和主要概念理解语句中的抽象性含义，思考典型语句在常见语境中的含义，并尝试将其与整个篇章主旨的理解结合起来。

掀开事实，便露出真相。语句的抽象性含义也有一个掀开事实的过程。在这个过程中，教师也可以引导学生以小组合作探讨的方式思考和琢磨抽象语句，通过反复思考、推敲，甚至在不同时间和情境中重新审视，以获得更深入的理解，从而理解抽象性的意义表达和主题表达。

第四章　生命课堂语篇体验

第一节　语篇解读

日常生活中，一条标语、一副对联、一张请假条、一封书信、一条微信消息、一条 QQ 留言、一篇新闻报道、一场课堂讨论、一段教学录音等都可以被视为"语篇"。"语篇解读"是语篇教学的基础，也是训练语言表达的基础。可以说，有什么样的"语篇解读"，就有什么样的教学姿态；有什么样的"语篇解读"，就体现着汲取了多少语篇表达的智慧。"语篇解读"水平和生命课堂教学质量相关，也和生命课堂写作训练相关。

"冰冻三尺，非一日之寒。""语篇"阅读质量的提升是需要扎扎实实训练的。在不同年级备课组会议上，我反复强调加强"课文语篇"的解读，加强课文所在单元目标的解读，加强对整本教材追求的解读，加强对语文课程标准的解读……这样做的目的，就是要把握好"语篇解读"质量，真正读懂"语篇"，汲取好"语篇智慧"。有的老师会提出疑问："我教小学一年级，课文简简单单，哪里还需要什么语篇解读呢？"

即便是小学一年级的教材，也要开展生动活泼的"语篇解读"。

一、读懂语篇内涵

所谓的"语篇"指的是规范、连贯而有意义的语言表达情境。"语篇"是用词汇、语法、语义、习惯等元素将词语、短语、句子和段落连接起来的表达单位。这种语言单位，可以是口头的一句话，可以是用文字写出的长短文章，也可以是用口头语言表达出的报告、演讲、对话等声音情境。但是无论何种类型的"语篇"，都要符合汉语表达的规范，都要有内在的逻辑结构，都要能够传达完整的主题、思想或信息。

以《秋天》为例，这篇"课文语篇"文本较短，一共三个段落。前两个段落描写秋天的两种特殊的意象——落叶和归雁，最后一段做出判断——"啊！秋天来了！"从篇章表达上来看，《秋天》的表达也是存在"语篇智慧"的。整个课文的篇章按照"意象——判断"展开,还有再清晰不过的行文思路了吗?有描述、有判断,这不恰恰是"论据十足"的好文章吗?读《秋天》目的是什么?无非获取表达上的智慧,或者说浸润表达智慧。

中小学语文教学,实际上就是探究"语篇表达智慧",浸润篇章情感。中小学语文课堂上,师生们摘抄好词好句,研究语段中修辞手法,研究句子和句子之间的关系,研究文章段落结构特点等,这些都是基于"语篇经验"开展的教学。

中小学语文教学要重视"语篇"的解读和研究。中小学生最终是要由"语篇解读"走向"语篇创造"的。在新课程背景下,"语篇解读"是新课程理念贯彻实施的需要;在大单元背景下,进入单元的语篇都有固定的课程使命。对于"单元语篇"在新课程中的使命,部分教了二三十年的老教师认识都不全面,何况是新手教师呢?从贯彻新课程理念需要出发,我们要开展扎实的"语篇解读"研讨活动,以便准确地把握"语篇"的课程使命,将"教材语篇"教学和新课程理念的贯彻、实施统一起来。

要研究好"教材语篇"的特点,先要理解课程的目标,做到从课程目标出发,去理解、发现语篇。我经常会叩问自己的教学:"我的教学设计是按照'阅读与鉴赏'的目标来设计的吗?我的语言训练活动符合新课程理念的要求吗?我的育人目标和方向符合新课程的理念吗?"

以第三学段的"阅读与鉴赏"来说,《课程标准》要求学生"熟练地用普通话正确、流利、有感情地朗读课文"[1],五六年级的学生完全实现这个目标了吗?老师们用这个目标要求学生、训练学生了吗?我们的五六年级学生,都能用普通话正确、流利、有感情地朗读所有课文吗?

我在三所小学的7个班级、420位学生中做了调查:能够熟练地用普通话正确、流利、有感情朗读完10篇课文的,仅有118人,占比28%;能够熟练地用普通话正确、流利、有感情地朗读完6篇课文的占61%(含读完10篇课文的)。这说明什么?我们的朗读课文训练并没有达到《课程标准》的要求!

《课程标准》要求五六年级的学生,有一定的默读速度和质量[2]。试问,五六年级的教师都关注这个问题了没有?五六年级的同学们的默读有一定的速度吗?每分钟默读能够达到300字吗?能够开展自由的学习浏览,搜集自己需要的学习

---

[1] 中华人民共和国教育部.义务教育语文课程标准(2022年版)[M].北京:北京师范大学出版社,2022.

[2] 中华人民共和国教育部.义务教育语文课程标准(2022年版)[M].北京:北京师范大学出版社,2022.

信息吗？……

因此，开展好"生命课堂语篇"体验活动，就要努力学习新课程理念，准确地把握课程目标和"教材语篇"使命，通过"教材语篇"教学，努力实践新课程规定的目标。

比如，第三学段的"阅读与鉴赏"要求学生们："能联系上下文和自己的积累，推想课文中有关词句的意思，辨别词语的感情色彩，体会其表达效果。"如果我们按照这个阅读要求去考查五六年级的学生，我们会发现，学生最欠缺的是这一点——联系上下文和自己的学习积累，去推想课文中关词句的主要意思。这说明什么？我们的"语篇"教学设计没有指向"阅读与鉴赏"的教学要求。因此，我们要把"语篇解读"和新课程教学目标的实施紧密地结合起来，用"语篇解读"来提升学生的语言素养，用语篇解读来促进新课程理念的贯彻实施。

"语篇解读"是理解教材、设计教学的需要。如果语篇解读做不好，教材理解不透，在此基础上开展的教学设计就会走向盲目。"阳光生命课堂"追求的是"语篇解读"清清楚楚，不仅要基于"语篇"的整体性，来阅读课文中的每一个句子，还要基于单元教学的设计，来看即将要教学的"这一篇"。许多老师公开课往往流于形式，不能给人以振聋发聩的警醒，主要原因是"语篇解读"得不细致、不深入，没有看到课文教材的"好处"，找不到教学深入的触发点。

以小学《语文》(一年级上册)课文来看，有4篇课文在课程目标中承载的使命不同：课文《秋天》是对时间的认识，对季节变化的认识；课文《小小的船》是对空间的认识，训练学生的想象能力；课文《江南》是一首汉代乐府民歌中的采莲歌，引导学生热爱优秀传统文化；课文《四季》是对前三篇课文所涉及的季节知识的归纳和概括，唤起学生对生活的感受。因此开展《语文》(一年级上册)课文的大单元教学，如果不认真地开展"语篇解读"活动，又如何能够认识到这4篇课文所存在的使命呢？

《义务教育语文课程标准(2022版)》指导下的小学语文课堂，在内容结构上发生了很大变化，课程内容不再以单篇文本为纲，而是用学习任务群组织与呈现。每堂课的教学，教师需要依据单元人文主题和语文要素，结合学生实际，确定主题任务，设计具有内在逻辑关联的语文实践活动，组织引导学生学习。学生需要以学习主体的身份，合理运用完成任务所需要的内容、情境、方法和资源，将静态的知识转化为动态的语文能力，在潜移默化中提高其语文核心素养。《普通高中语文课程标准(2017版2020修订)》在阐述学习任务群时也指出："学习任务所涉及的语言学习素材与运用范例、语文实践的话题与情境、语体与文体等，覆盖历来语文课程所包含的古今实用类、文学类、论述类等基本语篇类型。"[①]显然,课程标准已历史性地引进了"语篇"这一范畴和理念。可见,探索和实践"语篇分析"和语文教学的融合不仅是必然趋势,而且比语文课程史上任何时期都更为迫切和重要。

大单元教学环境下,阅读教学转向语用实践成为必然,而"语篇学"的研究地位也在不断提升,用"语篇学"研究理论指导文本解读、课堂教学则成为趋势。在阳光生命课堂教学理念中,我引进了"语篇分析"理论并借助语文阅读教学中"语篇分析"的实践,目的是改变语文教学的现状,为阅读教学的时代转向找到新方向。"语篇教学"为阅读教学准备了开创性的、更为合理而科学的教学体系。

二、语篇教学模型

基于"语篇分析"教学,为培养学生的语言建构与运用能力,发展学生的语文核心素养,提供了科学性思维建构工具。在教学五年级下册第六单元时,我便以"理解文本—迁移方法—实践应用"为教学流程,以语文核心素养为训练方向,希望小学语文教学从知识学习走向核心素养发展。

在实际大单元教学中,许多教师不会灵活构建学习任务群,依然停留在"教教材"的浅层知识传授状态。缺少大单元整合意识,串讲、串问充斥课堂,导致学生理解文本不得法,思维训练不扎实,实践运用不充分,学生的核心素养提升大打折扣。基于此,阳光生命课堂研究团队一边深入学习新课程标准,一边尝试探索大单元背景下的"语篇"教学,构建了"理解文本—迁移方法—实践应用"的三段式思维课堂模型(图4-1),取得了较好的效果。

图4-1 "理解文本—迁移方法—实践应用"三段式思维课堂模型

这个课堂模型,主要围绕部编版教材中的每篇课文,先构建起一个个包含"理解文本、迁移方法、实践应用"三阶段的学习任务群,然后基于单元学习目标和任务,整合学习资源,引导学生积极、主动地参与到深度学习探索中。其中,第一段的主要任务是"品读、理解课文,落实单元语文要素";第二段的任务是"迁移阅读

[①] 中华人民共和国教育部.普通高中语文课程标准(2017年版2020年修订)[M].北京:人民教育出版社,2020.

相类似的课外文章,巩固运用课内习得的学习方法,实现群文阅读";第三段的任务是"结合学生的学习或生活实际,拓展关于说或写的表达实践活动,促进语言内化,提升核心素养"。例如,部编版《语文》(五年级下册)第六单元,人文主题是"思维的火花",语文要素是"了解人物的思维过程,加深对课文内容的理解"。笔者根据人文主题、语文要素、单元学习目标,结合课文内容和结构特点,构建了单向思维《自相矛盾》系列、变通思维《田忌赛马》系列、创新思维《跳水》系列三个学习任务群,分别按照"三段式"思维课堂模型组织教学,引导学生了解、认识了古今中外的思辨类故事与智慧,学到了文中人物根据具体情况思考问题、解决问题的思维方法,收到了事半功倍的学习效果。

"语篇"教学中首先要理解文本,积累语言,落实好大单元的人文主题和语文要素。传统的语文课堂,教师主要思考如何把语文课本的知识和技能传授给学生,关注教师"教了什么"。"三段式"思维课堂主要关注学生"学了什么",是以学生学习结果作为导向进行的教学。教师在开始设计一节课程的时候,首先要通过评估证据,将内容标准或学习目标具体化,然后聚焦学习目标,确定统整的学习主题,营造真实的语文情境,设计典型的实践活动,引导学生在具体的学习情境下,自主、合作、探究学习,最终达成一定的学习标准或目标。

《语文》(五年级下册)第六单元,描写的是不同人物运用不同思维处理问题的过程,旨在引导学生在阅读实践活动中,通过整体感知课文内容,联想、想象故事发生的过程,感受文学语言和人物形象的独特魅力,让学生懂得用正确的思维解决问题。为了完成这一任务目标,笔者设计了"智慧总动员、思维大闯关"的任务情境,以讲故事、闯关等形式,引导学生品读课文,层层深入分析人物的思维过程,加深对课文内容的理解。《自相矛盾》是篇小古文,可采用"读、演、议"的学习方法。首先,让学生反复读体现围观者质问卖者时的神态、动作的句子,以及描写卖者哑口无言的句子,帮助学生理解透彻文本;接着趁热打铁,引导学生表演故事,进入情境,体会人物的心理;最后,让学生结合生活实际讨论,懂得"自相矛盾"的意思。《田忌赛马》的学习重点放在"借助图示,推想孙膑制定计策的思维过程"上。为了把隐含于故事内部的变通思维过程表现出来,可设置边讲故事、边演示赛马过程的环节,引导学生体会孙膑的足智多谋。

《跳水》是大文豪托尔斯泰的作品,在文本理解上有一定的难度,教学时可以改变以往按照"起因、经过、结果"理解课文的方式,设计以下三个闯关活动。

一是梳理内容关。上课伊始,教师在黑板上贴一艘返航的大船,营造学习情境(图4-2),然后让学生通读课文、汇报预习成果,说出文中的主要人物,对应听写"取乐、放肆、横木、机智"四个词语;再引导学生快速浏览课文,借助人物关系图和听写的四个关键词,梳理概括故事的主要内容。这一环节,既检查了学生的预习情

图4-2 《跳水》板书设计图

况,又教给了学生"借助主要人物和关键词"概括课文内容的方法。

二是探析险情关。根据学生的预习情况,教师可以绘制一幅"情节发展图"(图4-3),清晰地展现出水手、猴子和孩子的表情、动作。借助"情节发展图"这一学习支架,让学生叙述孩子遇险的过程,他们头脑中自然会建构起人物之间的关系脉络图,从而理解孩子失去理智、走上横木的根本原因是自尊心作祟,是冲动的后果。而水手的三次"笑"起到了推波助澜的作用。在理解的基础上,让学生反复朗读文中描写孩子处于危险境地的片段,会更深入地理解孩子处于"千钧一发"时刻的"惊心动魄",朗读起来声情并茂、如临其境。

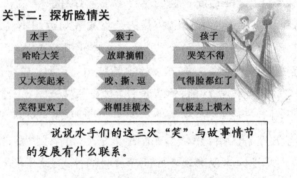

图4-3 《跳水》情节发展图

三是合作脱险关。让学生重点朗读船长在危急时刻说的急促又坚定的"向海里跳!快!不跳我就开枪了!……"这一切也就不过十几秒的时间,孩子听从了父亲的命令,跳水得救了。接下来,教师引导学生借助"思维导图"(图4-4),联系上下文,从不同的角度推想船长的办法好在哪里。

学生通过提炼关键信息,自主合作学习,很快就梳理出船长走出船舱时观察到的不利状况(孩子正心惊胆战地站在横木上,横木下是硬邦邦的甲板)和发现的有利条件(海面风平浪静,水手们都在甲板上,自己手里有枪),从而"立刻"推测出跳水是最安全、最省时的办法。

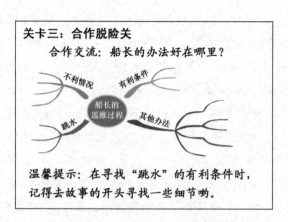

图 4-4 《跳水》船长的思维导图

《跳水》最大的特点是情节上的冲突,人物在故事高潮时的思维过程特别值得探究。接下来,教师引导学生换位思考,还原船长当时根据实际情况思考问题和做出决定的过程,并尝试用船长的口吻说说"心里话"。这种以船长的身份去给别人讲一讲的方式,既把学生带到当时的情境中,又刻画出船长机智果断、沉着冷静的形象。最后回归文本,带着对船长的敬佩之情读孩子跳水的那段话,学生入情入境,明白了遇到危机时,要学习船长快速观察情况、分析现有条件、选择最佳方法的生存技能。

以上三篇课文的第一阶段教学,《自相矛盾》用"读、演、议"的方法理解文本,灵活多变;《田忌赛马》用"讲、演"的方法再现文本,生动有趣;《跳水》用"闯关"的形式和思维导图,串联起了重点句段的品读和人物思维的分析,一环扣一环,层层递进。单元人文主题"思维的火花"和语文要素"了解人物思维的过程,加深对课文内容的理解"得到了落实。学习任务群视角下的课堂教学,就是让我们告别碎片化、浅表化的教学过程,将品读语言文字,感悟人物思维与深度理解相结合,培养学生的思维能力。

大单元语篇教学中,要努力尝试类文阅读,通过方法迁移,努力在文本新情境中学以致用。

事实上,中小学生通过品读课文,对其中包含的语言规律、道理情感和表达方法等有了一定的认识之后,教师就应该"趁热打铁",引导学生将课内习得的方法,迁移到新的环境和挑战中,去巩固练习、学以致用。

学习《自相矛盾》时,可以从两个方面进行迁移方法的训练:一是紧扣关键词"誉"和关键句"弗能应也",让学生拓展想象,以夸张的表情和动作表现出卖者自吹自擂、得意忘形的模样,和被人质问后无法回答的窘态,从而告诉学生,像卖者这样"说话做事前后矛盾"的方式是行不通的;二是拓展阅读《郑人买履》,先让学生运用从《自相矛盾》学到的方法自学,把这篇小古文读通顺、读出韵味;然后抓住"何不试之以足"这句话,让学生联想和想象路人"好心提示、旁观嘲笑、气愤责备"的语气,练习表演;再与买履者"宁信度,无自信也"的"执拗可笑、傲慢无礼、懊恼生气"作对比,明白"遇事要随机应变,切不可不思变通"的道理。《田忌赛马》的"迁移运用"环节,可以拓展同类文章《李牧破匈奴》和《田单守城》,让学生边默读边画出李牧为抵御匈奴采取策略的相关句子,和描写田单如何守住即墨城的句子,然后根据学习任务单(表4-1),交流分析李牧和田单的思维过程,再次感受古人出奇制胜的智慧,进一步理解变通思维是巧妙化解危机、解决问题的好办法。

表4-1 《李牧破匈奴》《田单守城》阅读任务单

题目	遇到的问题	解决的办法
《李牧破匈奴》	匈奴来入侵	固守不战、假装败退、积攒士气决战
《田单守城》	田单被乐毅打得无还手之力,即墨城危险	散布谣言、鼓舞士气、诱敌上当

《跳水》一文,可以在前面闯三关的基础上,设计"第四关",让学生运用在《跳水》中学到的"梳理人物思维"过程的方法,拓展阅读托尔斯泰的《鲨鱼》,推想老炮手的思维过程,迁移运用方法,形成阅读能力。

整合、构建系列学习任务群,可以按照内容维度组织,可以按照文本的时代、地域、作者、体裁、题材等整合。也可以按知识点、能力点整合,还可以整合听、说、读、写的训练,引导学生综合运用朗读、默读、诵读、复述、评述等方法进行学习,在大量阅读中掌握汉语言文字的运用规律,不断提升阅读能力和思维能力。

"大单元语篇教学"还要努力做到实践应用上的举一反三,努力提升语言表达能力。新课程努力倡导新的读写结合,就是要努力提升学生运用语言文字的能力。"语篇教学"如果停留在语篇经验的汲取上,而不指向语篇经验的运用,那么"语篇教学"就还没有指向核心素养提升的方向。

崔峦教授认为:"统编教材的编写理念可以概括为育人为魂、能力为基、读书为要和语用为本四点。要劳于读书,逸于作文,跟着阅读学写作。"[1]如果说"理解

---

[1] 崔峦.阅读教学华丽转身的有益尝试:崔峦老师评"半小时课堂"[J].教学月刊(小学版)语文,2013(3):12.

文本—迁移方法—实践应用"三段式思维课堂的前"两段"是以阅读为主,那么,第三段则是以表达为主,是结合文本拓展延伸出的说话、写话等实践应用环节。其重点是对接学生日常生活,引导学生内化书本语言,增强语言表达能力。

教学《自相矛盾》,教师可以从续写或新编两个角度设计实践应用活动。学生续写之前,可以创设如此开头的情境:"那个卖矛和盾的人什么也没卖出去,丢尽了脸,他垂头丧气地回到家。妻子……第二天……",让学生想象那个人在妻子的劝告下,认识到自己的问题,然后解决问题的过程。《自相矛盾》换一个角度,重新编写故事,自由发挥想象的空间很大,但不能简单地复述故事,要引导学生联系现实生活,想象人物的心理、语言、动作、表情等,在情节和寓意上让人耳目一新。《田忌赛马》是一篇表现人物智慧的文章,可以设计练笔"田忌赛马的结局,让人惊叹不已。你想对孙膑、田忌和齐威王分别说些什么呢?请大家以《_____,我想对你说》为题,完成一次挑战";还可以把习作要求再提高一些:"过了不久,田忌和孙膑又见面了,他们要组织第二次赛马……动脑筋想一想,他们会说些什么?做些什么?赛马的结果又是怎样的?请你发挥想象,动笔写一写第二次赛马的情况。"

《跳水》一课,可以设计练笔:"船长和老炮手都是在快速观察情况并进行了分析后,找到了解决问题的最佳途径,解决了眼前的危机。在你的生活或学习中,曾经遇到过哪些困难?又是如何解决的呢?快将你解决困难的好办法分享给大家吧!"如果学生思路受阻,一时想不出自己遇到的困难,教师可以提供"超市内与妈妈走散、公园内遇见凶猛的大狗"等日常生活中常见的突发情况,启发学生写作。以读启写、读写结合一直是语文教学的有效方法。理解课文,迁移阅读大量文本后,学生的思维被激活,引导学生联系生活实际,写自己的故事,这样的练笔能锻炼学生的创新能力和语言表达能力。

总之,教材中的每篇课文都是"例子",都可以整合、拓展,构建成一个个的语文学习任务群,然后运用"理解文本—迁移方法—实践应用"三段式思维课堂模型学习,即学生先精读课文,理解课内文本,积累语言,习得方法;再迁移拓展、辐射阅读多篇类似文本或其他学习资源,开阔视野,学以致用;最后,联系生活实际,激活思维,将学到的方法运用到自己的生活实践中,达到"语用为本"的目的。整个"三段式"学习的过程中,教师的职责不是满堂灌输、提问和讲解,而是在紧张短暂的40分钟内,尽可能地做一个文本材料的提供者、学习思路的打开者、理解迁移运用的搭桥者和学习目标达成的评价者。

三、语篇教学案例

语篇教学案例分析是习得语篇教学经验的重要路径。我经常对小学语文教师说，要认真研究初中语文课程标准、研究初中语文教学案例，这样才能找准小学语文教学的最终去向。一名小学语文老师如果只停留在小学语文教材的研究上，而不去关心初中语文课程标准、初中语文教材和初中语篇教学案例，甚至不去关注高中课程标准和高中课程教材，就很难实现小学语篇教学和高中语篇教学的贯通。

"壮士腰间三尺剑；男儿腹中五车书。"我每年开展初高中"课堂语篇"教学案例分析，不断地汲取初高中"语篇"教学的智慧。从事小学语文教学，如果看不到高中语文教学的风景，如果看不出高中"语篇教学"的智慧，那么阳光生命课堂便如"在黑暗中摸索"。

蒲松龄的《狼》是短小精悍的文言短篇。

一屠晚归，担中肉尽，止有剩骨。途中两狼，缀行甚远。

屠惧，投以骨。一狼得骨止，一狼仍从。复投之，后狼止而前狼又至。骨已尽矣，而两狼之并驱如故。

屠大窘，恐前后受其敌。顾野有麦场，场主积薪其中，苫蔽成丘。屠乃奔倚其下，弛担持刀。狼不敢前，眈眈相向。

少时，一狼径去，其一犬坐于前。久之，目似瞑，意暇甚。屠暴起，以刀劈狼首，又数刀毙之。方欲行，转视积薪后，一狼洞其中，意将隧入以攻其后也。身已半入，止露尻尾。屠自后断其股，亦毙之。乃悟前狼假寐，盖以诱敌。

狼亦黠矣，而顷刻两毙，禽兽之变诈几何哉？止增笑耳。

许多老师认为蒲松龄的《狼》，只要学习其中的"缀""窘""苫蔽""犬坐"等字词和"投以骨""一狼洞其中"句式就可以了。

事实上，重视语言积累是中学教学的必然。《狼》的篇章在极短的叙述空间中，把故事讲得惊心动魄，把场景写得活灵活现，把人物塑造得神情毕备等，难道不值得深入研究、努力继承吗？

《狼》选自《聊斋志异》。蒲松龄在《聊斋志异》里写了很多狼，但这些狼的"共性"，无疑是吃人或者要吃人。作者为什么要写"狼吃人"的现象呢？用来讽刺、用来象征——善用动物表达自己的思考和观点，这才是篇章表达的最大智慧。

这种篇章表达的技巧关联着古代生存的智慧。当社会的丑恶不能言说时，用动物来象征则具有了艺术的特质。面对社会丑恶,作者不能直接批判和指责,怎么办呢?在人和狼的斗争中,屠夫最终杀死了两只狼,这说明黑暗的邪恶势力一定会受到严惩。这就是作者在宣泄、泄愤。我研究过许多老师对这篇课文设计的教学案例。如何教学《狼》?从"篇章教学"的角度看,彰显着语文老师的篇章教学机制和智慧。

《狼》教学的第一个环节,可以创设阅读课文的真实情境,让学生"入境"思考狼的故事。语文核心素养是在真实语言运用的情境中培养和生成的。语文教学能不能考虑创设真实有效的语言运用的情境,以促进语文核心素养的迅速达成?何况这篇课文有叙事智慧、叙事语言值得学生传承呢?我听了南京一位老师教学这篇课文,印象很深。

教学之前,他让学生开展仿句练习——仿照课文的语言重新编写屠夫的故事。他先用PPT投影——"一(　　)晚归,(　　)(　　)(　　)(　　)……"要求学生,根据见闻或者凭借想象选字填入第一个空格,然后呢,继续写100字,学生写得怎么样呢?在我旁边的一位学生这样写:"一屠晚归,担中肉尽,止有剩骨。途中两猪,缀行甚远。"当他站起来读的时候,学生们哈哈大笑。这位学生为什么这样写呢?学生们为什么哈哈大笑呢?于是教师就从这个情境的分析入手,开始自己的语篇教学。

生:我觉得猪和平常的猪不一样了,思路不一样。

师:这是一只和平常思路不一样的猪。这是两头跟着屠夫后面的猪。屠夫是什么人?

生:杀猪的人。

师:请同学们想象,当一个屠夫,晚上卖完了肉,晚上回家的时候,两只可爱的小猪佩奇就出来了。(生笑。)

师:出现的不是时候,狼出现是时候吗?跟猪相比较,两头狼的出现,是狡猾的。书中怎么来说狼的呢?

生:狼亦黠矣。

师:为什么要强调狼的狡诈本性呢?

生:作者是要用狼来比喻现实的社会中的某些人的。

很显然,这样的师生对话就走向了生命、生存探讨的方向了。从语篇分析的角度看,阳光生命课堂应该是什么样子的?有的老师认为是语言训练的课堂,有的老师说是篇章训练的课堂,有的老师说是语用训练的课堂,有的老师说是知识积累的课堂……如果说阳光生命课堂该向哪里走？我想,努力创造生命生存问题情境,用问题情境引导学生开展热烈的生命生存思考和对话。

阳光生命课堂是引领学生生命思考、升华学生生命精神的理想境地。开展《狼》的语篇教学,要不断让学生"想",不断让学生"烧脑";作者为什么要写屠夫最终杀死两只狼呢？为什么不写狼最终咬死了屠夫呢？很显然作者的故事具有象征性,他不希望顺从善良的屠夫,惨死于凶狠狡诈的狼脚下。相反却让得寸进尺的狼惨死于屠夫的刀下。这就是蒲松龄行文的艺术所在——暗示人们多情不义必自毙、得寸进尺必失性命。

从语篇建构的层面看,《狼》的语篇智慧也是学生应该领略的。课文的篇幅很短小,却写得曲折生动,波澜起伏。这给学生开展记叙文写作提供了典型的翻译。我们的学生能不能在尺之间讲述惊心动魄,波澜起伏的故事呢？这就要求我们的老师开展语篇教学的时候,要着眼于运用文本表达的智慧,要学会"用教材来教"的篇章智慧。顾明远编撰的《教育大词典》对"教材"是这样解释的:"教材是教师和学生据以进行教学活动的材料,是教学的主要媒体,通常按课程标准的规定编写。"[1]可以看出,语文教材是体现语文课程意识的主要"材料",是教学活动的媒介和主要参考资料;而课程标准才是我们开展教学的主要依据。"用教材来教"什么？汲取篇章表达上的智慧,用教材来训练、发展学生的思维品质。从篇章表达上来看《狼》故事的智慧性,我们可以看到作者的聪明在哪里。狼和屠夫的故事为什么发生在晚上呢？如果不是晚上,那什么时候比较合适？如果故事发生在早晨可不可以呢？如果故事发生在中午可不可以呢？如果故事发生在人来人往的大道上可不可以呢？为什么要发生在"一屠晚归"的时候呢？……如果我们做这样的思考,我们就会发现作者之所以这样写,就是为了表现狼的"狼黠矣"。

这位老师分析了《狼》的语篇形式之后,就引导学生开展语篇模仿与创新训练。我们看课堂上展示的一位学生的作品。

一子晚归,醉酒,忽见鬼影,大惊,惊慌而逃。翌日,与人言,此地不祥,午夜时分,鬼影灼灼,一高僧闻之曰:"何处？"引之于岸边,众人围观,僧见后笑之曰:"非鬼哉,而为柳影也。"众人闻之大笑,则羞而疾走。后,戒酒,早出早归。

师：非常精彩。这里,可以把"子"改成"夫",一夫晚归,更为合理。文言文的学习,就是每个人都要注意篇章习用。我们的想象,我们的理解,尽可能依据文本去创造……

---

[1] 顾明远.教育大词典（增订合卷本）[M].上海：上海教育出版社,1998.

开展语篇教学的目的是什么呢？无非学习名家的语言表达智慧,用名家的语篇表达经验来创造自己的新篇章。因此,要说"用教材来教"什么,我想那便是用教材来发现艺术的表达智慧,用教材来创造和创新学生的语篇表达。

事实上,许多老师开展语篇教学仅仅停留在课文内容的分析和篇章结构的鉴赏上,而没有走向借助汲取的语篇智慧创造新语篇的境界。

杨绛的《老王》是内涵很深的散文佳品。

《老王》是中学要学的一篇散文。我常常想,教学《老王》语篇时,如果能以老王和杨绛两个人的不同命运作对比,更能发现人生命运上的落差与不公。

一个是"无保障、无运气、无健康、无华屋、无关系、无温暖、低层次、短寿命、少数族、丧动乱";一个是"教授、运好、健康、楼房、有亲、有夫、上层、长寿、多数、活过"。

这样进行篇章对比,杨绛和老王两个人命运差距就十分明显。一个极圆满、完美、和谐、幸福、辉煌,一个特残缺、悲惨、不足、不幸、凄凉;一个和和美美、圆圆满满,一个凄凄惨惨戚戚;一个事事如意、事事顺遂,一个事事不如意、事事不顺遂。两种命运形象,对比鲜明。开展"语篇教学"的时候在哪里着力？我想就是努力地揭示作者使用的篇章表达技巧！

一位山东老师教学《老王》的语篇,令我印象深刻。

阳光生命课堂从哪里起步？这位老师讲的《老王》是从字词入手的。教学一开始,他和学生们学习了"愧怍""翳""镶嵌""骷髅""攥""伛"等生字生词。然后,就投影了杨绛先生的两段话:一是"生死有命是老话。人生的穷通寿夭确是有命。一般人都知道人生有命,命运是不容否定的",一是"每个人的出身和遭遇、天赋的资质才能,却远不平等。有富贵的,有贫贱的,有天才,有低能,有美人,有丑八怪。凭什么呢？人各有'命'。'命'是全不讲理的"。杨绛先生的这两段话说得很朴素,但是道理很深刻。韩老师以这两段语录,开启人是否有命运的对话。人是否有命运呢？即便在新时代的中小学校园,大家还相信命运。新学期分班,孩子分在比较好的班级,家长会羡慕——你家的孩子命好。期中考试考得好了,有的学生就会说"你命好"。一位教师被推选为县里的优秀教师,同伴会羡慕地说"你命真好"……

什么是命运？所谓的命运无非指人的生命遭遇或者说生命偶遇。有些事情你遇到了,那就是你的命运。有些事情你没遇到,那就不是你的命运。比如天上一块陨石坠落,正好落在你家的院子里面,于是人们便可以说"你的命好"。在课堂上学生们理解了这样的命运以后,这位老师才让学生找出《老王》的语篇中最重要的一句话:"一个幸运的人对一个不幸者的愧怍。"

之后,这位老师将句子改换为"一个幸'福'的人对一个不幸的人的愧怍",然后让学生开展课堂辨析:杨绛为什么不写幸'福'而写这个"运"字呢?幸运和幸福是一字之差,但是生命观和生存观截然不同。这时候这位老师说,杨绛是清华、北大教授,连她都说人生有命运,是不是迷信呢?在课堂讨论中,学生们跃跃欲试,他们认为"这不是迷信"。生活中不同阶层的人有自己的命运表现,有的好一些,有的差一些。——命运是没有规律可言的,命运也是不讲道理的。而老王只是命运差的一个而已。作者之所以把老王的独特人生放在"命运"这个总话题上来透视与思考,无非想表达对老王的同情而已,而这恰恰是朴素的知识分子的仁义良知所在。

我们大家都知道,《老王》中的老王是"文化大革命"中的底层人,命运十分孤独凄凉,他几乎没有感受到人间的温暖。在动荡的年代中,老王是这样,杨绛本身何尝不是这样呢?在一个忍饥挨饿的年代,谈幸福那是不着边际的话题。而"运"字,强调的是时机、机遇、运气。老王和杨绛只是不幸运地生活在"文化大革命"之中而已。学生们认为,杨绛的《老王》写的就是老王的"运"——时机、命运。在学生认知的基础上,老师把"幸运"之"运"的影响因素分成10个方面——"身份的运、婚姻的运、工作的运、住房的运、亲人的运、层次的运、身体的运、寿命的运、族群的运、时代的运"。然后,用这10个方面和老王的不幸运一一对照。

杨绛生于1911年,毕业于东吴大学。清华大学、北京大学教授。中国社会科学院研究员,著名作家、戏曲家、翻译家,著作等身,发行到国内外。丈夫是知名教授钱钟书,任中国社会科学院副院长,著作等身,被称为"文化昆仑",有一女儿钱瑗。

对比后,学生们发现老王"身份"是蹬三轮的,是个体户;他脑袋慢,没抓住时机;一只眼是田螺眼;住在一个荒僻的小胡同,一个破破落落的大院;他活在动乱的年代……总的来说,老王是不幸运的。而这十大"幸运"要素,在杨绛身上一一具备。因而,杨绛才说"一个幸运的人对一个不幸者的愧怍"。而这正显示了杨绛的自我反思精神,知识分子知足知耻的勇气。

写作《老王》时,"文化大革命"刚过,杨绛就用冷冷的笔墨和惊奇、惊悚的眼,透视"文化大革命"里不同的生存姿态。可以说,她是为老王嗟叹,也是自己感叹,为"造物主"而惊叹!试想,杨绛是大教授,有好单位,时运较好,身体不错,住在楼房,有丈夫有女儿,也只是从"文化大革命"中艰难地活过来了……老王又能怎样?弥留之际的老王给杨绛送鸡蛋、香油有两个目的,一是来看望杨绛的,与杨绛作别,重温从前与杨绛间的温情;二是老王此时送鸡蛋和香油,也是在为自己准备后事(埋葬),他送来鸡蛋、香油是为了换钱买白布——老王是回民,死时要裹着白布。

课文中,杨绛还原了老王上门时的真实状态,也在反思自己的不周。这节课上学生们也"看到"了不周之处——当老王上门时,杨绛为老王弥留之际的"病状"吓坏了,她"胆怯""慌张",杨绛只想着与老王"平等交易""不亏欠",直到"回屋才感到抱歉,没请他坐坐喝口茶水"。当杨绛听说老王"早埋了"时,她震惊于老王"命运"的悲惨、残缺、不平、无常,更惭愧自己在最后时刻"没请他坐坐喝口茶"的不周,她觉得在温情上、精神上亏欠了老王。这就是为什么课文最后说到的"一个幸运的人对一个不幸者的愧怍"。

阳光课堂开展语篇分析教学,并不主张教学追求停留在理解老王生存命运的"过去式"上,而是要基于文本情态展开生命生存假设,开展语言创造活动,尽可能地还老王以可能的生命常态。这样建构,语文课堂才能走向生动活泼的语用创造。在语篇训练中,我们可以做这样的假设——

假设"杨绛的愧怍表达",需要我们开展"遥寄天堂——一封愧疚的信"的阅读活动。你将怎样写这封愧疚的信?

假如学生们是杨绛,假如老王能读懂杨绛的信,杨绛怎样表达自己的愧怍?语篇教学强调读写结合,强调在语文情境中训练学生的表达素养。如果让学生以杨绛的名义给老王写一封信"遥寄天堂——一封愧怍的信",要考虑哪些元素呢?此时此刻老王已逝,杨绛犹在,如果可能,杨绛在信中会怎样表达自己的"愧怍"?这样的情景表达训练和上述《狼》的仿写训练,是不是都指向了语篇的表达智慧的使用?我们看学生的微写作。

生:"老王同志,你在天堂过得好吗?是不是能吃饱了,是不是不用再像现实生活中那么劳累了呢?我为当年的行为感到惭愧。明知道你送鸡蛋香油只是为了顺便和我唠嗑,求我安慰,仅此而已。而我却慌张地没有留下你,给了你钱,送走了你……"

师:嘘寒问暖,站在对方角度,很体贴,很细心,真疼人啊。

生:"老王啊,你在天堂过得可好吧?'文化大革命'十年终于过去,仍记得那日听到你的死讯后,我是何等震惊、惭愧。你是一个善良的人,你心底实在,我都看在眼里。那日你来我家送香油鸡蛋,就见你有些虚弱,你强撑着,我呢?竟然没有安慰弥留之际的你,拿钱送走了你……"

师:好像是《老王》续篇,你的文字不简单。

语篇分析时,学生在语篇中"穿行""浸润",才是最好的学习方式。而要达到这样的境界,就要做足语篇分析的功夫!吕叔湘先生说:"教师培养学生,主要是教会他们动脑筋,这是根本,这是教师给学生最宝贵的礼物。"教师有没有让学生"动脑筋",学生有没有努力地"想",这是评价语文课堂重要的维度。从这个教学片段来看,韩老师还原杨绛对老王的愧怍,表达对老王苦难的悯恻,学生尽情地表达着作者的体贴与愧怍,将作者写文章的良好愿望深切地表达了出来。

阳光生命课堂上,学生们认识到老王的"命运"是可悲的,这样才能产生同情之心、悲悯之意。如果语文教学只是关注篇章知识,只是关注课文故事情节,而没有深入到命运上、人生的思考上,这样的生命课堂如何浸润学生的思想情感,如何促进学生的生命成长呢?阳光生命课堂要在文本阅读的基础上"深究"——追问"什么造成了老王的命运""当下还有像老王这样命运的人吗""面对底层的悲惨和不幸作为新时代的学生应该有怎样的作为"?是谁造成了老王这种命运?要表达愧怍的只有杨绛先生吗?很显然,"文化大革命"时期,还有老王这样的人,这说明社会还不十分健全、完美。新时代如果有老王这样的"单干户",没有工资、房子,没有医疗、没有养老保障,我们应该怎么办呢?我们有杨绛先生那样的同情和怜悯吗?这可是阅读这篇文章精神成长的方向。一位老师基于老王的生活状况,创设了这样的微写作情境。

假如你是一个单位的领导,你应如何耐心、细心地劝说老王,使脑子笨的老王"绕过来"?请你写一段话,表达单位领导对老王的同情和关怀。

这个"假设"情节实际是希望学生们能够模仿单位的领导,去关怀底层人的生存命运,从而培养新时代的悲悯之心,学生们写得也十分精彩——

"老王呵,都什么时代了?我们单位发工资、发奖金,分房子、分过节物资。我们的职工有医疗,有养老。你是单干户,不加入组织和集体,那可什么都没有了——没有工资,没有房子,没有医疗,没有养老……生活在集体的大家庭里是很温暖的!"

如果我们这样开展微写作训练,训练学生表达技巧的同时,也浸润了学生对底层人的同情和关怀。当然我们也可以去设想:当时有没有人耐心细致地劝解动员老王呢?有没有人把老王真正放在心上呢?如果没有,那么老王的命运悲剧是时代的悲剧、社会的悲剧。

阳光生命课堂是思维放飞的课堂,也是生命精神成长的课堂。中小学语篇教学只有进入文本精神、文本生命深处,与人、与物、与事发生精神融合,才会生成崭新的人格精神,才能荡漾着朴素的人文气息。从阳光生命教育的课堂建设看,优秀的阳光生命教育课堂会让人终生难忘,让人精神成长。

阳光生命课堂开展语篇教学案例分析的使命是什么?我想,就是看看别人是怎样贯彻落实《课程标准》之"课程性质"的,看看别人的课堂有没有"使学生初步学会运用祖国语言文字进行交流沟通,吸收古今中外优秀文化,提高思想文化修养,促进自身精神成长",看看别人是怎样"引导学生丰富语言积累,培养语感,发展思维",看看别人是怎样不仅用教材来"教",引导学生深入思考,认识命运的不公;还用教材来假设情境,引导学生来"说"来"练"来开展语言文字训练……阳光生命课堂的设计智慧,来自别人的经验生成,来自典型案例的消化吸收。所以我每学期都深入五个学段的课堂中,耐心地向别人取经,不断完善阳光生命课堂的设计智慧,不断把阳光生命课堂的研究引向深入。

四、语篇教学反思

语文核心素养的提升,关键在于优化学生"学思"的结构,提升学生"学思"的速度和"学思"的质量。在关于语文核心素养提升的过程中,许多老师希望能够建构良好的问题情境,然后引导学生基于问题情境学习。这种引发学生思考和学习的方式很好,但如果仅有语篇问题情境的建构,不去努力优化语篇"学思"结构,不去促进语篇学思速度的提升,不去优化语篇问题解决的方式,提升核心素养便是一句空话。因此,语篇教学要形成高专注的"学思"情态,实现高速度的问题解决,获得高品质的学习质量,必须开展自我完善的反思行动。

语篇教学行动设计要从"教师侧"转向"学生侧"。对于小学一年级《江南》的教学来说,学生只有诵读得快快乐乐,诵读得轻轻松松,才能感受到江南风物之美,才能体验到课文语言的典雅。如果学生在语文素养的提升中坐冷板凳,不热心参与课堂上的教学行动,无论教师怎样研究教材,怎样设计教学方式,素养最终也难以迅速提升。这就是为什么要把学生当作课堂主人对待、把学生当作学习的主人审视。

语文学科核心素养是如何"形成"的?《课程标准》中有这样几句话,尤其值得品味:"语文学科核心素养是学生在语文学习实践中获得的语言知识与语言能力,思维方法与思维品质、情感、态度与价值观等的综合体现。"①许多教师常常把提升语文核心素养的重点放在教师"教"的内容确定、重点内容突破的研究上。教师追求的是"自己讲得清晰,教得轻松,教得重点突出"。其实,这只是"教师侧"的问题,语文教师还要致力于优化课堂"学思"结构,提升关键能力和品质。

从《课程标准》的描述来看,开展中小学"语篇"教学,提升语文学科核心素养,还要考虑学生"这一侧"的学思,而且还是极其重要的"一侧"。当然,语文学科核心素养离不开教师的"教";但教师"这一侧"也只是在为学生的"学思"做准备、做铺垫,为学生"学思"的速度和质量的提升提供动能。语文学科核心素养形成与提升的重心在学生"这一侧"。要真正通过课堂教学形成、提升学生的语文学科核心素养,教师的"教"的设计必须从"教师侧"转向"学生侧"。

一位教师教学《我与地坛》第一课时,他设计的教学内容如下。

第一是"作者简介",突出名字的解释"心血倾注过的地方不容丢弃,我常常觉得这是我的姓名的昭示,让历史铁一样地生着,以便不断地去看它……借助这些蹒跚的脚印不断看那一向都在写作着的灵魂,看这灵魂的可能与去向"。他认为,阅读《我与地坛》,作者名字是最好的起点、最好的课文注释。

第二是"地坛介绍",用文字加图片的方式,突出地坛建造的时间及作用——最大的祭地之坛,强调当下"地坛却于风吹雨打中颓圮荒凉趋于沉寂",之后由于"天大于地"倾向,地坛日渐衰落,成了历史的老照片。

第三是"字词学习",读准下列汉字的字音——荒芜、宿命、剥蚀、淡褪、坍圮、玉砌、亘古、撅、捋、蝉蜕、窸窸窣窣、嘈杂、雕琢、熨帖、猝然、余暇、羡慕、步履、狼藉、隽永、恪守。

第四是"整体把握,理清思路",在学生阅读课文前,他告诉学生:"第一部分写我与地坛(人与景观);第二部分,写我与母亲(人与人)。两个部分主题有什么不同?"课堂上学生阅读了两个部分的文字,但对于主题仍然概括得不很清楚,于是教师投影,让学生记录:"一、珍爱生命,二、感受母爱。"

第五是探究"残疾了的作者"为什么常去地坛。教师提示——读一读课文第一节和第五节的第一句话。之后,教师投影两段文字,让学生精读。

地坛:我……提到过一座废弃的古园……荒芜冷落得如一片野地,很少被人记起。

---

① 中华人民共和国教育部.义务教育语文课程标准(2022年版)[M].北京:北京师范大学出版社,2022.

作者：两条腿残废后的最初几年，我找不到工作，找不到去路，忽然间几乎什么都找不到了，我就摇了轮椅总是到它那儿去……

学生朗诵两遍之后，教师才揭示"地坛被人遗弃"和"作者被社会遗弃"之间的关系——同病相怜，所以写地坛就是写作者。

优化课堂"学思"结构，提升关键能力决不是一句语文空话。听课之后，我在想，史铁生为什么要反思那段难忘的生活而写作《我与地坛》？学生要从《我与地坛》中关注什么、汲取什么、反思什么？上述五点教学内容，是学生阅读《我与地坛》要"形成"的语文学科核心素养吗？这节课真正提升了学生语文学科核心素养了吗？

应该说，上述教师的备课准备、PPT设计的确是"下了一番功夫"：信息很详细、图片很精美、投影很及时……但如果教师"教"的"关键"不能指向学生"学思"的"关键"，不能促进学生"这一侧"更优异的思考、更高品质的领会，那么无论"教"的内容怎样精致，无论PPT设计得如何精美，都不能提升学生的关键能力和完善品质。因此，有的教育专家提出以学生"这一侧"的"学"来评价"教师侧"的"教"，非常有道理。

如果课堂上教师不把重心转向语文学科核心素养的"形成"和"提升"上，不改变"教师侧"的思考方式，不努力提升学生的阅读、理解、批判等学习速度，不主动去优化课堂学习的质量，学生只会变成教师教学内容的"笔记本""垃圾桶"，长此以往，学生将"沉迷"在教师的"记忆式教学"中，在笔记、练习、整理、背诵中消耗完自己的青春岁月。因此，认真咀嚼《课程标准》中"让学生在语文学习实践中获得的语言知识与语言能力，思维方法与思维品质，情感、态度与价值观"等论述，努力优化课堂"学思"结构，在真实的课堂学习与思考行动中发展学生的学习素养，提升学生的学习速度、学习质量，诸如探索改变学生的学习方式、采用同伴协同学习和推进学习，让学生在语言实践行动中有选择地学习、有思辨地学习，可能比"教师侧"讲得精致，效果要更好一些。

当下，优化课堂"学思"结构是课堂改革的新重点。高中语文课程的目标是发展高中学生的语文核心素养，进而通过学科学习形成正确价值观、必备品格和关键能力。而语文学科核心素养正如《课程标准》所言，是学生在积极的语言实践活动中积累与构建起来的，并在真实的语言运用情境中表现出来的。如果我们的课堂还是"教师侧"的机械灌输、信息投放、问题轰炸，这"关键能力"什么时候才能"形成"和提升？我以为，语文学科的关键能力是在"行动"中"学思"，在"学思行动"中生成。学生能不能在课堂行动中实现自觉的"语言建构与运用"，能不能在课堂上自主地得到"思维发展与提升",能不能自由地享受着"审美鉴赏与创造",有没有自发的"文化传承与理解",这是我们作为"教师侧"应该时刻反思的问题。

语篇教学还要在学的设计上下功夫。中小学语篇教学的设计要从"课文侧"的"学"转向"社会侧"的"用",做到"学用结合","学为用存"。有的老师追问李白的《望天门山》,阳光生命课堂上我们怎么样做到"学用结合","学为用存"? 我想首先要会读、会诵、会背、会默李白的这首诗。如果连"天门中断楚江开,碧水东流至此回。两岸青山相对出,孤帆一片日边来",都不会背诵、不会默写,那么古代诗文的积累在哪里呢? 又如何能够看出《望天门山》里,李白的语言文字运用的功夫和对祖国山河的热爱之情呢? 当学生面临李白的望天门山中现实情境的时候,他能不能够吟诵出"天门中断楚江开,碧水东流至此回"? 即便是阅读传统诗篇,也是为了更好地致敬古人的表达智慧和表达精神。再比如,《课程标准》强调课文阅读和整本书阅读的相结合,学生既要能够读懂单篇"小课文",也要能够挑战整部"大作品"。无论是单篇课文的精讲精练,还是多篇课文的群文比照,还是整本书阅读的整散结合,都要回答这个问题:语文的"学思"脚印到底迈向何方? 我想,还是"学用结合""学为用存"。

有的老师认为,按照教材教、按照文本样式读,学生们的语文核心素养自然就生成了,否则还要什么语文课本、语文教材? 其实,语文核心素养的形成与提升,仅拘泥于教材是看不到语文的美丽星空的。也有的老师认为,课文只是个例子,语文学科不能止步于课文的咀嚼,学生阅读量要提升,应该由一文到群文,由一则到多则……如果单纯是阅读量的增多,就仿佛牛喝再多的水,也解决不了饥饿的问题。

群文阅读也罢,整本书阅读也罢,其背后隐藏的问题不仅仅是"学思"的方式、方法等策略问题,还有"学思"的起点与终点在哪里、由课文生活如何走向真实的社会生活等问题。我以为,这涉及中学语文课堂追求转向的问题。当下语文教学,特别是课堂教学,应该努力从"课文侧"转向"社会侧"或者"社会生活侧",在这个过程中不断提升高中学生的生活语言的建构素养、生活现象的思辨品质和生活艺术的审美鉴赏品质。

为什么这样说? 三国政治家、曹魏开国皇帝曹丕在《典论·论文》中曾强调:"盖文章,经国之大业,不朽之盛事。"就阅读文章的层面看,读"课文"的功能、价值,曹丕说得再明白不过。阅读课文之所以是"盛事",关键在于"经国"。这种取向可谓大矣! 当然,阅读课文时,是要遇到"作者简介""地坛介绍""字词学习"等细节问题,也会需要面对"整体把握,理清思路"、理解"篇章样式"的独特性等宏观问题,但这些还都是知识性的问题。要解决语文学科的"主干问题",要提升学生的关键能力和品格,可能要更加关注"为天地立心,为生民立道,为去圣继绝学,为万世开太平"的济世救民的情怀与时代社会追求的诸多问题。

语文课堂不能培养"读死书"的人。因为我们活在当下,我们要走向未来!因此,阅读《子路、曾皙、冉有、公西华侍坐》要达成这样的共识:"观今宜鉴古,无古不成今。"古代史籍中有弥足珍贵的文化遗产,学生们应该深刻体悟前人的智慧。但体悟的最终目的不能停留在"知道""理解""明白"层面上。

高中语篇教学中,研讨《论语》中《子路、曾皙、冉有、公西华侍坐》的篇章设计。有的老师倾向于鉴赏孔子循循善诱的教学态度,有的老师倾向于欣赏古代课堂平等对话式……较少有老师引导学生整体把握经典选篇的儒家思想内涵,充分引导学生认识其独特的中国正统精神文化的价值,更少有引领学生洞悉这篇文章在新时代的"现代意义"。这样的语篇阅读教学,便是把学生引领到"读死书"的方向上去,学生的"学思"只能停留在课文的天地中而看不到现实生活的影子!

当代不少学者认为,先秦诸子学说是中国古代思想的第一个高峰,而诸子的著作更要把握其主要观点和思路,以从中汲取现代思想的养分,为当下"经国"服务。因此,语文学科要善于根据国家经济社会发展的新变化、科学技术进步的新成果、国家和平崛起的新需要,及时更新教学内容和教学追求,努力开展一场场实实在在的"观今宜鉴古,无古不成今"的语言实践活动,要深刻反思国家富强、时代进步的传统精神源泉,让语文"学思"真正从"课文侧"转向"社会侧"或者"社会生活侧"。

事实上,《子路、曾皙、冉有、公西华侍坐》所在单元在"单元学习任务"中对语篇的教学内容与思想做了严格"界定"。

1. 孔子表示"吾与点也",孟子提倡"保民而王",庄子重视"依乎天理"。把握这样一些观点的内涵,有助于我们深入理解相关文章,也能帮我们更好地了解中国传统思想文化。

2.《子路、曾皙、冉有、公西华侍坐》和《齐桓晋文之事》都展现了儒家心目中的理想社会。

从第1、第2个"规定"中,可以清晰地看到其中的"有助于我们""帮我们""理想社会"等亮点词语。而接下来语言实践的设计便是要学生"从这三篇文章中任选一篇,找出并分析文中的重要观点,进而深入理解全文。把自己的思考写出来,与同学讨论"。"阅读这两篇文章,结合文章写作时的社会现实,思考这些理想的意义,理解儒家治理国家的主张,同学之间相互交流"。这两项语言实践,十分强调"重要观点""写作时的社会现实""自己的思考""思考这些理想的意义""与同学讨论""同学之间相互交流"等。新课程背景下开展高中语篇教学,就要尊重教材语言实践活动设计,以此为突破口开展《子路、曾皙、冉有、公西华侍坐》的学思变革,从"课文侧"转向"学生侧"的理解与积累,转向"社会侧"或者"社会生活侧"的理解与运用。在这样的语言实践活动中,阳光生命精神才能悄然走向时代思考、时代审视和选择,语文核心素养也才会在这样的"观今宜鉴古,无古不成今"的实践思考中形成与提升。语篇教学设计时,《子路、曾皙、冉有、公西华侍坐》的学思追求的起点便是理解儒家治理国家的主张,进而在"学生侧"形成时代思考、时代审美与时代判断,在潜移默化中引领学生"为国事而思、为国家而奔走",从而促进新时代的新品格的生成。

为什么不能"死读"《子路、曾皙、冉有、公西华侍坐》?为什么不能沉浸在课文的天地中"转圈圈"?我注意到课标修订的"基本原则"中的第一段话。"基本原则"中明确提出,要"坚持正确的政治方向"。这"政治方向",可概括为"两个坚持""两个充分",即"坚持党的领导,坚持社会主义办学方向""充分体现马克思主义的指导地位和基本立场,充分反映习近平新时代中国特色社会主义思想"。因此,语文学科要真正提升好核心素养,只能在"两个坚持""两个充分"的前提下开展全面而扎实的"有机融入"——融入"中国特色社会主义理论""社会主义核心价值观的基本内容和要求""中华优秀传统文化、革命文化,发展社会主义先进文化""法治意识、国家安全、民族团结、生态文明和海洋权益"等。只有这样,语文学科的学思实践活动才能由"课文侧"转向"社会侧"或者"社会生活侧",才能更好地"培养良好政治素质、道德品质和健全人格,使学生坚定中国特色社会主义道路自信、理论自信、制度自信和文化自信,引导学生形成正确的世界观、人生观、价值观"。

可见,"两个坚持""两个充分""有机融入"等,是课程标准修订的原则,更是建构课程、开展课堂教学要遵循的标准。如果我们能够从这个原则出发,优化课堂"学思"结构,诸如《子路、曾皙、冉有、公西华侍坐》等经典课文的学习设计要转向到哪里、要走向何处,就清清楚楚、明明白白。

第二节 语篇表达

研究"语篇"、阅读"语篇",是为了实现"语篇"的自主表达,也就是所谓的"读写结合"。"语篇"教学就是为学生的写作表达奠定经验基础。因此开展"语篇"教学,学习文本经验意义和价值就在于实践"语篇"表达。

阳光生命课堂上,许多老师都期盼"把课教活""把课上好",上出生命课堂的精彩。但许多课"活"起来以后,每每又走向了表层和肤浅,如何把阳光生命课堂真正教"活"呢？我以为,要"把课教活""把课上好",就要端正教学动机,调整教学目标,把课堂教学和语言表达有机地结合起来,扎扎实实地在阳光生命课堂上开展语言文字的理解和运用。

一、汲取表达智慧

阳光生命课堂要把汲取语言表达智慧当作重要的学习目标。自古以来,读书、做文章是读书人的两件大事。读书是为了汲取语言表达的智慧,做文章是为了运用语言表达上的智慧,二者相辅相成。

阳光生命课堂的语篇表达智慧就在一篇篇课文的学习中,经验就在一篇篇课文的领会中。而当学生真正"想阅读",想在表达上"试试看"时,教师就要不断地生成课堂趣味,从而"把课教活""把课上好",不断创造阳光生命课堂的精彩。

中小学阳光生命课堂只有着眼于"语篇"表达,汲取"语篇"中的表达,智慧课堂教学才真正走向了训练语言文字的使用。

《语文》(四年级上册)课文《爬山虎的脚》是篇章表达智慧极其丰富的范文,我每每教学就鼓励学生把这篇文章背诵下来。《爬山虎的脚》堪称观察自然、描写自然的范例。《爬山虎的脚》开篇的智慧极其精彩。作者引出爬山虎这个说明对象,路线非常清晰。课文由学校操场北边的爬山虎,写到"我"家小院西墙的爬山虎,并且强调"在房顶上占了一大片地方"。学校里面有爬山虎,家里西墙上也有爬山虎。这说明作者对爬山虎这种植物非常熟悉,这就为下文具体描写做了很扎实的铺垫。

要描写爬山虎这种植物,怎么描写呢？作者先写爬山虎的叶子的颜色变化,再由爬山虎的"爬"写到"爬山虎是有脚的"："爬山虎的脚长在茎上""茎上长叶柄的地方,反面伸出枝状的六七根细丝,每根细丝像蜗牛的触角。"接着具体描写爬山虎的"脚"爬墙的过程："六七根细丝的头上就变成小圆片,巴住墙""细丝原先是直的,现在弯曲了,把爬山虎的嫩茎拉一把,使它紧贴在墙上。"最后写触和没触墙的爬山虎的"脚"的命运和变化："没触着墙,不几天就萎了,后来连痕迹也没有了。触着墙的,细丝和小圆片逐渐变成灰色。"《爬山虎的脚》由爬山虎的叶子写到爬山虎的"脚",可是课文的题目只强调爬山虎的"脚"。阳光生命课堂开展深度研课的时候,有的老师问："为什么课文的题目不是《爬山虎的叶子和脚》呢？"这就涉及课文中心的理解,就涉及作者表达重点的把握了。事实上,课文写爬山虎的叶子,主要是为了引出爬山虎的"脚"。或者说,写爬山虎的叶子是为写爬山虎的"脚"做铺垫。如果全文只写爬山虎的"脚",而不写爬山虎的叶子,那么作者对这种植物的认知就不全面、不具体。而在写完爬山虎叶子的基础上再写爬山虎的"脚",这就很符合认知爬山虎的顺序,而且很容易实现重点突出。

阳光生命课堂开展《爬山虎的脚》深度研课,在深度研课的基础上开设了展示课。执教老师仅仅引导学生认识作者描写爬山虎的脚的顺序,鉴赏作者用生动形象的语言描写爬山虎"脚"的攀爬,并没有引导学生在"运用"层面汲取课文的表达智慧。事实上学习《爬山虎的脚》,还是为了写出"豆芽的脚""花生的脚""山芋藤的脚""葡萄藤的脚""玉米的脚""水稻的脚"……阳光生命课堂教学不能停留在课文表达智慧的认知学习上,如果只是积累篇章表达智慧,而不引导学生主动尝试、主动创造,学生们篇章表达的水平如何提高呢?《爬山虎的脚》为了写出爬山虎"脚"的特点,而提前写爬山虎的叶做铺垫;之后才精致地描写爬山虎"脚"的形状和功能。这种提前铺垫,然后突出重点的写法,不正是写作特色鲜明植物的章法吗?因此,"篇章"教学要指向"篇章"表达智慧的认知和积累,更要指向"篇章"表达智慧的实践运用。

从小学阶段来说,小学低年级主要是识字、识词,通过"读一读,练一练"增加汉字词汇量的积累;但是到了小学高年级就要着眼于"篇章"表达智慧的认知和体验,并积极走向"篇章"表达的尝试和创造。阳光生命课堂如果只是停留在篇章表达智慧的认知和体验上,这样的教学还没有指向语文课程标准所倡导的"在真实的语言运用情境中,通过积极的语言实践,积累语言经验,体会语言文字的特点和运用规律,培养语言文字运用能力"。因此开展"篇章"教学的时候,我们应该想到"篇章"表达智慧的实践运用。

一位老师教学李白的《菩萨蛮》这首词,是从语篇表达的角度改造文本的。

菩萨蛮

李　白

平林漠漠烟如织,寒山☐☐伤心碧。

暝色入高楼,有人楼上愁。

玉阶☐伫立,宿鸟归飞急。

何处是归程?长亭更短亭。

公开课上这位老师投影了上面的这首诗,然后问同学们:"其中的空白,填写什么呢?"这便是着眼于语篇表达而开展的语用训练。

课堂上,学生们跃跃欲试。

这位老师告诉学生们:"请你们体悟一下,加以补充。看谁补充得恰当、贴切。"空白处要填写哪三个字呢?学生们围绕《菩萨蛮》投影中的三个空格,开展了热烈的思考。用问题吸引学生,用问题引领学生,用问题调动学生,用问题促进学生,是问题教学法的关键。

公开课上我看到,第一处学生们写的是"凄凄""浅浅""点点""处处""一望",第二处学生们写的是"独""久""又""才""她"等。接着,老师让他们根据思考结果阐述自己的理由。有的老师会质疑填写三个字就是语篇训练吗?填写三个字就是语言表达吗?其实要填好这三个字,必须把全部语篇理解好分析好。这不是很典型的语篇训练吗?这不是有效的训练语言文字表达吗?

向古人学习锤炼语言的艺术,是阳光生命课堂开展篇章表达的重要路径。课堂上学生们展开了热烈的讨论。

生1:我补充的是"凄凄"与"独"。因为上一句是"漠漠",从对偶的层面看,应该用叠词,从下文"伤心"看,情感应该是"凄凄"。从全词来看,诗中写的是一个人对亲人的思念,一个人盼望归家,用"独"比较合适。

生2:我补充的是"点点"与"久"。因为上一句是"漠漠",应该用叠词,而且从下文"碧"字看,应该是"点点"。"点点"便可见李白思念家乡。而从"暝色入""宿鸟归"来看,"久"写出了站立时间比较长。

课堂上学生讲得很精彩,也很有道理。到底应该是哪两个词语呢?弄不清这两处空格所填的词语,阅读就无法深入下去。于是教师便投影答案"寒山一带伤心碧""玉阶空伫立"。为什么是这两个词?

古人极其讲究语言选择和运用的智慧。《菩萨蛮》开头两句为远景。"寒山一带伤心碧"是写苍山如带,绿色中透出凄凉。显然,"一带"是远景,是远视的结果,也写出了空旷;而学生补充的"点点"与之意近,但形象感、季节性稍微差一些;而"凄凄""冷冷"等虽然对仗工整,但与"伤心"则有重复之嫌。而"空伫立"之"空"字,意为日日空候,离愁永无穷尽,远比"独""久""又"等词语离愁深重。"一带""空"充分地体现了作者的用词艺术,也是学生应该汲取的篇章表达智慧。什么时候学生的篇章表达讲究语言的选择和运用,什么时候学生的表达就进入了崭新的境界。阳光生命课堂讲究创设问题情境引起学生的关注和思考。学生在生成的趣味问题中灵活多样地感受和思考、努力地探索词语的精妙,才能收获篇章语言的使用智慧。

这节课上,这位老师便引导学生讨论"用一句话概括作者的故事情节"。结果,出现了四种故事情节。一个是作者看到有人楼上愁的现象;一个是作者看到有人楼上愁,作者替楼上人感叹"何处是归程";一个是作者在楼上发愁,作者在楼上感叹;一个情节是有人在楼上发愁、感叹。这四种故事情境,哪一种更符合李白写词时候的状态?如果学生是李白,会用哪种情境构思表达?这样一追问,篇章表达的设计自然就走向生动活泼了!

阳光生命课堂上,中小学生学习古代诗歌,目的是传承传统的诗歌文化智慧,学习古人遣词造句的技巧。从语言运用上来看,传统诗歌的教学也是学习篇章智慧的重要路径。《菩萨蛮》是写思妇盼望远方行人久候而不归的,还是写游子在高楼极目而想到家中思妇伫望的?——古今没有定论,阳光生命课堂上学生们纷纷表达着自己的感受。如果从漂泊者的角度取舍,李白漂泊在外,思念家人,则前三个答案比较理想;第四个则仅仅为"有人"而写,关切自己的少。如果从情节曲折的角度看,前面两种情境比较理想,作者运用想象,由此及彼,情节内容丰富。而后面两个情境则情节单一。如果从思妇的角度建构情境,则第二个情境比较理想,诗歌中加入了作者对"有人"的同情与怜悯,这样的篇章智慧更加鲜明。

可见,阳光生命课堂要"把课教活""把语用练好",就要从汲取篇章表达智慧入手,不断生成新颖的问题情境,促进学生不断思考不断深入,不断地提升语用素养。

我执教高中语文的时候,就在思考像《阿房宫赋》这样的古代大赋,学生究竟要学什么呢?大家知道《阿房宫赋》是一篇骈文,骈散结合,音韵和谐。高中学生每每要背诵此文,而背诵的目的是什么?有的老师可能说,高考要考这一篇文章啊!如果不背熟、不弄清怎么能默写出来呢?从汲取语篇智慧的角度,我以为阅读《阿房宫赋》还是为了汲取篇章表达上的智慧。《阿房宫赋》篇章表达智慧极其突出。比如这一段议论性的文字:

嗟乎!一人之心,千万人之心也。秦爱纷奢,人亦念其家。奈何取之尽锱铢,用之如泥沙?使负栋之柱,多于南亩之农夫;架梁之椽,多于机上之工女;钉头磷磷,多于在庾之粟粒;瓦缝参差,多于周身之帛缕;直栏横槛,多于九土之城郭;管弦呕哑,多于市人之言语。使天下之人,不敢言而敢怒。独夫之心,日益骄固。戍卒叫,函谷举,楚人一炬,可怜焦土!

这一段层次非常清晰,中心非常明确。"一人之心,千万人之心也"居于段首,成了全段的中心。接着感叹秦国,也相当有句式感——"秦爱纷奢,人亦念其家。奈何取之尽锱铢,用之如泥沙"——一个感叹句,一个反问句;再接着就是用排比来铺陈"秦之奢":"使负栋之柱,多于南亩之农夫;架梁之椽,多于机上之工女;钉头磷磷,多于在庾之粟粒;瓦缝参差,多于周身之帛缕;直栏横槛,多于九土之城郭;管弦呕哑,多于市人之言语"——这几句话不仅构成了排比,而且相当对偶和押韵,作者实际使用铺陈的方式来表达秦国对六国资源的侵占;最后用几个很短的句子写秦国的结局——"戍卒叫,函谷举,楚人一炬,可怜焦土",这样的句子怎么不令人触目惊心?可以说要写议论文,要用例证法,《阿房宫赋》就是语用的典范。

阳光生命课堂建设中,我们认识到,努力地汲取篇章表达智慧才是语文教学的重要方向。在开展高中语文阳光生命课堂研讨时,我们以《阿房宫赋》教学为重点,在网上寻找、汲取杜牧表达智慧的教学案例。一位老师简单地梳理了《阿房宫赋》重点字词之后,和学生一同讨论了课文的批判性主旨。在此基础上以"填空法"来深化对文章批判性主旨的认识,他巧妙地借用了课文的语境,生成了篇章表达情境。他把514字的《阿房宫赋》,缩成一小段话——

阿房之宫,其形可谓(　　)矣,其制可谓(　　)矣,宫中之女可谓(　　)矣,宫中之宝可谓(　　)矣,其费可谓(　　)矣,其奢可谓(　　)矣。其亡亦可谓(　　)矣!嗟乎!后人哀之而不鉴之,亦可(　　)矣!

80多字的语用训练,不恰恰是《阿房宫赋》的浓缩?投影了上述这段话以后,这位老师让学生们想一想、讨论讨论,在这些括号里填上什么样的词比较合适。学生讨论后得出"雄矣""大矣""美矣""多矣""奢矣""极矣""速矣""悲矣"……这样,就把阿房宫建造特征概括出来了,秦始皇之奢靡状况生成了。很多学生在写作议论文的时候不会议论,不会感叹。这位老师把课文压缩成80多字的议论性、感叹性话语,不恰恰是议论写作的典范篇章吗?这样精彩的语篇表达训练,值得一提。黄老师教学的《阿房宫赋》就是语用训练的课、精彩领会的课。

这样教学《阿房宫赋》,着眼于篇章表达智慧的领略,学生们学得自然、生动、活泼。发现文字之妙,情感之美,是教学《阿房宫赋》的"两极"。这节课上,学生由猜想到填写,通过选择、比较,再到诵读,文本精神领受、语言文字妙处的感悟,就在对文本的不断体悟中获得。

阳光生命课堂,只要着眼于语篇生成的智慧来"把课教活""把课上好",学生就能获得真正意义上的"阅读生长""表达生长"。当下语文公开课,许多老师为了

"把课教活",每每大量投影"新资讯",转播"新链接",结果适得其反。篇章表达智慧的加工、生成、传承是阳光生命课堂的首选!

上述几个训练篇章表达智慧的课例,每每让我深思。传统课堂每每强调知识灌输、课文分析,而不着眼于篇章表达智慧的训练和尝试。阳光生命课堂瞄准语文学科所负载的重要使命,彰显学科教学的内在应用价值,着眼于用篇章训练篇章,希望用智慧生成智慧,加深对祖国语言文字的理解与热爱,培养运用祖国语言文字的能力。阳光生命课堂应该连接着学习者的昨天,紧握着学习者的今天,只有找准自己的坐标,才能形成语文学科的必备品格和关键能力。

阳光生命课堂重视开展语篇阅读训练,重视借鉴语篇表达智慧,师生们课堂上一举手、一投足的背后都应该浸润着篇章表达训练的智慧。

二、尝试运用语篇智慧

《普通高中语文课程标准(2017年版 2020年修订)》强调:"语文课程应引导学生在真实的语言运用情境中,通过自主的语言实践活动,积累言语经验,把握祖国语言文字的特点和运用规律,加深对祖国语言文字的理解与热爱,培养运用祖国语言文字的能力;同时,发展思辨能力,提升思维品质,培育社会主义核心价值观,培养高尚的审美情趣,积累丰厚的文化底蕴,理解文化多样性。"[1]如何在真实的语言运用情境中训练学生语言实践活动能力,积累语言活动经验,把握祖国语言文字运用的特点和规律呢?我想最主要的方式应该是尝试运用语篇智慧,即运用课文学习习得的表达智慧,让学生体验一下课文表达智慧,让学生发现课文表达智慧在生活性表达中的促进作用。有的专家认为,语文课改的突破口就在运用祖国语言文字上,落脚点就在语篇、语用运用质量上。阳光生命课堂的真正抓手就在于变革语文课堂教学的方向,努力训练运用祖国语言文字的能力。

事实上,中小学教材已经倡导运用语篇智慧开展实践性的习作表达活动。新课程背景下,如果还不懂得读写结合,还不懂得用阅读指导写作,那么语文教学的路径和方向就迷失了。

《语文》(三年级上册)第4单元编写了《总也倒不了的老屋》《胡萝卜先生的长胡子》《小狗学叫》三篇课文,安排的"口语交际"训练是"名字里的故事",安排的习作是"续写故事",安排的"语文园地"是"交流平台""识字加油站""词句段运用"

---

[1] 中华人民共和国教育部.普通高中语文课程标准(2017年版 2020年修订)[M].北京:人民教育出版社,2020.

"日积月累"等项目。

从大单元教学的角度看,教材的编排很显然在鼓励老师、鼓励学生尝试运用语篇学习中获得的智慧,开展故事的编写、讲述和相关的学习评价活动。因此,设计大单元教学就要把尝试运用语篇表达智慧当作重点。从单元大概念出发,从宏观上整体设计童话阅读和创作活动。在大单元教学中设计好这几个研习阶段:童话语篇智慧的体验和积累,童话语篇智慧的尝试和运用,语篇尝试和运用的经验评价等。这样设计,就把语篇表达智慧的学习和语篇表达智慧的运用统一了起来。

对于小学低年级来说,在童话的天地里读写结合、由读走向写,仍然是一条训练语言文字运用的健康而活泼的好策略。

童话故事《总也倒不了的老屋》讲述的是老屋活了100多年,窗户变成了黑窟窿,门板也破成了洞,很快就要倒下了。然而在小花猫、老母鸡和小蜘蛛的请求下,老屋坚持不倒,努力为小动物们奉献。这是一间多么有同情心的老屋啊!这是一间多么有爱心的老屋啊!第4单元中单元训练的重点是"续写故事",如果在老母鸡的请求之后再写一个动物的请求,那么故事会是怎样的呢?这就是基于课文情境的故事续写。在开展篇章教学的时候,如果设计这样一个教学环节,就为单元习作训练的重点做了铺垫。我在教学这篇课文的时候,引导学生再加入一个动物的请求,学生们讲得生动形象——

生1:老母鸡带着孩子离开了以后,山羊走了过来。对老屋说:"咩咩,老屋老屋你别倒。"老屋一看原来是老山羊:"哦,老山羊啊,你为什么让我不倒下呢?"老山羊说:"再过一个星期倒下好不好?我身上的毛刚刚要褪去,身体非常寒冷,需要你挡风遮雨。等我身上的毛长出来了好不好?"老屋看着老山羊一身的毛发,说:"老山羊啊,好吧,我就再站一个星期。"一个星期之后,老山羊换了一身新毛发,然后对老屋说:"再见老屋!谢谢你为我挡风遮雨。"

生2:老山羊离开了以后,老屋刚要倒下,这时两只小松鼠跳了过来说:"老屋老屋千万不要倒下。我们家里大树被风吹倒了,我需要在这里借住三四天。"老屋低头一看,原来是小松鼠,小松鼠身上被雨水淋得湿漉漉的。看着小松鼠可怜的样子,老屋说:"好吧好吧,就让你住三四天,等天晴了,你再去建新的家。"过了三四天,天晴了,太阳出来了,小松鼠蹦蹦跳跳地说:"老屋再见,我们去建新的家了。谢谢你收留了我们。"老屋心想:"这下,我该倒下了吧。"

生3:"老屋老屋,你千万不要倒下,我还需要你呢。"老屋抬起头一看啊,原来是老牛,肚子又大又圆。老牛说:"老屋老屋,我快生孩子啦。你让我借住两三天行不行?"老屋看着老牛疲惫的样子说:"好吧好吧,就让你住两三天。我可是要倒下的老房子啊。可是你们需要,我怎么办呢?"老牛高兴地说:"谢谢你,你可帮了我大忙了。"到了第3天,老牛带着他的孩子走出了老屋。老牛对老屋说:"谢谢你。再见了,我们娘俩要去吃草了。"老屋说:"再见,好了,我到了倒下的时候了。"

在课文的情境中,孩子们是童话的创作者,也是课文故事的"继续者"。课文情境给孩子们创作新的童话故事提供了动力之源。在课文情境的基础上,孩子们发挥了想象的天分,创造出如此生动活泼的故事。这不就是基于真实的语言情境开展的语言文字运用的尝试训练吗?

童话故事《胡萝卜先生的长胡子》讲述的是胡萝卜先生为胡子发愁,因为它长着浓浓的胡子,每天都要刮去。当胡萝卜先生走上街,胡子一点一点地生长着。胡萝卜先生走到哪里,胡子就生长到哪里。课文这样写道:

在很远的街口,有一个男孩正在放风筝,线实在太短了,他的风筝只能飞过屋顶。

胡萝卜先生的胡子刚好在风里飘动着。"这绳子够长了,就是不知道够不够牢固。"小男孩说完就扯了扯胡子,他确定足够牢固,就剪了一段用来放风筝。

胡萝卜先生继续往前走,当他走过鸟太太家的树底下,鸟太太正在找绳子晾小鸟的尿布。

胡萝卜先生的胡子刚好在风里飘动着。

……

胡萝卜先生走过鸟太太家的树底下,鸟太太正在找绳子晾小鸟的尿布;但是课文并没有把鸟太太和胡萝卜先生的胡子的故事讲述出来,课文的最后只是打了个省略号。

课文虽然没有讲完胡萝卜先生的胡子跟小鸟太太的绳子之间的关联。但这并不妨碍我们去理解《胡萝卜先生的长胡子》所传递的帮助别人的善心。设计教学这篇课文,我引导学生来讲述鸟太太绳子的故事。学生讲得生动形象,远远超出了我的想象。我们来看这个教学片段。

生1:胡萝卜先生的胡子刚好在风里飘动着。鸟太太看到了,高兴地说:"这不正好可以做我小鸟的尿布的晾绳吗?"鸟太太赶紧回到家里面拿来剪子,对胡萝卜先生说:"先生,你的胡子借一段给我,我的孩子的尿布需要晾晒。"胡萝卜先生说:"好吧,只要你需要。"晾好了小鸟的尿布,鸟太太对胡萝卜先生说:"到我家来喝杯水吧。"

生2：胡萝卜先生的胡子刚好在风里飘动着。胡萝卜先生说："鸟太太，你在找什么呢？"鸟太太抬头一看，原来是胡萝卜先生。"胡萝卜先生，我能借用你的胡子用一用吗？我孩子的尿布要晒一晒。"胡萝卜先生停下了脚步，翘起了自己的胡子，说："晒吧晒吧。"小鸟的尿布晒干了，胡萝卜先生的胡子又长了好长好长，仍然在风里飘动着。

生3：鸟太太看到了胡萝卜先生的胡子在风里飘动着。她飞了过去，对胡萝卜先生说："先生，我能借用你的胡子吗？我孩子的尿布需要晾一晾，可是我找不到绳子。"胡萝卜先生说："好吧好吧，只是我还要到前面去看一看，我不能在这儿长时间停留，你要不拿剪刀剪一段，好吗？"鸟太太高兴地说："太好了，太好了，谢谢你，以后再也不愁没地方晾尿布了。"

生4：鸟太太来到了乌龟家，她要把尿布晾到乌龟的尾巴上。乌龟说："你看外边来的是啥？"鸟太太抬头一看，惊喜地说："啊，原来是胡萝卜先生，瞧他的胡子多长啊！还在风中飘动着呢。"胡萝卜先生说："鸟太太遇到什么烦心事啦？"鸟太太说："我……我的孩子的尿布需要晾一晾，可是我没有绳子。"胡萝卜先生说："这不是小事情吗？就挂在我胡子上晒好了。"

由于有《胡萝卜先生的长胡子》的课文情境，学生们编写的鸟太太和胡萝卜先生胡子之间的故事丰富多样。孩子们续写的童话有他们的故事理性，既然胡萝卜先生的胡子越长越长，既然胡萝卜先生的胡子可以放风筝，那么他的胡子也可以用来做晾晒尿布的绳子。无论是剪一段胡萝卜先生的胡子做晾绳，还是把尿布放在胡萝卜先生的胡子上晾晒，都体现了孩子们为鸟太太的出谋划策，对鸟太太的帮助。当然也写出了胡萝卜先生的宽容大度，无私奉献之精神。从语篇的角度看，《胡萝卜先生的长胡子》恰恰是给孩子们续写童话故事提供了框架，也给孩子们叙说童话故事提供了丰厚的故事情境。因此从语言运用的层面上来说，《胡萝卜先生的长胡子》是读写结合最好的范例。

事实上，鸟太太借助胡萝卜先生的胡子解决了小鸟尿布晾晒的问题。当胡萝卜先生在大街上一直向前走，它的胡子刚好在风里飘动着，还会发生怎样的故事呢？毕竟"胡萝卜先生一步一步走的时候，这根胡子就在一点一点地变长"，接下来还会发生怎样精彩的故事呢？《胡萝卜先生的长胡子》课堂教学结束的时候，我提出了"胡萝卜先生的长胡子的新故事"这个问题。我把这个问题当作当天的课后作业，让学生回到家里和父母一同完成。

我们看一位家长和学生共同续写的"胡萝卜先生的长胡子"童话故事。

  胡萝卜先生带着它的长胡子,颤颤巍巍地在大街上向前走,胡子又粗又长。苍蝇、蚊子、蝴蝶、小松鼠等小动物们都爬到了他的胡子上,有的抓着,有的挠着……胡萝卜先生任由他们玩闹。

  走过了长长的街头,胡萝卜先生来到了一条小河边。河水清澈,河道宽阔。

  对岸放学的小学生很着急,因为驾船的船夫回家嫁女儿去了。

  小学生们看到长着长长胡子的胡萝卜,便拼命地喊:"胡萝卜先生,胡萝卜先生,快帮帮我们。"

  胡萝卜先生抬起头来看向河对岸,他把长长的胡须往河对岸一搭,苍蝇、蚊子、蝴蝶、小松鼠等小动物们都掉进了河水中。胡萝卜先生向着河对岸大声地喊着:"快走过来吧。"

  小学生们沿着胡萝卜的粗胡子颤悠悠地走了过来。可是他们发现了落水的小动物们,赶忙喊着:"胡萝卜先生,胡萝卜先生,小动物们掉到水里去了。"

  胡萝卜先生把胡子在水里面摇了一摇,小动物们趁势爬到了胡子上。

  胡萝卜先生、小动物们跟着小学生们回到了农庄,回到了他们的家。

  上述习作是围绕"胡萝卜先生的长胡子的新故事"编写出来的新童话,情节曲折,形象鲜明,很耐人寻味。这就表明,如果从课文故事开始创设童话续编情景,学生的想象力和创造力能够得到极大的激发,并能够创造出崭新的童话故事。

  但是另一方面我们也要认识到,借助篇章智慧开展篇章表达训练是持久工程。有很多老师认为,习作训练一次了,考试再考仍然写不出来。实际上,这是太看重了一次习作的重要价值。学生的篇章表达训练是"旷日持久的工程"。而这"旷日持久的工程",最好是由篇章表达智慧的"试用"开始训练,要经历"学习学习再学习,反复反复再反复"的过程。

  阳光生命课堂,如果能由童话课文的学习,到结合课文情景开展童话续说、续写活动,再由课堂学习转移到家庭童话续写拓展上——让孩子和父母一同开展童话创作,我想,这样的篇章借鉴和篇章表达训练,才是最有效的训练路径。

  第四单元的童话故事《小狗学叫》属于自主阅读的课文。这篇意大利童话故事的情节十分简单:孤零零的小狗不会叫,它并没有发现自己不会叫的毛病。别人让他知道"不会叫是一种很大的缺陷"。但是小狗不知道怎样回应这些批评,也不知道怎样才能学会叫。

  在这种情况下,小公鸡出场了。小公鸡教小狗学公鸡的"喔喔喔"。小狗"天天都练习,从早到晚偷偷地练",当小狗学会了喔喔喔的叫声时,课文是这样写的:"喔喔喔的叫声是那么逼真,那么好听,那么洪亮。"于是小狐狸听到了,以为小狗给自己设置了一个圈套。小狗委屈地说,自己在这里练习"啼叫"。

杜鹃很同情小狗,教小狗模仿它的叫声"咕咕……咕咕……"。小狗学会了杜鹃鸟的叫声,认为别人再也不能取笑它。这时树林里来了很多打鸟的猎人,他们听见树丛中传来咕咕咕的叫声,举枪瞄准,于是小狗拔腿就跑。

在"狗跑啊,跑啊……"的情节基础上,教材的编者编写了三种童话结局。

第一种结局

狗跑啊,跑啊,它跑到了一片草地上,一头小母牛正在那里安详地吃草。

"你去哪儿啊?"

"我不知道。"

"那你就别走了,这里的青草特别鲜嫩。"

"唉,青草不能医治我的病……"

"你病啦?"

"可不是!我不会叫。"

"可是,这是世界上最容易的事!你听我叫:哞……哞……哞……还有比这更好听的叫声吗?"

……

第二种结局

狗跑啊,跑啊,它碰上了一个农民。

……

第三种结局

狗跑啊,跑啊,突然停住了,它听见一种奇怪的叫声:"汪汪,汪汪……"

这叫声像在对我说什么,狗想,尽管我搞不清这是什么动物在叫。

"汪,汪……"

……

中小学许多课文的情节都有固定的结论、固定的结局。但童话故事《小狗学叫》却以这样开放性的讲述面貌出现,很显然就把师生引导到"读写结合"的学习方式中来了。学生们阅读了这篇童话故事,自然要去判断和思考"到底哪一种结局才符合原来的童话故事呢"。

《小狗学叫》的开放性的、不确定的结局,可以让老师自然地顺着结局的方向,引导着学生去思考——童话阅读本是要引起学生自由想象和拓展联想的,从而产生符合童话情境的事实判断和逻辑推理。从善于引导小学生编写童话故事来看,

《小狗学叫》不仅仅是要引导学生开展形象性的或者抽象性的童话阅读思考;更重要的是引领学生参与童话故事的建构,写出自己的童话故事,讲出自己对结局的猜想。也就是说,教学《小狗学叫》,教师要引导学生创造属于自己的小狗学叫的结局。《小狗学叫》富有创造性的篇章表达样式,客观上告诉我们,设计教学不能像传统篇章表达那样去处理,阳光生命课堂应该对接课文开放性创造性的篇章样式,引导学生去想象、去创造。事实上,课文后面提供的三道阅读思考的题目,就充溢着创造性表达意图。

故事的几种结局可能是怎样的?说说你的理由,然后听老师读故事的结局,看看和自己的预测有哪些相同和不同?

你喜欢故事的哪些内容?和同学交流。

选一本同学不熟悉的故事书读给他们听,读的时候在某些地方停下来,让他们猜猜后面可能会发生什么。

猜想和推想,每每使小学生们的阅读之旅充满了乐趣;猜想和推想,常常又使童话续写和童话表达充满了神秘。阳光生命课堂的思维训练,强调思维的灵活性、思维的深刻性、思维的丰富性和思维的批判性。小学生们的灵活性思维就是在这样富于猜想和推想的开放性童话情境中,走向丰富多彩的。而"一边读一边预测,顺着故事情节去猜想"恰恰是小学《语文》第3册第4单元的思维训练的重点。

我在设计童话故事《小狗学叫》教学时,首先看到了三种童话结局的样式,我想小狗学叫的故事中的结局可能是哪一种?学生心中的小狗学叫的理想结局是怎样的呢?对照课文的情节,同学们可以选择第1种结局,也可能选择第2种或者第3种结局,甚至每一位学生心中的童话结局都不一样。阅读童话故事《小狗学叫》,目的不就是打开学生的思想空间,引导学生在童话故事的天地中自由想象、自由发挥、自由创造吗?

设计教学的时候,我采用问题引领的方式,引导学生深耕课文情境:一是边读边预测,你预测到了什么?二是引导学生研究判断——哪一种结局是属于你认可的结局?我希望学生能够把课文情节读懂,读透。三是引导学生去想象去推测去拓宽——小狗学叫还有怎样的结局?我希望学生在课文情境的基础上张开自己的翅膀,放飞自己的想象,创造属于自己的小狗学叫的新结局。

在第1个边读边预测环节,学生们按照情节发展的顺序做了合理的预测。

"它是一只孤零零的小狗":预测"小狗一定会被很多小动物欺负",结果小鸡很善良,很同情小狗。

"从此,它天天都练习,从早到晚偷偷地练":预测"通过努力,小狗一定很容易地学会了鸡叫",结果小狗"嘴里只发出一种滑稽的咯咯声,吓得旁边的小母鸡都逃走了",最终学会了鸡叫。

"哎呀!"狐狸说道,"原来是这样!你这是给我设了一个圈套啊!":预测"狐狸会拔出刀来把小狗杀死",结果狐狸"在地上打着滚,捧着肚子,竭力忍着不笑出声来"。

边读边预测环节,让学生们体验了阅读推测的过程,感受到预测的快乐。

课文给了三个结尾,哪一个最有可能?在小组合作探究的时候,对于"故事的几种结局可能是怎样的",学生们纷纷发表了自己的意见。

生1:我认为是第1种结局。小狗跑啊跑,跑到了一头小母牛身边。小母牛教小狗学叫牛的声音"哞……哞……"。因为小母牛已经说了,这是世界上"好听的叫声"。小公鸡和小狐狸都是体型比较小的动物,而小母牛是体型比较大的动物。但是他们都把小狗当成自己的孩子来教导,所以小狗学的叫声仍然不是自己的叫声。如果故事的结局是这样的话,那就说明在动物界,没有人从小狗的角度去教小狗学叫。这说明动物界的动物们非常善良,也非常愚蠢。

生2:我认为是第2种结局。小狗跑啊跑啊,它碰上了一个农民。农民有可能把小狗从枪口下救下来,因为人类和小狗历来就是朋友。农民甚至会解答小狗的困惑,指出小公鸡、小狐狸和小母牛的错误,教会小狗学会"汪汪汪"地叫,让小狗叫成狗的样子。因为人类毕竟不同于小公鸡、小狐狸和小母牛。小狗心理上的疾病,只有人类能够医治好。

生3:我认为是第3种结局。如果是第1种结局的话,故事情节就重复了前面的内容,小狗还是学不会自己真正的叫声。第3种结局中,小狗跑呀跑呀,突然听到一种奇怪的叫声"汪汪,汪汪……",它顺着这种奇怪的叫声,终于跑回到狗的家园中,找到了自己的兄弟姐妹,找到了自己的父亲母亲,从而真正学会了狗的叫声,而不是像以前那样人云亦云,别人叫什么自己就跟着叫什么。从此,小狗叫成了小狗自己的声音,小狗心理的疾病也就彻底好了。

事实上,学生讲述的第1种结局中,小狗继续迷失着自我,不能正确而清晰地认识自己。第2种结局中,小狗在农民的帮助下冲破了心里束缚,学会了狗叫,治好了心理疾病。第3种结局中小狗在狗的天地中找回了自己,学会了自己真正的叫声,做成了狗自己。

课堂上学生们讲得有理有据,围绕课文情境的童话创造性活动,怎样生动活泼地开展下去呢?在学生们讨论之后,我投影了原文写作的结论。

第一种结局

"不坏。可我不敢担保是不是一首正确的诗。你是一头奶牛啊……"

"我当然是奶牛。"

"可我不是,我是狗。"

"当然,你是狗,这又怎么啦?没有什么东西阻止你学我的语言呀。"

"好主意!好主意!"小狗突然喊起来。

"什么主意?"

"这会儿我脑子里正在酝酿一个主意。我将学习各种动物的语言,我让一个马戏班子雇佣我,我会成功的,变成大富狗,娶一个国王的女儿。国王也好,狗也好,成为一家子,彼此沟通感情。"

"好样的,想得真美。那好吧,我这就叫,你好好听着:哞……哞……哞……"

"哞……"小狗也叫起来。这是一只不会汪汪叫的狗,却是一位语言大师,精通各种语言。

第二种结局

狗跑啊,跑啊,它碰上了一个农民。

"你往哪里跑?"

"连我自己也不清楚。"

"那么到我家去,我正缺一只狗给我守鸡笼子哩。"

"好,我去。可我告诉你,我不会汪汪叫。"

"这样更好,汪汪叫的狗会吓跑小偷的。而你呢,他们不知道你在那儿,他们走近笼子,你冷不防扑上去咬伤他们,这样,他们就会得到应有的惩罚。"

"那我去。"狗说。

这样,不会汪汪叫的狗找到了职业,被一条铁链子拴着,每天喝一盘子稀粥。

第三种结局

"长颈鹿吗?不是。也许是鳄鱼,鳄鱼可是极凶恶的动物。我必须小心翼翼地走近它。"小狗在树林里匍匐前进,一步一步朝传出汪汪叫声的那个方向爬了过去,不知怎么的,这个声音使它那颗藏在毛皮下面的小心脏突突地乱跳。

"汪汪,汪汪。"

"呀,是另一只狗。"

正是刚才听到咕咕声开了一枪的那个猎人的猎犬。

"你好哇,狗。"

"你好哇,狗。"

"你能告诉我,你正在吟的是什么诗吗?"

"诗?我不是吟诗,我是在汪汪叫。"

"汪汪叫?你会汪汪叫吗?"

"当然会。你可别异想天开地希望我学大象的哼哼或学狮子的吼叫。"

"那么你教我,好吗?"

"你不会汪汪叫吗?"

"不会。"

"听着,好好听着。就这么叫:汪汪,汪汪……"

"汪汪,汪汪。"小狗马上叫起来。它沉浸在幸福和激动中,心里想:"嗨,我终于找到了我的正确的老师啦!"

原文的三种结论,都是学生们没有想到的。学生们没有想到,在第1种结局中狗会变成一位语言大师。在第2种结局中,狗会被拴上链子成了人类的奴隶,人类是那么冷漠凶残。在第3种结局中猎人的猎犬教会了小狗的叫声,整个故事竟然是讲小狗寻找正确的老师。

我认真设计了第4单元《总也倒不了的老屋》《胡萝卜先生的长胡子》《小狗学叫》等读写结合情境,引导学生基于文本表达情境,基于文本表达智慧开展"插入性"童话创编活动。这样,学生们尝试体验了童话编写,感受了同伴们的童话续写,积累了童话续写的丰富经验。在此基础上,我引导学生开展习作训练——续写故事。

单元续写故事提供了四张情境图片

第1张图片是6位同学在教室一起交流过生日的细节,两位同学分别分享了自己的生日故事——红衣女生:"我上个星期过9岁生日,妈妈给我买了一个很大的生日蛋糕。"蓝衣男生:"我也刚刚过了9岁生日,生日那天是我们全家人一起过的。"

第2张图片是后排的蓝衣男生的插话:"我也快过生日了,但是爸爸妈妈都在外地工作……"

第3张图片蓝衣男生和红衣女生的悄悄话:"李晓明的爸爸妈妈在外地工作,我们可以……"

第4张图片的右边则是一个红色的大大的问号——"?"。

单元习作续写故事提出了这样的要求:"下面的图讲了什么事情,接下来可能会发生什么？请你把故事写完。"

很显然，这样的单元习作学生们写起来很容易。因为有前面三篇课文的续写童话故事做铺垫。农村有一句土话叫"磨刀不误砍柴工"。三篇课文的童话续写训练，我们可以看成是磨刀的过程，而单元习作续写故事，那么便是砍柴的功夫。语篇表达智慧学得怎么样？语言表达经验积累得怎么样？单元习作续写故事，便是考验的现场。我们看几位同学写出的续写故事。

生1：生日这一天，李晓明刚走进教室。"祝你生日快乐！"全班同学一起祝贺，李晓明流下了眼泪。

生2：红衣女生说："李晓明，这是我们送你的生日礼物，我们一起为你过生日！"李晓明十分开心。

生3：教室里点起了红蜡烛，唱起了祝你生日快乐的歌。我站起来对李晓明说："祝你生日快乐。"李晓明连声说："没想到，没想到。"

假如三篇童话故事的教学没有开展读写训练，没有让学生在课文情境里反复耕耘、反复琢磨、反复想象、反复创造，那么单元习作续写故事，怎么能开展得顺利呢？

阳光生命课堂上，我一直倡导汲取篇章表达智慧，尝试开展习作表达实践。这是提高学生语文素养的正确道路。

第五章　生命课堂习作初秀

第一节　习作之美

　　从小学语文第一册学习开始,开展阳光生命课堂研习是为了让小学生学会理解、学会表达,从而走向习作表达的美好境界。从义务教育的发展来看,哪一位老师不希望学生的习作是一种语文学习的美好产品呢？为此,在不同的小学开展创造"习作之美"的主题作文研讨活动很有必要,也很有意义。

　　"习作之美"如何产生？"习作之美"的根在哪里？"习作之美"的"用"在哪里？这是我们主要思考的话题。经过多年的实践,我们发现,"习作之美"其实就在日常教育生活的观察和思考之中,在校园生活中,在家庭生活中,在课堂生活中,在读书生活中……广大中小学教师时时可以开展"习作之美"教育活动；广大中小学生处处可以进行"习作之美"创造活动；广大中小学家长年年可以享有"习作之美"的欣赏活动。

一、留下校园难忘的生活

　　义务教育部编语文的课程标准要求中小学教师"充分发挥课程资源的育人功能,优化教与学活动"。阳光生命课堂在开展习作之美项目研习活动时,主张多角度挖掘校园风景、校园故事、校园人物等育人价值,使之和日常作文训练形成有机联系,从而全面地促进语文课程标准的落实。为了让阳光生命课堂的习作训练真正给学生留下难忘的校园生活瞬间,学校多角度分析、多方筛选、组合校内可视的课程资源,充分利用校园资源创设习作情境,优化教与学的习作表达活动。

　　在校园资源开发和使用的过程中,中小学习作训练活动最简便的路径就是将校园日常生活的观察、思考与写作表达结合起来。开展"习作之美"项目研习时我强调:"学生在校园过什么样的生活,就让学生用笔记录什么样的生活；学生在校园创造什么样的生活,就让学生用笔记录他们创造的生活；学生在校园想度过什么样的生活,就用文字来展现他们的校园梦想、校园渴望。"比如中小学艺术节、中小学运动会、中小学航模展、中小学无人机比赛、中小学成人礼等,这些校园内最大的教育活动都是创造习作之美的最佳契机。

教育教学实践活动中,"习作之美"是教师们的渴望。"习作之美"也是学生和家长们的渴望。这就要求阳光生命课堂要不断地展示习作之美。

我们看一位六年级的同学写的校园运动会——50米接力比赛,就很具有校园生活的特色。

难忘的50米接力比赛

十月,我们迎来了小学生涯中最后一届50米接力比赛。

这天,秋高气爽,天空飘着朵朵白云,阵阵秋风吹拂着脸颊。开幕式之后,我们坐在观众席上焦急地等待着比赛的开始。

第一个比赛是50米接力。只听裁判一声枪响,比赛开始了。各班的选手如同猎豹一样飞速地奔跑着,接力棒不断地被传递给下一个接力者。跑着跑着,班级间的差距渐渐拉大。我们班的第三棒是王子硕同学,只见他跑得上气不接下气,而且越跑越慢,两腿显然发软。这时,我一下子站了起来,眼盯着王子硕,班长也拼命地挥动手中的旗帜,班主任的手掌都拍红了,女生们大声地喊:"王子硕加油,加油!"我呐喊着"王子硕王子硕,快!",恨不得跑到操场上代替他⋯⋯

第三棒跑下来,我们班明显落后,很多选手都超过了王子硕同学。马上就到了最后一棒,只见体育委员接过王子硕的棒子,一刹那,像风一样的速度飞了出去,他目视前方,张开双腿,挥动双手,紧追不放,以最快的速度超过了许多人,在大家的惊讶中呐喊声中,他冲到了最前面⋯⋯

"第一第一,我们班第一。"大家兴高采烈地呐喊着。体育委员也成了当之无愧的"英雄"。

50米接力之后,还有一个有趣的项目"教师接力"。比赛开始了,我们班语文老师站在接力点上,迈开了弓步,双眼紧盯着接力棒。接力棒伸过来时,只见老师迅速攥紧接力棒,一下子冲了出去,我们一起大声地喊"加油加油",在呐喊的声浪中老师跑向了终点方向。语文老师跑得不是最快,但也尽他所能了。比赛前,语文老师说,早上他上楼梯的时候脚都在颤抖,没想到比赛的时候,他跑得也很凶⋯⋯

这次50米接力比赛很精彩!无论是50米学生接力还是老师接力,我们班都取得了不错的成绩。

秋风吹拂下,最后一届50米接力比赛圆满地结束了。这是小学生涯中最精彩的比赛。

现在,回想起50米接力比赛,依然难忘。

中小学生成长历程中有很多难忘的校园风景、校园故事、校园人物等,要开展习作训练,展示习作之美,引导学生再现校园生活就是很不错的表达方向。

事实上,校园习作训练指向校园运动生活,更容易激发学生热爱班级、热爱学校的思想情感。

在我的学习生活中,我仍然难忘小学篮球比赛的瞬间;仍然难忘初中参加长跑比赛的瞬间;仍然难忘大学参加台球比赛的瞬间。因此,习作训练指向校园生活的难忘瞬间应该是展示习作之美的重要选题。

校园生活最容易进入学生的心中,最容易被写得层次清晰,感受深刻。在一学年的 10 多篇习作过程中,我每每发现写校园生活的记叙文,学生写得最成功。因此要真正展示习作之美,不妨把校园生活,校园的瞬间,校园的感受,当作习作表达的主要领空。

我们看这位同学写的一篇作文《这天我回家》。

这天我回家

"请作业不合格的同学,放学留下来。"临近放学,随着常老师的一声令下,班级的气氛霎时变得安静起来,仿佛时间停止了一样。每个人都焦急地等待着。

外面零碎的夕阳,从窗户照射进来。只见同位将我的作业放在我的面前。夕阳调皮地照在我的作业本上,那个大大的"不合格"十分显眼。同桌望了望我的作业本,调侃道:"哟,又是不合格,情况挺稳定的呀!"我内心羞愧极了,脸上火辣火辣的……

放学的铃声打响了,教室就剩下零星的几个人,我就是其之一。

同学们的笑声逐渐远去,教室里安静极了。我看了一下试卷,一道道红叉刺着我的眼睛。我反复思考错误的原因,错误的地方被我看得清清楚楚。过了一会儿,转身拿着试卷,极有信心地走进办公室。

"这道题应该是先乘方再去括号……"一气呵成,我准备离开。数学老师对我说:"你呀,上课要认真听讲,不能开小差,听到没有?"面对着老师的谆谆教导,我大声地"嗯"了一声。

办公室外早已没有了夕阳,温柔的月光洒满了地面,花朵们像镶嵌上了银边。静谧之中,我也没了夕阳西下时的烦躁,心情顿时安静了下来……

漫步在回家的路上,我明白了老师煞费苦心"留下"我的原因,就是想让我变得更优秀。

这一天,我虽然回家晚了,但我了解了自己的错误所在,清楚地解决了数学问题,学习自信一下子升起来了。

这种自信的感觉,比早回家还要好,还要快乐。

"这天我回家"和其他天的"回家"有什么不同呢?这里面再现的就是生活的思考、生活的发现和感受。

《这天我回家》记录的就是教育生活中的一件小事情:作者"作业不合格",因而放学被"留下来"。当他自己发现了作业问题所在,并自信地在数学老师面前讲出原因时,感受到了老师的谆谆教导。这时候,"办公室外早已没有了夕阳,温柔的月光洒满了地面,花朵们像镶嵌上了银边。静谧之中,我也没了夕阳西下时的烦躁,心情顿时安静了下来……"作者深刻地感受到老师煞费苦心留下"我"的原因——"想让我变得更优秀"。尽管这天回家晚了,但是小作者理解了自己作业错误之所在,清楚地解决了自己的数学问题,数学学习自信也升腾起来了,这天作者回家的时候感到了成长的自信和快乐。

《这天我回家》这篇作文就是基于日常生活体验而写作出来的。如果没有日常生活的体验和感受,能写出这样成长思考的作文吗?因此,日常生活才是中小学生写作的源泉。因此,阳光生命课堂十分注重引导学生观察自己的生活,记录自己的生活,反思自己的生活,通过对真实生活的发现、捕捉和升华,从而表达对成长的喜悦和感叹。

一般而言,要创造习作之美,就必须给学生提供生长习作之美的环境,铺垫生长习作之美的土壤,触发表达习作之美的机遇,从而生成、共享习作之美的快乐。

二、再现家乡朴素的生活

阳光生命课堂需要学生们像花木一样自然地生长,像花木一样开出姹紫嫣红的花瓣,结出五颜六色的生命果实。要走向这样的生命教育境界,就需要不断地给学生创造具体而生动的社会生活场景,让学生在真实的生命历程中感叹,让学生在真实的社会问题思考中表达自己的观点。这样才能够创造出学生们的习作之美。

小学习作教学过程中要引导学生观察社会生活、发现社会生活,特别是发现自己读书生活中的一些有趣的现象,从而生成自己的观点。有没有具体真实的社会生活,有没有真实具体的社会生活观察过程,特别是有没有由社会生活而走向习作的思考过程,影响着这样的习作训练的生动性、深刻性和灵活性。

许多老师认为小学习作教学非常难,主要是没有涉及真实而具体的社会生活观察,没有找到观察社会生活的触发点和深入点。中小学生一旦没有真实而具体的社会生活观察,一旦没有基于真实而具体的社会生活发现,要想创造习作之美是很难很难的。换一句话来讲,习作之美是由美丽的生活创造而引发的。

习作之美可以借助学校开展的春游、秋游、冬游等综合性的研习活动来达成。

在新课程背景下,学校每年可以举行3～4次的春游、秋游或者冬游活动,在夏天还可以开展具有特定内容指向的研学之旅——参观济南万佛山、登泰山观日出、参观北京故宫、参观南京夫子庙等。教师全面呈现习作之美,首先要设计并创造观察社会生活的过程。当学生的习作表达建构在具体真实的社会生活观察基础上,他们的所思所感所想就变得生动活泼起来。

诸城市第一小学三年级同学崔宸硕的习作《繁荣盛世的幸福》就是在游览家乡的基础上写出的习作。

繁荣盛世的幸福

美丽的小区中央,有一个很大、很漂亮的广场,广场被高高矮矮的各种数围绕着,里面有凉亭、有长廊、有长椅、还健身器材……每个周末,爸爸妈妈都会带我去广场上玩。

广场上人来人往、特别热闹,爷爷奶奶们聚在一起,有的结伴跳着优美的老年舞蹈,有的组成小乐队演奏歌曲,有的用健身器材锻炼身体,欢欢喜喜、其乐融融的。

凉亭里、长廊下,有爷爷奶奶、阿姨们领着小弟弟小妹妹们一起玩耍,远处还有哥哥姐姐们在看书、朗读,还有阿姨们聚在一起聊天,欢声笑语一阵阵传来。

我和我的好朋友们在广场中心练习轮滑、骑自行车、打羽毛球、踢毽子,大家都可开心了……广场是小区里最热闹、最开心的地方。

姥姥常常感叹,居住环境建设得也好了,人民生活水平也提高了,老百姓切切实实感受到了、受益了,这就是电视上说的幸福感提升了呐!

我问姥姥什么叫幸福感,姥姥笑着把我拉进怀里抱着我跟我说:"我小的时候可没有什么周末。放假的时候跟着家里大人去地里拔草捉虫子,都没见过现在这种玩的设施和公园,哪里能跟你现在一样,放假了还能出去打球游玩、还能出去聚餐购物啊!你现在的生活这就叫幸福啦!"

我渐渐明白了,姥姥的年代没有时间玩,没有这么多环境优美的广场,也没有像现在这么多设施,他们的生活就是学习与劳动,我现在丰富多彩的生活,就是繁荣盛世的幸福!

作为一名成长在幸福盛世的小学生,我要更加努力学习,学习更多知识,掌握更多本领,把我的家乡建设得更加美丽,让我的家乡人民更加幸福!

《繁荣盛世的幸福》写的就是美丽的家乡,幸福而自由的生活,更是一种非常真实,非常朴素的感觉。作为三年级的学生,表达能力让我感叹。《繁荣盛世的幸福》把家乡的变化、家乡的幸福生活浓缩在小小的习作之中,表达着对繁荣盛世幸福的感恩之情,如果不是家乡的人民创造了习作之美的生活,小作者又怎能够描写得出感叹得出来呢?

诸城市第一小学四年级同学郭晋涵写作的《诸城风景独好》,从题目上看,就已经充满了对家乡的赞美之情。我们来看他的作文。

诸城风景独好

我的家乡——山东诸城,传说是舜帝出生于城北的诸冯村而得名,又因发现了30多个恐龙化石埋藏点被称为龙城。这里四季分明,物产丰富,景色宜人,人文荟萃,是个魅力十足的地方。

诸城四季风景如画。春天,沿着潍河追寻春姑娘的脚步,微风拂面而来,杨柳摇曳生姿。夏天,泛舟恐龙公园的湖面上,高高的龙塔倒映水中,相映成趣。秋天,去登常山,落叶在脚下簌簌作响,那层林尽染和果实累累的景色美不胜收。冬天,漫步水上公园,一片白雪皑皑,行道树在地上投下浅浅的影子,静谧而美好。

诸城茁山很美!茁山位于淇河上游地皇华镇,南与五莲县接壤,西靠马耳山。秋天的茁山,层林尽染,硕果累累。茁山山坡上水果多多。酸枣树上挂着一些小小的红彤彤的小果子。阳光在茁山湖面洒下细碎的金光,让人睁不开眼。水面上几只野鸭子正在觅食,它们有的嘎嘎地叫着游来游去;有的把头扎进水里,只留下一圈水波纹;有的一下子从水里钻出来,嘴里还叼着一条荧光闪闪的小鱼。傍晚,夕阳染红了天边的云彩,在水面晕染开来,远处的青山也被涂抹上了余晖,几只水鸟悠然从水面掠过……

诸城美食风味独特。粒粒金黄的马庄小米,让人胃口大开。软糯香甜的昌城板栗,让人满口留香。色泽鲜亮的相州烧烤,让人回味无穷。清香扑鼻的桃林绿茶,让人意犹未尽!家乡的味道,就像一根长长的线,牢牢地缠住了独自在外拼搏的人们。不管走到哪里,身处何方,总是思念着这家乡的滋味。

俊美诸城,底蕴深厚,人文荟萃。苏东坡在此任职时,曾留下了著名的"密州三曲"。这里也是《清明上河图》的作者张择端,"浓墨宰相"刘墉,革命烈士王尽美,著名作家臧克家等名人的故里……

春已燃,花已绽,来龙城做客吧!

《诸城风景独好》就是典型的再现家乡朴素生活的佳作。作者从家乡诸城的地理位置写起,先总结了家乡诸城"四季分明,物产丰富,景色宜人,人文荟萃",然后一一叙说诸城四季风景如画、诸城的山河很美、诸城的美食独特、诸城的历史人文厚重。叙述的层次清清楚楚。如果没有扎实的家乡生活体验,如果没有用心的家乡风景人文的观察和研习,学生是很难写出像《诸城风景独好》这样的好文章的。

再现家乡朴素的生活,其实也是热爱家乡教育的重要内容。中小学春游、秋游和冬游的过程中,语文老师可以结合学生游览家乡风景,感受家乡风情,体验家乡文化的过程,设计真实而具体的习作表达活动,不断地推出生动活泼脍炙人口的游览性习作。

三、创造真实的课堂生活

有的老师可能说,我很难组织学生开展具体真实的社会生活实践活动,学生们的"习作之美"岂不是难以创造了吗?

其实也不尽然。习作之美有时就在教师的创意设计上。因此创造真实的课堂习作情景,引导学生开展课堂思考,常常容易诞生习作之美。我们看"观察+感受"融合习作的图片情境。

阅读图5-1的四张图片,提取中心意思,结合生活实际,就一张图片写一段"观察+感受"的文字,不少于200字。

图5-1

在小学五年级开展"观察+感受"融合习作教学,我引导学生观察图5-1的四张图片,说说自己的观察感受,即基于图片的"观察+感受"融合的习作实验。

图5-1的这四张图片涉及"知识与教养""松树与人""读书与眼界""坚持与放弃"等生活思考。从小学高年级习作观察的角度看,"写200字左右的观察与分析"应该如何完成?我以为,要写好200字左右的"微写作",就要细细地揣摩图片的内涵,会意图片的情节与价值取向,然后再联系生活思考。从题目要求看,这种

"微观察"既要"观察"又要"分析"。要完成这项"微写作"应该用哪些"议论智慧"来增强论述的理趣呢?

教学时,我首先强调观察要由表及里。"由表及里"是把握本质的过程,也是习作表达的主要思路。

哲学上强调,本质寓于现象之中。因为现象是整体,本质是现象的根本性的标志。当然,本质也包含在现象中。从增加议论理趣看,尽管现象纷繁复杂,但毕竟是由本质决定的。"微写作"图片反映的是一种现象,它传达的信息是什么呢?有的同学从第一张图片中看出了"破坏环境""爱护环境""保护大自然""植树造林""环保意识"……这样阅读图片,看到了问题的本质了吗?理解了这张图片的深刻内涵了吗?——显然没有。所以,读懂"图片现象"非常重要。

图5-1中图片一上的孩子一手拿着"爱护小树苗"的标牌,一手用"开水"浇树。显然,这样"爱护"的结果是小树苗的死去。这样看来,图片上说的是"好心"可能适得其反。而造成"好心"做坏事的原因是什么呢?是缺乏经验,还是缺乏生活常识?按照这样的思虑追问下去,图片的主题就出现了——做好事也要讲究科学性,做好事也要因地制宜,做好事也要用心思考。

开展"观察+感受"融合的习作训练,要注意引导学生由表及里的揭示出事物,要能够透明地看到问题本质。这样才好生发议论,展开联想。但许多同学每每似是而非,看不到问题的根源、本质。我们看一位学生的习作。

很多人"好心"地去帮助别人,最后却帮了"倒忙"。好心办坏事,是运气不好吗?很多时候是方法不对。图片上的孩子用开水浇树苗,这样做,当然是成功的"爱"死了小树苗,这便是方法的错误。图上的男孩真荒唐!曹冲称象的故事大家都知道,有的用"顶大顶大的秤来称",有的用"切成块儿称",只有曹冲的方法非常简便。可见,做事必须讲究方法。数学老师说"走路要抬头,解题看待求"就是这个道理。

表面上看,孩子用"开水"浇树,与"做事必须讲究方法"相关。其实,细细地想一想,孩子是有意还是无意?是恶意还是善意?为什么会有这样的"好心"?这样理趣的思考着,我们便能够看出孩子的"好心"——他担心小树"喝"冷水会生病,人喝冷水不是这样吗?所以,他才选择用"开水"。孩子用"开水"浇树,是知识与经验上的"里"发生了问题。这是问题发生的根源。事实上,问题的本质是通过现象表现出来的。图片现象的阅读,目的还是本质的揭示。作文过程中,如果本质不能从现象中透明地揭示,再华美的论述也只会越说越远,不着边际。因此,训练学生透过现象把握本质,由表及里地展示自己的思考,是提升"微写作"智慧的关键。

"观察+感受"融合习作强调观察过程要由此及彼,联想想象也要如此。"观察+感受"融合习作强调尺寸之间有天地。这种"观察+感受"融合习作非常讲究视野的开阔与思路的打开,非常强调将提取的观点"放之四海"来审视。而要实现这样的目标,首先要做到"由此及彼",即由"这一现象"联系到"那一现象"。"观察+感受"融合习作时分析事物不能孤立地看一种现象,而应把复杂事物联系起来进行全面考察,从而实现层层深入。中小学生的生活常识、知识视野区别在哪里?就是"由此及彼"的议论智慧。

图5-1中的图片二是个卡通图片。图片上的"很高很强大的松树,也有很矮很可笑的时候……"传递了丰富的理趣内容。"很矮很可笑"便是成长过程中出现的遇到的事情,但最终会"很高很强大"。小学生们在成长过程中会不会出现"有很矮很可笑"的现象?如何看待这"有很矮很可笑"?有些尴尬与可笑是成长过程中的,是合理的现实的存在,但我们还要看到未来。显然,这张图片的主题是相信小树会成长为大树,充满成长自信。或者善待弱小、善待成长之痛苦。我们看小学生的习作。

细小的松树难道可笑吗?很高的松树不也是由细小的松树长大的吗?再高大再强大的松树也有很矮很可笑之时。即便是小松树,也要充满内心的自信。人也一样,弱小者要经历"一番寒彻骨",才能真正地长大。齐白石不是一天成为画坛高手的,他的成就也是由一个虾子一个虾子画出来的。人,只有不甘弱小、奋发向上,才能成长为参天大树!

这一段中,"由此及彼"做得就比较好。作者由小树想到"人也一样",进而想到历史上的齐白石,最后回到"当今时代"。事实上,"观察+感受"融合习作虽然字数上有规定,不容展开,但不是不能展开。有时候,我们由此及彼了,还要"由彼及此"。也就是说,要能够由齐白石等"彼"上看到"很高很强大的松树,也有很矮很可笑的时候……"这个"此",即看到二者之间的相似性或者差异性。这样,"观察+感受"融合习作论述才深刻鲜明,习作才见理趣智慧。

"观察+感受"融合习作强调联想的材料要有高度的相似性。所谓"相似",让我想到小学数学上的"相似三角形"。"相似三角形"即"对应角相等,对应边成比例"。数学上的"相似三角形"只是强调"形似",而"观察+感受"融合习作中强调的"相似性"主要指的是"神似",即"由彼及此"过程中使用的材料的本质相似。这是"观察+感受"融合习作增强理趣智慧的关键。

"观察+感受"融合习作要做到材料本质上的"相似性",首先要读懂所给的作文材料的本质。图5-1中的图片三传达的信息是读书才能看得高远,读书能够提升人的视野、境界。读书少,容易被假象迷惑;读书不多,看到的多是阴暗;只有读书多的人才能看到光明之处。也就是说,图片的理趣在于,读书越多看到的就越远,就越对生活与生存充满希望。这样,立意就是多读书非常重要,无论是对开阔视野,还是提升境界。但小学生们是不是按照这样来写的呢?我们看"观察+感受"融合习作之"分析"部分。

为什么书成梯能够见到阳光?因为读书能开阔视野。俗话说,书读百遍,其义自现。如果一本书没办法读百遍,你就尝试读百本书,以书为梯才能见到阳光。会当凌绝顶,一览众山小。海明威废寝忘食地读书,开阔了眼界,才能写出《老人与海》。学生如果只局限于读课本,最终只会变成考试机器。只有多读书才能开阔自己的视野。

这里,作者先强调"读书能开阔视野",而不是"多读书"能够开阔视野。接着引用"俗话说",强调"书读百遍"与理解的关系,而没有指向"读书能开阔视野"。图片强调的是多读书人生境界才能高远。而"会当凌绝顶,一览众山小"讲的是人要充满渴望、梦想,与多读书没有什么联系。后面举"海明威废寝忘食地读书"强调的是读书勤奋;"学生如果只局限于读课本"强调的是读书面要广大,都没有指向"读书能开阔视野"。因此,这段话看似内容丰富,结构严谨,但是观点与材料之间严重的缺乏逻辑联系。个中原因是图片中的观点感受不鲜明,观点与材料之间缺少相似点。可见,"相似性"也是提升"观察+感受"融合习作智慧的关键。

"观察+感受"融合习作强调解决现实问题。中小学考场上提供的"观察+感受"融合习作材料,多是现实针对性非常强的材料。这些材料存在的意义是引导学生关注当下,关注社会生活。"观察+感受"融合习作过程中,一定要突出解决现实问题的思考与过程,要突出澄清现实的"漂白粉"作用,要提供医治现实的"药方子"。"观察+感受"融合习作的针对性非常强。"观察+感受"融合习作要充满议论的哲理性,也要充满现实的针对性,就像班主任批评问题学生那样。

课间不准许大声喧哗。你今天课间为什么又大声喧哗?"非宁静无以致远。"安静是生命的最美的姿态。大声喧哗,影响教室安静,影响同学休息。这和学校主张的"安静教室"背道而驰。你能不能不大声喧哗?——为自己,也为他人。

这位班主任对学生的批评,就是一次"观察+感受"融合习作。他的针对性非常强:"课间大声喧哗。"他持论的依据有三条:一是名言"非宁静无以致远",二是"影响教室安静,影响同学休息",三是"学校主张"。也就是说,生活中我们表达主张、规劝别人,教育批评,其实都是"观察+感受"融合习作。

在图5-1的图片四中,巨石紧贴在山坡上,男子费力地推举着。他必须用力才能把一块石头推上山顶,而要推上去又要坚持不懈。这本是西方神话中西西弗斯的故事。他把一块石头推上山顶,然而每每接近成功时,石头又滚落山脚,如此周而复始,西西弗斯便永远劳而无功地努力着。图片四中没有点明这是西西弗斯的故事,应该怎样理解?把巨石推上去非常艰难,但毕竟已经推到山坡了,是坚持还是放弃?显然这是个立意的方向。

"观察+感受"融合习作强调鲜明的针对性。如何生成有针对性的立意?也就是说,由力士推巨石要联想哪些现实问题呢?我们的父亲不是那个艰难的推巨石的人?——他艰难地支撑家庭的生活开支,容易吗?不容易,但他一直坚持着!学生自己不也是这样吗?数学学习、外语学习不也艰难得像力士推巨石吗?明知道很难学,但有多少同学主动放弃了呢?大学生找工作、高中生准备高考、国家的深化改革……这样思考力士推巨石的图片,才会联想到有针对性的现实问题!

习作之美常常源于课堂习作训练的设计。创造真实的课堂生活让学生们"观察+感受",然后开展融合习作,才能解决针对性不强的现实问题,才能走向习作之美的境界。当然,融合习作要有鲜明的现实针对性,教师就要把学生的思考带入火热的现实生活中,让学生在现实生活的观察和思考中发出自己的校园声音,这才是习作之美诞生的关键。

四、表达真实的读书思考

一边读书,一边思考,一边把读书思考写下来。这样的习作训练就是"读书作文"。"读书作文"最可视的成果就是读书笔记、读书札记。一位学生如果在小学6年的时间内能够写出一本一本的读书笔记、读书札记,这比什么样的习作训练都来的可贵。所以朱永新老师倡导多读书,多写读书笔记,多用读书笔记陶冶自己的心灵。

在新时代,我们要倡导中小学生多读书,读好书,读整本书。义务教育阶段语文教师要不断地激发中小学生的读书兴趣,引导学生们多读书,读好书,读整本书,以养成良好的读书习惯,不断积累整本书阅读的经验。

从整本书阅读层面出发,中小学生的整本书阅读可以分成六个方面[①]。

一是童话阅读。如《安徒生童话》、《格林童话》、叶圣陶《稻草人》、张天翼《宝葫芦的秘密》等。

二是中外寓言阅读。如中国古今寓言、《伊索寓言》等。

三是故事类阅读。如成语故事、神话故事、民间故事、中外历史故事等。

四是诗歌散文作品阅读。如《革命烈士诗抄》、冰心《繁星·春水》、《艾青诗选》、中外童谣、鲁迅的散文《朝花夕拾》、方志敏的散文《可爱的中国》等。

五是长篇名著阅读。如吴承恩的《西游记》、施耐庵的《水浒传》、老舍的《骆驼祥子》、罗广斌和杨益言的《红岩》、埃德加·斯诺的《红星照耀中国》、夏洛蒂·勃朗特的《简·爱》、高尔基的《童年》、奥斯特洛夫斯基的《钢铁是怎样炼成的》等。

六是科普科幻作品的阅读。如中国的《十万个为什么》、儒勒·凡尔纳的《海底两万里》等。

许多学生只是读了上述的作品,并没有把读书和作文结合在一起。叶圣陶先生曾经说,语文教学其实就是两个词语——读书和作文。读书是为了读懂别人的文章,作文是为了表达自己的思考。义务教育阶段的课程标准之所以强调激发中小学生的读书兴趣,引导中小学生多读好书、读整本书,目的不仅仅是为了读懂这本书,了解这本书;其最重要的追求还是能够形成自己的表达特色,能够写出自己的作品来。

从训练学生的表达来看,读书要和"作文"紧密地结合起来。我在中小学名著阅读中提出了"读书作文"这个概念,目的是引导学生以习作为读书的"最后1公里"。"读书作文"不是两个词语的简单并列,而是倡导在读书基础上的作文,将读和写结合起来。比如诸城市第一小学二年级五班陈景浩同学读了童话《小鲤鱼跳龙门》后,就写了这样一则读后感。

"小鲤鱼"的经验
——《小鲤鱼跳龙门》读后感

暑假,我读了《小鲤鱼跳龙门》,从中获得了许多宝贵的人生经验。

小鲤鱼跳龙门的故事发生在一个充满希望与梦想的世界。故事中的小鲤鱼们都怀揣着一个共同的梦想,那就是找到传说中的龙门,并勇敢地跳过去。小鲤鱼们之间相互团结友爱,在寻找龙门的过程中,互相帮助,共同度过了一个又一个

---

① 中华人民共和国教育部.义务教育语文课程标准(2022年版)[M].北京:北京师范大学出版社,2022.

的困难和挑战。这让我深深地明白了团结合作的重要性。只有团结一心,才能战胜困难,实现梦想。

小鲤鱼们在寻找龙门的旅途中遇到了许多善良的朋友,这些朋友给予了他们宝贵的帮助与支持。我从中学到了一个道理,那就是在追寻梦想的过程中,要学会与他人合作,去借鉴他人的智慧与经验。只有这样,我们才能更快地实现自己的梦想。

今后,我将牢记这些宝贵的经验,坚持梦想,不断奋斗,相信自己,相信团结的力量。

老师这样"点评":"你表达了小鲤鱼们为了梦想而努力,获得朋友帮助的故事,让读者能够理解并感受到坚持梦想的重要性。主题明确,围绕着坚持梦想和努力奋斗展开。同时你也描述了小鲤鱼们团结友爱的特点,这种友爱精神值得表扬。继续努力,你会变得越来越棒!"

陈景浩同学读了童话《小鲤鱼跳龙门》,理解了故事情节,理解了小鲤鱼的形象;还能够从小鲤鱼的梦想追求中看到了自己、看到了自己梦想的实现——"坚持梦想,不断奋斗,相信自己,相信团结的力量"。倘若没有"读书作文"这个环节,陈景浩同学读了童话《小鲤鱼跳龙门》也只是沉浸在跳龙门的故事情节中,如何又能想到自己的梦想追求、自己的梦想实现、自己梦想实践的启示呢?因此,"读书作文"不仅仅是为了读书,更重要的是为了作文,是为了引领学生对社会生活问题的思考,特别是对个人追求的思考。

在一些老师的理念中,"读书作文"其实就是读写结合训练。也可以这样理解。不过,这样的读写结合训练,既训练了学生的读书,也训练了学生的作文。但是单从习作训练的角度看,"读书作文"是为了训练学生的表达,是让学生的阅读走向更加深入的境界。大家可以想象一下,孩子们一边读书一边思考,一边把读书的思考写下来,这是怎样的一种读书的幸福境界啊?因此在建构阳光生命课堂时,我把"读书作文"当作生命和生命碰撞,思考和思考交融,表达和表达相关联的重点。诸城市第一小学二年级二班刘若熙同学读了《小猪唏哩呼噜》的感受写了一篇读后感。

这里有为人处世的道理
——《小猪唏哩呼噜》读后感

暑假我阅读了很多书籍,最有感触的是《小猪唏哩呼噜》,我从中学到了许多为人处世的道理。

小猪唏哩呼噜是一只聪明勇敢的猪宝宝，遇到困难时，它会积极思考，并努力战胜困难；它看见大狼的三个孩子饥饿，会毫不犹豫地给他们找吃的；它还积极帮助狐狸清扫。这些优秀的品质都值得我们学习。

《小猪唏哩呼噜》里有满满的善良。在《咱们是老朋友啦！》中，小猪唏哩呼噜很喜欢吃冰激凌，——我也很喜欢吃。因为吃冰激凌会让人心情变好。于是，哇唔老师就给小猪买来了冰激凌。哇唔老师为人善良，乐于助人，像极了我的老师。

读了这本书，我懂得了善良是一切学习生活的奠基石。

老师读了《这里有为人处世的道理》后，这样感叹："我们要做一个善良勇敢的人，学习别人的长处，团结友爱，互相帮助，那样，你会过得更快乐，更充实！"

"读书作文"最终的目的是要写出自己的心声，写出自己的思考，写出自己的独到发现。因此，"读书作文"并非停留在阅读的基础上，而是指向作文表达。即便这里面充满着反复的阅读、不断的研判，也只是为了表达而读书。诸城市第一小学二年级十三班张楷烁同学读了《木偶奇遇记》后，他从木偶身上看到了自己，他从匹诺曹的坏毛病，看到了撒谎懦弱的坏处。他的"读书作文"写得很真实。

做一个听话又懂事的孩子
——《木偶奇遇记》读后感

我读过很多书，我最喜欢的一本是《木偶奇遇记》。我被书中调皮的匹诺曹以及他引人入胜的成长故事深深感染。

《木偶奇遇记》讲述了樱桃师父和木偶之间的故事。樱桃师父得到了一块会说、会笑、会哭的木头，他用这块木头制作了一个木偶，木偶变成了一个调皮又天真的男孩。樱桃师父给他取了个名字叫匹诺曹。后来匹诺曹变成了一个即调皮又爱撒谎的孩子。匹诺曹的坏毛病给他带来很多灾难。最后在仙女的帮助下，他变成了一个善良又不调皮的好孩子。

《木偶奇遇记》告诉我：要做一个听话又懂事的孩子——不说谎，要善良，要勇敢。

对于《做一个听话又懂事的孩子》，老师点评说，《木偶奇遇记》的读后感能够"联系自己的生活实际"，通过阅读真正体会到"诚实是一个人的美德"，并且认为张楷烁同学"写出了自己真实的感想"。我想，这才是"读书作文"的理想去处——看到故事中人物的缺点、看到故事中人物缺点改正以后的光芒和灿烂；也看到了自己要向哪里走、自己要怎么做。读书和做人、读书和作文恰到好处地融合在了一起。阳光生命课堂开展的课外阅读活动，其意义不就在这里吗？

我们要引导学生好好地读书,也要引导学生把读书的感受好好地写出来,这样才能够成就生命课堂的"读书作文"。

第二节　习作之序

习作训练从哪里开始呢?这就是习作之序的问题。从义务教育的 4 个学段来看,每一个学段的习作训练都有自己的内在逻辑顺序。义务教育的课程标准强调要加强学段之间的衔接。我们要注重幼小衔接,小学低年级教学要和幼儿园的教学衔接起来,要加强学生在健康、语言、社会、科学、艺术领域发展水平的评估,然后再开展小学语文教学。而习作训练无疑是最为突出的训练衔接。因此小学第一学段的习作写话训练,要十分注重活动化、游戏化、生活化的学习设计。

整个义务阶段的习作训练要依据学生从小学到初中在认知、情感、社会性等方面的发展,合理安排不同学段的写作内容,体现习作训练的连续性和进阶性,为高中开展写作训练,打好素养基础。

一、由词而句的写话

由词而句的写话,是语文课程标准的规定。婴儿诞生的时候,他们的语言运用就是词语式的表达,即用一个词一个词地表达自己的需要。小学语言学习过程中,我们就要尊重幼儿语言生成的规律,由词语而句子训练学生写话、说话。

小学《语文》(一年级上册)《秋天》等 4 篇课文学完以后,老师们一般要开展拓展练习。教材专门设计了"字词句运用",希望通过学生们读一读,说一说,运用词语造成句子。以《语文》(一年级上册)"语文园地四"来说,教材编者要求学生先朗读"春天、夏天、秋天、冬天"这 4 个表示季节的词语,然后再朗读"大地、树叶、青草、莲花、飞鸟、小鱼、青蛙、雪人"等词语。而第 2 组词语学习与第 1 组季节词语学习存在着一一对应的关系。比如春天——大地、树叶、青草,夏天——莲花、飞鸟、小鱼、青蛙等。在两个层级词语学习的基础上,教材建构了写句的支架——"我们这里现在是秋天……""我最喜欢冬天,因为冬天可以堆雪人……"很显然,这两个句子训练实际上是在运用上面两组读过的词语。

我们来看这个教学片段的设计。

1. 情境设计:投影教材中的"读一读,说一说"词语,引导学生自主读词语。
2. 寻找正确读音:开火车读,卡片抢读;然后强调读错的词语,强化齐读。
3. 寻找规律:引导学生发现两组词语的不同之处——

第一行词语是四个季节的名称;后两行是身边的景物及动物。

4. 引导学生交流:说说自己喜欢的词语所表示的事物。

(1)情境设计:同学们,四季都很美——春天、夏天、秋天、冬天;我们周围的景物更美,有——树叶、大地、青草、莲花;我们身边还有好多朋友——飞鸟、小鱼、青蛙、雪人。

先说说四季中,你最喜欢哪个季节?告诉老师为什么。再说说周围的景物和动物,你最喜欢哪一个?说一说原因。

(2)学生自由说喜欢的词语、说喜欢的原因。

生1:我最喜欢春天。春天小草从土里探出头来,那淘气的样子让我喜欢。

生2:我最喜欢小鱼,我也想像它一样生活在水里,自由自在。

生3:我最喜欢雪人,冬天一起堆雪人,可好玩了!……

5. 总结概括,形成基本句型:我最喜欢……,因为……。

由词而句写话,其基础是由词而句的说话。如果学生在课堂上能够使用学过的词语说出自己有事实有依据的话,那么在纸面表达时,这些词语就变成了真正活的语言。许多老师开展词语教学的时候,仅仅是停留在词语本身的认知上,引导学生认知什么是春天、什么是夏天、什么是秋天、什么是冬天,什么是树叶、什么是大地、什么是青草、什么是莲花……甚至有的老师还引导学生回家查词典,以理解什么是春天、什么是夏天、什么是秋天、什么是冬天等。其实,词语的理解和积累重在运用。如果学生能够在说话过程中正确使用这些词语,词语自然会积淀在学生的心中。上述这位老师的教学设计就是由词语的理解认知,再到用典型的句式表述自己的观点,从而把成语的理解和运用引向了"由词而句"的境界。

义务教育阶段,语文学习强调在具体的情境中训练学生的语言文字,发展学生的思维品质和审美素养。如果词语学习仅仅停留在理解和积累上,而不着眼于运用,那么这样的词语积累视野还显得狭窄。

读《语文》(一年级下册)识字《春夏秋冬》,我们能明显感受到识字教材不仅仅是引导学生正确的认识汉字,还引导学生由句而篇地学习语言文字运用。

春风 夏雨 秋霜 冬雪

春风吹,夏雨落;秋霜降,冬雪飘。

青草 红花 游鱼 飞鸟

池草青,山花红;鱼出水,鸟入林。

《春夏秋冬》先用四幅画面来暗示"春风 夏雨 秋霜 冬雪",这种图文并茂的方式更容易直观地引导学生认识在四季里面出现的四种风物。如果不能正确地理解这4种风物,那么接下来的4个句子——"春风吹,夏雨落;秋霜降,冬雪飘",学生就很难理解清楚。

从语言发展来看,教材由"春风　夏雨　秋霜　冬雪"而"春风吹,夏雨落;秋霜降,冬雪飘",语言的长度增加了,语言的链条形成了。这第2组的4个词语,实际上已经比4个名词更丰富了,我们可以称之为4个短句。"春风吹,夏雨落;秋霜降,冬雪飘",这不恰恰是4个句式工整的短句子排列吗?

同样,"青草　红花　游鱼　飞鸟"也是4个名词性的词语。不同的是,后两个词语增加了动感——游、飞。在这4个名词性的词语后面也编写了4个小句子:"池草青,山花红;鱼出水,鸟入林。"从语言链条上来看,由4个名词到4个短语构成的句子,很显然语句的浸润形成了。我们看一位老师第一课时的教学设计。

春风　夏雨　秋霜　冬雪

一、感受具体,体会真切

1. 投影课文中的四季图,引导学生一一认识"春风""夏雨""秋霜""冬雪"。

(1) 观察屏幕"春风"图,你看到了什么?先跟同桌说一说,再告诉老师。

(2) 说说你在四种自然现象下的具体感受:

"春风"中你的感受和在"冬雪"中一样吗?"夏雨"中你的感受和"秋霜"中一样吗?……

二、读得准确,记得清楚

1. 指名读四个词语、小老师领读、开火车读。

重点读好后鼻音:风冬　　　翘舌音:霜

2. 说说最喜欢的是哪个景物,说说景物的特点。

3. 比较"霜""雪"的不同感受:说体验——你见到过"霜""雪"这两种自然现象吗?明差异——两个字都有"雨字头",不同在哪里呢?说说写法上的变化。

4. 写"雪"字,说笔顺,看看谁写得美。

三、感受语句之美

春风吹　　夏雨落　　秋霜降　　冬雪飘

1. 体验深:说说春风吹过来的感觉。

2. 比较差异:夏天的风、秋天的风、冬天的风吹,你有什么不同的感受?

3. 体验深:夏天下雨的情景,秋天霜降的感觉,下雪时的样子。

4. 有感情地齐读第二组词串,反复体验四季风物的不同。

这位老师第1课时的教学重点主要是学习"春风　夏雨　秋霜　冬雪"和"春风吹　夏雨落　秋霜降　冬雪飘"。从词语和语句的发展看,由词语而句子的层次十分分明。在小学低年级建立词语和句子之间的逻辑关联,可以顺利地将学生由词语的学习引导到句子的体验上。他的教学也鲜明地体现了这一点。教学设计中,老师先引导学生感受具体、真切的四季自然景象——"春风""夏雨""秋霜""冬雪",先让学生看一看,然后引导学生说一说,再让学生读一读,然后再让学生写一写。在充分感知、理解4种自然现象的基础上,才引导学生开启感受语句之美的学习历程,深入体会"春风吹　夏雨落　秋霜降　冬雪飘"中的生活感受。这个教学设计强调反复地感受、深入地体验,强调有感情地朗读,真正实现了理解了词语,感受了语句的教学目标。

小学生语言学习的顺序就是由识字而词语,由词语而句子,渐渐地深入到复杂语句的学习中。由词语学习和积累拓展到语句的使用,这是语言学习的一条正确道路。

在开展写话或习作训练的时候,我们一定要尊重语言形成的基本规律——由简单到复杂,由具体到抽象。有的老师在词语积累的基础上让学生独立阅读几个小句子,在具体的语句情境中引导学生填入"反义词"。很显然,这样的词语积累训练,就是在情境中训练学生的语言学习,在语言学习中形成句式的。公开课上,一位老师这样设计——在"水龙头总是开着,你去(　　)一下吧!"中,教师让学生找出与"开"相对的词语——关。这样就建立了"开"和"关"的反义关系。这种由"开"而"关"的联想训练,便是习作表达的雏形。在此基础上,这位老师投影了下列这一组反义词,并让学生以小组为单位"唱读"儿歌,体会反义词的反义关系。

上对下,小对大。眼前对天涯。
前对后,左对右。欢乐对忧愁。
多对少,老对少。往昔对今宵。
来对去,男对女。牛郎对织女。
黑对白,里对外。黑米对白菜。
高对低,粗对细。粗粮对粳米。

这样做,就是为了让学生在整齐的语句中较好地建构反义词的存在关系,学生也很容易由一个词语的语义想到另一个词语的语义。这样的反义词积累到一定程度了,学生的语言理解就更加深刻了。比如,在"秋天来了"的写话活动中,学生们会发现,秋天来了以后,树上的叶子由多而少,由绿而转黄,由鲜艳转向枯萎,由繁茂转向稀疏。而这样的季节变化,恰恰需要使用反义词来作对比观察与表达。这位老师的反义词积累训练,便是着眼于写话训练的需要。教学实践表明,写话训练从反义词积累训练入手,在具体的表达情境中形成反义词语义建构关系,可以有效地引导学生认识和发现事物的发展与变化。

从义务教育的课程标准来看,小学第一阶段的写话训练就是由词语运用到句子生成的变化。这个变化过程中,老师们一直讲究着写作之美,追求着习作之美,在课堂上展示着习作之美。小学一年级在词语积累的基础上,老师们要开展写话训练,让学生们"对写话有兴趣,留心周围事物,写自己想说的话,写想象中的事物"。比如,在反义词训练的基础上,老师们开展拓展说话训练。在写话训练中,老师们往往要给学生搭建一个支架。如,"在下列情境中,你能选其中的一幅图编一个有趣的反义词故事吗"?

图片:长颈鹿和小白兔。写话场景:长颈鹿怎么样?(高)小白兔怎么样?(矮)

图片:小妹妹和小弟弟。写话场景:小妹妹怎么样?(哭)小弟弟怎么样?(笑)

图片:篮球和乒乓球。写话场景:篮球怎么样?(大)乒乓球怎么样?(小)

在直观教学的场景下,教师用三个语句支架引导学生建构。长颈鹿和小白兔、小妹妹和小弟弟、篮球和乒乓球之间的形象、关系比较。教师试图通过三种关系的阅读和比较,引导学生读准字音,并及时梳理出其中语义相反的奥妙存在,从而让学生能够在具体场景下充分认识理解和运用反义词。应该说,这样的教学场景编制切合了小学生的思维特点,激发了小学生阅读认知的积极性。

小学《语文》(一年级下册)"语文园地五"的设计值得我们去研究和思考。"识字加油站"第1项内容是"有饭能吃饱,有水把茶泡,有足快快跑,有手轻轻抱,有衣穿长袍,有火放鞭炮"。这里不仅仅是认识几个形似、音近字的问题,更主要的我们要看到教材的编制是把这几个形近的字放在语句中训练。小学低年级写话训练是由词语而句子地展开,而这一项识字活动却是将要识别的字放在儿歌当中。通过汉字的拆解,通过汉字的朗读,从而记住字形字义。同样的,习作之美要走向完美的境界,也需要在语句中训练。在"字词句运用"中,则更强调了在语句情境中区分词语的不同内涵。在"选一选,填一填"环节,教材要求学生在这样的语境下区别同音"青清""再在":

远处有( )山,近处有( )泉。

放学了,大家(　　)教室门口和老师说(　　)见。

这就是典型的语句引领意识。"青清""再在"区别在哪里、怎么使用,学生们一时半天讲不清;但是放在具体的语句情境中反而容易区别开来。换个角度来看,这也是典型的由词语而训练句子表达规范的写话训练。在语言与文字运用过程中,谁不需要区分"青清""再在"不同用法呢？谁不希望把"青清""再在"用得非常准确呢？认真细致地研究教材中写话训练设计的逻辑,有利于我们帮助学生训练好写话。

《课程标准》强调教师要引导学生"写话中乐于运用阅读和生活中学到的词语"[①]。由词而句的写话活动,是学生表达上的飞跃。这就需要广大小学低年级老师要积极地创设生动活泼的表达情境,通过有意思有意义有趣味的写句训练激发学生的学习兴趣,不仅引导学生在情境中读文识字,而且要努力地发展学生的写句造句的水平。

第一学段写话训练讲究严格的训练顺序。小学低年级的"字词句运用"是学生写话走向习作的重要桥梁。而低年级写话的积累又为将来习作训练奠定了良好基础。义务教育的课程标准在"表达与交流"中对小学低年级的写话要求做了这样的规定:

1. 学说普通话,逐步养成说普通话的习惯,有表达交流的自信心。

2. 能认真听他人讲话,努力了解讲话的主要内容。听故事、看影视作品,能复述大意和自己感兴趣的情节。能较完整地讲述小故事,能简要讲述自己感兴趣的见闻。与他人交谈,态度自然大方,有礼貌。积极参加讨论,敢于发表自己的意见。

3. 对写话有兴趣,留心周围事物,写自己想说的话,写想象中的事物。在写话中乐于运用阅读和生活中学到的词语。

4. 根据表达的需要,学习使用逗号、句号、问号、感叹号。

二、由口语而文字的习作

《语文》(三年级上册)教材的第1单元有三句话我十分难忘:"美丽的校园,成长的摇篮,梦想启航的地方。"从写作的层面来说,美丽的校园是学生习作的起点,

---

① 中华人民共和国教育部. 义务教育语文课程标准(2022年版)[M]. 北京:北京师范大学出版社,2022.

是学生习作成长的摇篮,也是学生习作之美启航的地方。学生能不能把自己的语言表达清楚,把自己的篇章设计完美,关键是看学生能否有句子的表达,能否走向篇章的设计。

三年级开启的习作活动,不同于一二年级开展的写话训练。三年级开启的习作训练,要实现由句子的书写到篇章设计的过渡。

义务教育的课程标准在"表达与交流"中这样规定习作训练的目标:"乐于用口头、书面的方式与人交流沟通,愿意与他人分享,增强表达的自信心。"

在新时代,在减负的背景下,阳光生命课堂的习作训练不是教师的硬性规定,而是学生自觉主动的表达训练。这种训练的目的、训练方式是加强和"人"的交流沟通。这里的"人",指的是同学,指的是老师,指的是父母,指的是社会上方方面面的人。

三年级的习作训练应该由口语交际开始,让口语交际为文字书写提前做好铺垫。一名学生如果能够清晰地讲出自己的故事,当然用文字也就能够写得清楚。

但是在三年级的口语交际教学中,许多老师不知道怎样设计口语交际,不知道怎样把口语交际教学推向较高层次。更有一些老师不知道口语交际教学和习作训练之间的表里关系。

我在开展小学低年级深度研课的时候就提出这样的主张,先让学生清清晰晰地讲出来,然后再引导学生规规范范地书写出来,我这样训练习作,是希望最大限度地借助口语交际提升学生语言的涵养。比如《语文》(三年级上册)第1单元的"口语交际",就是强化人和人沟通交流的训练,如果学生能在人和人的口语交流中讲好自己的故事,自然在习作中也能写好自己的故事。这个"口语交际"活动以"我的暑假生活"为主题,引导学生回忆反思总结过去的暑假生活,在此基础上,开展同学和同学之间暑假生活的交流活动。暑假生活的"口语交际"活动如果学生没有认真的体验、深刻的反思就难以记住暑假生活中的新鲜事,暑假生活中的有趣的人。教材在"口语交际"活动中,以"我的暑假生活"为主题,设计了这样几个环节:"暑假你是怎样度过的?经历了哪些新鲜事?和同学们分享一下吧!"

《语文》(三年级上册)教材编写了两幅暑假生活的图画,分享了两个口语交流的范例:"我跟爷爷奶奶学会了做简单的农活,现在我会摘茄子,还会给菜地除草……""妈妈带我去了游乐园,这是我第1次坐摩天轮从空中往下看视野一下子开阔了,地上的人和车都变小了……"在此基础上,引导师生开展口语交际活动,并且提醒师生"想好要讲的内容以后先试着给家人讲一讲,听听他们有什么建议。和同学交流的时候,要把自己的经历讲清楚,讲的时候可以出示相关的图片或实物,帮助别人更好地理解你讲的内容"。教材强调要"选择别人可能感兴趣的内容讲,借助图片或实物讲"。

事实上,从教材提供的两则口语交际的内容来看,参与交际的两位同学,一个交际的是参加乡村农业生产劳动,浸润着热爱劳动的美好情感;一个交际的是暑假在游乐园活动的体验,表达的是对现代游乐园的热爱和好奇。从交际内容看,前者指向参加农业生产劳动的新鲜感,说明广大乡村的生产劳动场所是中小学生暑假的乐园。后者指向体验现代娱乐活动设施的兴奋感,说明现代化的城市,现代化的设施也是中小学生体验的对象内容。两位同学的口语交际,表达的都是自己暑假的新鲜事、有趣的事,对其他同学来说都富有启示性、唤醒性。在这样的口语交际情境下,交流好每个人的暑假生活,讲出暑假生活中经历的新鲜事要容易得多。

但是教材还是提醒要交流好暑假生活,讲好暑假生活的新鲜事,需要先试着给家人讲一讲,然后再参与班级的暑假生活,口语交际活动。通过给家人讲一讲,得到家人的建议,然后再参与班级口语交际活动,质量就相当高了。可见这则以"我的暑假生活"为主题的口语交际活动,不只是指向课堂生活,还指向家庭生活。家庭成员是重要的口语交际对象,也是重要的口语交际提升的力量。

我们看下面两则口语交际的场景。

口语交际场景一:家庭中的口语交际。

女儿:爸爸妈妈,爷爷奶奶,我明天要参加班级"我的暑假生活"口语交际活动。你们看我这样讲述暑假生活的新鲜事好不好?

暑假生活的新鲜事很多,但是我最难忘的事是和奶奶一同到菜市场去买龙虾。菜市场里面有很多人卖龙虾,我和奶奶就挑了最多的一家去买,叔叔称好了龙虾以后,奶奶付了钱,我们就带着龙虾回家了。

爸爸:菜市场里有很多人卖龙虾,你为什么到最多的一家去买?这个你要交代清楚。

妈妈:菜市场里有很多人卖龙虾,你为什么不把龙虾的样子说一说呢?奶奶付了钱以后是谁提着龙虾回家的呢?也要交代清楚。

奶奶:我们为什么买那家的龙虾?不是因为那个叔叔挑了一个最大的龙虾送给你玩的吗?

女儿:爸爸妈妈,我重新讲一遍吧。

暑假生活的新鲜事很多,但是我最难忘的是收到了"大个子"龙虾的礼物。那天,我和奶奶一同到菜市场去买龙虾。菜市场里有很多人在卖龙虾。深红色的龙虾在盆里爬来爬去。卖龙虾的叔叔说:"小朋友,来,送个'大个子'给你玩。"他用丝线扎好龙虾后交给我。那"大个子"龙虾扬起虾须,伸着两只大钳子,爬来爬去,很是吓人。

奶奶让叔叔称了5斤龙虾,付了钱,我就带着"大个子"回家了。

这个女同学在家庭中的口语交际活动得到了爸爸妈妈和奶奶的帮助。很显然,第2次讲述"我的暑假生活"中遇到的新鲜事要生动活泼。家庭口语交际的实践告诉我们,口语交际不只是发生在中小学课堂上的语文学习活动,也是家庭生活中家庭成员之间最重要的活动方式。以"我的暑假生活"为主题的口语交际活动,在家庭生活中提前"试试",可以得到爸爸妈妈爷爷奶奶的有效帮助,对于提升中小学生口语交际水平意义深远。

口语交际场景二:课堂中的口语交际。

教师:这节课我们来开展口语交际活动。这次口语交际活动的主题是"我的暑假生活"。回想暑假生活小。朋友们一定会遇到很多新鲜事,一定会遇到很多陌生的人,一定有过许多探险的经历,一定有很多难以忘怀的新发现。现在就请同学们来讲一讲你的暑假生活,你的暑假新鲜事。

生1:暑假里我用爸爸的手机拍了很多照片。大家看我手上的这张照片。照片上是一只流浪狗。暑假的时候我和奶奶在田里摘桃子。在桃树下,我发现流浪狗在生孩子,先生下来的这一只是大白,又生下来的是老黑,第3只和第4只都是花狗。狗妈妈生了孩子以后,奶奶就把狗妈妈和她的孩子带回家里去照顾了。大家再看这张照片,现在这4只可爱的小狗已经能够在我们家的院子里走来走去了。

生2:我的暑假生活也相当精彩。大家看我拍摄的暑假生活的视频。第1个视频是爬山。我们在爬山的过程中遇到了一条蛇,你看长长的蛇身体很粗很粗。爷爷告诉我这叫菜花蛇,没有毒。第2个视频是抓鱼。暑假我们村发洪水,池塘里的鱼都飘到路上了。这是我拍摄的路上的鱼。我和爷爷一共抓了5条鱼,有20多斤。你看爷爷正在抓这条大鱼。这就是我的暑假生活。

生3:暑假里,我和爷爷来到了南京的夫子庙,南京的夫子庙人真多啊,大家看这张照片上前边黑压压的都是人头。这一天温度是41度,地面都是滚烫滚烫的。我随着人流走进了夫子庙科举博物馆,可是太阳热辣辣的,地面滚烫滚烫的,周围的建筑都烫人手,馆内的内容我懒得去看,只在里面转了一圈,用手机拍了五六张照片。

夫子庙给我的印象就一个字——热。

很显然，课堂上学生之间的口语交际活动要生动活泼。有的同学借助手机照片讲述自己和奶奶拯救流浪狗狗的故事，让人温暖无比；有的同学采用视频拍摄的方式讲述自己遇到菜花蛇的经历，让人感到惊险刺激；有的同学用一张照片突出参观夫子庙的人多，用自己的切身感受突出高温下游览南京夫子庙的热。但是，以"我的暑假生活"为主题的口语交际活动中，学生们仍然存在一些问题。比如，经历讲得太简略不清楚，暑假经历不新鲜不新奇，有的同学重复着别人的暑假生活……而由于家庭条件的限制，有很多学生在讲述的时候出示相关的图片或实物，不懂得借助现代拍摄方式来丰富自己的讲述。

"一花独放不是春，百花齐放春满园。"在集体备课过程中，三年级上册第1单元的"口语交际"，我常常要求三年级每位任课老师都要开展一次口语交际的展示课，在展示课中老师们"各显本领""大闹天宫""姹紫嫣红""争奇斗艳"，这样一番彼此观摩、彼此吸收，口语交际设计就能够走向生动活泼的创造境界了。

阳光生命课堂规定，语文学科要引领学生讲述得口齿清晰，书写得层次清晰，情感内容要能够打动人。上述三位同学利用图片、利用视频来帮助口语交际，就显得格外突出。对于其他同学来说，这也是有效的口语交际的引领。

事实上，口语交际是提升现代中小学生语言实用素养的最好的方式。三年级学生要懂得与人沟通交流，要愿意和他人分享自己的表达成果，从而来增强自己的习作训练的信心。我在开展阳光生命课堂习作训练的时候这样规定：书面以外，作为三年级以上的同学要能够运用普通话和他人准确流畅地交谈，也要学会认真地倾听他人的"话"，听话时也要主动把握主要内容，并要学会简要转述、向人请教与他人商讨。

当下许多小学生讲话不清晰，表达不连贯，在公共场所有的学生讲话羞羞答答，难以表述清楚自己的观点和思考。因此将课文教学处理成口语交际的方式，从而大面积地开展口语交际，可能是解决问题的重要通道。

口语交际质量低，习作表达自然质量不会很高。

《语文》（三年级上册）第1单元的主题是"猜猜他是谁"。教材要求学生做一个"猜猜他是谁"的游戏。这个游戏要求选择一个同学用几句话或一段话写一写自己的同学，在写话过程中不能在文字中出现同学的名字，但是要让别人读了文字内容以后，能猜出他是谁。很显然，这项习作是训练学生的观察能力，考查学生们的生活积淀水平。如果观察不仔细就难以发现同学的相貌特征和语言特征；如果生活积累不丰富，就很难写出同学所特有的动作，特有的声音，特有的事件。

"猜猜他是谁"是一次有趣的习作探究活动,也是对有质量的生活观察的考查。教材的编制给同学们提供了写作支架。

1. 他的头发又黑又硬,一根根向上竖着……
2. 他特别爱笑,一个小笑话就能让他笑个不停……
3. 他关心班里的每个人,不管是谁遇到困难他都会主动帮忙。有一次……
4. 他酷爱踢足球,也喜欢跑步,经常能在操场上看到他奔跑的身影……

其实,如果我们按照上面4个支架来选取班级同学的时候,可能每个人选的都不一样。班级同学的头发又黑又硬的可能很多;班级里爱笑的同学也不少;班级里关心他人,帮助他人的同学也不少;班级里酷爱踢足球,也喜欢跑步的同学,也不是少数……教材编写的写作支架只是给学生以启示和引导。在这样的启示和引导中,我们看到了支架效应——要写的同学乐观向上、乐于助人、兴趣爱好广泛。当教师公布了"猜猜他是谁"的习作任务以后,学生们要选的"他"便被打上了支架的痕迹。我在开展这个习作教学的时候,要求学生选择班级的3~5位同学,仔细开展四项观察:观察他的相貌衣着,观察他的语言和行动特点,观察他的生活特征和生活品格,观察他的精神风貌和思想作风。在四项观察基础上,然后再确定一位同学按照自己确定的表达顺序一一写来。在写作过程中,每写一段都要让同桌猜一猜,看同桌在你写到第几段的时候可以猜出所写的班级同学来。为了让同桌猜不出他是谁,许多同学像剥竹笋一样一层一层设计、一层一层表达。在"猜猜他是谁"的习作训练中,那些畏惧习作表达的同学,那些习作文字不多的同学都写出了很多段落和内容。同学们在"猜猜他是谁"的活动中渐渐地走向了习作表达的美妙境界。

我们看班级同学写的。

猜猜他是谁

我要写的这位同学,就在我们班,大家来猜猜他是谁。

头发密密的,乌黑乌黑的。脖子上围着红领巾。

喜欢跳绳,喜欢踢圈,喜欢跑步,喜欢吃苹果,喜欢喝饮料,最喜欢喝雪碧。

数学课上,他举手最积极,可是老师一直不喊他。英语课上他经常盯着黑板看,就是单词记不住。

现在你知道他是谁了吧?如果你不知道继续读——

运动会上他呐喊的声音最响亮。班级扫除的时候,他爬上窗台擦玻璃。推电动车进学校被校长遇到,竟然被表扬。上一次升旗仪式的时候,他是升旗手。

对了,他就是我们班的陈刚强同学。

"猜猜他是谁"的习作表达中,这位同学写了七段。写到第4段的时候,同桌还没有把陈刚强同学猜出来。直到写到"推电动车进学校被校长遇到,竟然被表扬""上一次升旗仪式的时候,他是升旗手",同桌才知道他写的是谁。"猜猜他是谁"写作活动中,很多同学都将自己要写的同学隐瞒得很深,唯恐同桌发现了自己所写的同学的名字。即便是这一次习作活动结束之后,有的同学在课后也拿起笔写班级的同学让同桌来猜。可以说"猜猜他是谁"这项写作活动真是深入到学生的内心了。

好的习作情境,要能让学生心中的话语像流水一样自然地淌出。好的习作教学活动,要像顺流的水一样把学生的习作之船送向远方。我常常这样思考:阳光生命课堂的习作训练怎样开启呢?怎样让学生的习作训练像花木一样生长,像流水一样自然呢?

我想,三年级以上的同学,写作记叙性的文字要能清楚明白地讲述好见闻,深刻而独到地抒发自己的感受和想法。每一个学生都是很好的故事题材,每一天学生身上都发生了很多故事,怎样把学生身上的故事资源使用好?怎样引导学生们生动活泼地讲述故事?怎样让学生的故事过目难忘,启示深刻?我想,首先是在日常校园生活中学生要能够勇敢地在不同场合,运用合适的音量和语气与他人交流。做堂堂正正的中国人,做清清晰晰表达的中国学生。这样看来,三年级习作训练的意义,不仅仅在于能够写出习作来,还在于能够清清晰晰地表达出来。

要达到这样的习作训练目标,广大中小学教师就要坚守由句而篇的习作训练路径,开展扎扎实实的习作训练活动,引导学生细心地观察周围世界,能惟妙惟肖地刻画出周围的世界,记录下周围新奇有趣的故事,能不拘一格地写出自己的思考、见闻、感受、想象。因此,中小学生的习作训练实际是积累语言材料的过程,也是使用新鲜词语的过程,更是由语句的写作走向篇章设计的过程。在小学第2阶段,《课程标准》要求学生们能够修改习作中有明显错误的词句,并根据表达的需要,正确使用冒号、引号等标点符号。这个阶段,课内习作篇目每学年要达到16次。

当然,如果从小学、初中到高中的写作训练路程来看,不同于小学阶段的写话训练、习作叙述类的写作,初中阶段更多的是训练学生的记叙、议论和说明的能力。而高中阶段的作文教学主要是训练学生的思辨能力,引导学生在复杂的语境下确立自己的观点,发表自己的看法,从而全面地洞悉社会生活本质。倘若高中教师能够从小学阶段的写话训练、习作训练入手研究写作教学、设计写作训练的方向,高中阶段的写作一定能够走入柳暗花明的境地。许多高中老师研究写作教学仅仅立足于高中阶段的写作教学追求,而没有去研究小学写话训练的追求、习作训练的追求,因此也就失去了最为基础性的写作研究,使得高中写作教学的研究成了空中楼阁。

万丈高楼平地起。中小学要创造习作之美,就要尊重习作产生的基本规律,就要看到习作训练的阶梯性,看到习作在整个人生表达阶段的重要性。

第三节　习作之巧

古人写作讲究"立文之道"。刘勰在《文心雕龙》中这样写道:"立文之道理有三:一曰形文,五色是也;二曰声文,五音是也;三曰情文,五性是也。五色杂而成黼黻,五音比而成韶夏,五性发而成辞章,神理之数也。"[1]简要地说,要写好文章,一是要增强文章的色彩,讲究"五色",让文采生动活泼;一是文章的语言要掷地有声,讲究"五音",朗朗上口;一是文章要充满思想情感,讲究"五性"——喜、怒、欲、惧、忧,用文章表达自己的性情。刘勰强调的写诗文的"立文之道",简言之就是习作要讲究技巧。

中小学生的习作有没有技巧呢?这个问题值得讨论。"杏花春雨江南,大漠驼铃塞北。"这两句话几乎没有使用表达技巧,六个名词,两句话,简简单单,朴素无华。然而读起来,"杏花春雨",是江南最典型的景物;"大漠驼铃",也是塞北紧密的关联物像。

要说这两句话没有使用表达技巧,显然有很多读者会不同意。比如,我们把它改成"杏花春雨塞北,大漠驼铃江南",恐怕所有读者都会反对这样的表达样式。也就是说,"习作之巧"常常在无技巧的地方显示着技巧,那些无技巧的地方恰恰有着鲜明的"习作之巧"。

刘勰在《文心雕龙》中这样写道:"神思方运,万涂竞萌,规矩虚位,刻镂无形。登山则情满于山,观海则意溢于海,我才之多少,将与风云而并驱矣。"[2]在这样"神思方运"的情形下,要不要写作技巧呢?很显然,写作的最佳时令是"登山则情满于山,观海则意溢于海"。在这样的时刻动笔写文章,才能实现"与风云而并驱"。而即便"与风云而并驱",难道就不需要讲究写作技巧的运用?当"理在方寸

---

[1]　刘永济.文心雕龙校释[M].武汉:武汉大学出版社,2013.
[2]　刘永济.文心雕龙校释[M].武汉:武汉大学出版社,2013.

而求之域表","义在咫尺而思隔山河"时,我们应该怎么办?我想这时候就应该改变自己的表达方式,尝试运用写作技巧了。以我的小学、初中和高中教学经历来看,习作训练要讲究"习作之巧",然而也要追求无技巧的自由表达境界。如果一篇习作处处是技巧,那么这样的"习作之巧"常常让人心生厌烦;如果一篇习作处处无技巧,这样的习作常常又让人感到表达浅薄,语言缺少含量。

习作之巧,首先表现在思想打开没有,神思产生没有。古人写文章,讲究神思,强调"形在江海之上,心存魏阙之下"。即便是神思到来的时候,要将心中的所思所想痛快淋漓地表现出来,也需要一定的表达方式。否则"寂然凝虑,思接千载;悄焉动容,视通万里"时,如何能让自己在"吟咏之间,吐纳珠玉之声;眉睫之前,卷舒风云之色"?毕竟"神居胸臆,而志气统其关键;物沿耳目,而辞令管其枢机。枢机方通,则物无隐貌;关键将塞,则神有遁心"。因此,为了不出现"关键将塞",不让"神有遁心",习作技巧还是要讲究讲究的。

清代姚鼐的《登泰山记》是一篇朴朴素素、简简单单的,几乎没有技巧的游记散文。当年姚鼐参加纂修的《四库全书》完成,便以养亲为名,告归田里。乾隆三十九年(1774年)取道泰安与挚友泰安知府朱子颍同登泰山。于十二月二十九日除夕五更时分登上泰山的日观峰,来到日观亭,同赏日出后,写作了游记《登泰山记》。

泰山是山东的象征,征服泰山也是人格的象征。然而能够在雪中登泰山,更是桀骜不驯,无畏困难的人格的象征。东汉应劭在《风俗通义》中记载:"泰山之尊一曰岱宗。岱,始也;宗,长也。万物之始,阴阳交代,故为五岳长。"姚鼐的《登泰山记》,不是在雨中登泰山,也不是在夏日登泰山,更不是在星光满天的夏夜登泰山,而是在雪中登泰山。雪中登泰山蕴含着怎样的精气神?这是我们阅读《登泰山记》应该认真思考的。

《登泰山记》的第一段主要介绍了泰山及日观峰的地理位置。第二段写的是作者登泰山的经过。作者从京城到泰山,然后和知府一同登山,最后到达山顶,看到"苍山负雪,明烛天南"。第三段写的是观日出的情景,十分精彩:"极天云一线异色,须臾成五彩;日上,正赤如丹,下有红光,动摇承之。"第四、五段则是介绍泰山的古代建筑群、石刻和所见到的泰山冬季景色。第六段则是交代作者姓名。

《登泰山记》是桐城派散文的代表作,几乎没有使用表现手法。无论是登山过程的记叙,还是泰山顶上景物的描写,甚至是在泰山顶上观日出的过程,都是平平常常的叙述,都是按照时间先后顺序的表达。但这篇文章为什么会成为桐城派散文的代表作呢?为什么会成为后代学子孜孜以读的佳作呢?

很显然，《登泰山记》做到了语言简洁、生动。《登泰山记》八百多字，细细品味里面却充满了雪后登山的特殊情趣。作者"自京师乘风雪，历齐河、长清，穿泰山西北谷，越长城之限，至于泰安"，简洁生动地点出了季节、路程，如此不畏旅途劳苦，如此不畏风雪严寒，勇于登上泰山。这是什么样的文人气质？在登山的过程中"道中迷雾冰滑，磴几不可登"，可是作者依然如故地攀登而上，这又是什么样的文人追求？最后作者乘着大风雪观日出看泰山的石刻，这又是怎样的文人雅趣？习作之美讲究的是讲述清晰，语言生动简洁。《登泰山记》做到了这一点。

困难中我们常常用尽了全部的心力去征服所谓的困难，然而在雪中登上了泰山以后，姚鼐却看到了泰山之美。《登泰山记》写到了在泰山顶上看到的日出之美，更看到了泰山被征服之后那样一种安静壮丽之美：

山多石，少土。石苍黑色，多平方，少圜。少杂树，多松，生石罅，皆平顶。冰雪，无瀑水，无鸟兽音迹。至日观数里内无树，而雪与人膝齐。

这段文字可以说将泰山景色写到了极致。一切名山大川所有的东西，在泰山上都有；但是一切名家所写的山川文字中，唯独少了姚鼐的语言的简洁。在安静的景物描写之后，是征服泰山之后的那种坦荡，那种舒缓，那样一种游刃有余。我在朗读这段文字的时候，看到了学者姚鼐的那样一种潇洒自信，我也看到了勇士姚鼐的那样一种无所畏惧。在高高的泰山顶上，能够安静地欣赏泰山之美，人生的境界该有多高啊?！这段精美的文字，寥寥几句，就把泰山多石、多松、多冰雪覆盖的景色写出来了。因此，这段文字实际上衬托了登山的困难，烘托了不畏困难人的内心的平静。从这方面看来，谁又能说《登泰山记》没有使用表现手法呢？因此，训练学生习作的过程中，要引导学生细细地咀嚼前人所使用的表现手法，不断汲取传统表达的智慧，这样新时代的表达就能够精彩纷呈。

习作之巧，其次表现在对课文篇章的设计智慧、课文语言的表现技巧的观察、理解和传承上。我始终认为，义务教育小学阶段的学生，还是以诵读课文学习传统的表达智慧、传统的习作技巧为主，写作技巧积累得丰富了，写作经验积累得扎实了，自然能够创造出崭新的作品来。在写作技巧篇章设计的智慧上如果缺少了积累，学生也很难写出生动活泼、新天下耳目的好作文了。因此，小学低年级开展写话训练，一定要注意汲取课文的表达智慧，运用课文的表达技巧，不断生成生动活泼的写话训练，把学生引进表达技巧运用的理想境地。

要做到这一点，就要重视习作技巧的研习，不断地开展习作技巧的研讨活动。叶圣陶先生的新诗《小小的船》被编写在小学一年级上册课文中。《小小的船》想象丰富,语言清新,非常适合小学一年级学生的诵读。《小小的船》给小学生们开启了一扇通往无限空间的想象之窗。我们来看这篇课文。

小小的船

弯弯的月儿小小的船,

小小的船儿两头尖。

我在小小的船里坐,

只看见闪闪的星星蓝蓝的天。

《小小的船》只有短短的四行,但是语言非常生动,想象非常丰富,修辞非常繁琐。首先是大量使用的叠词,比如"弯弯""小小""闪闪""星星""蓝蓝",叠词的使用容易使音节抑扬顿挫,很适合小学生的诵读。其次运用了比喻的修辞,把弯弯的月亮比喻成小小的船,一弯新月两头尖尖恰和小小的船只的外形十分相似。第三是运用了丰富的想象,首先是把弯弯的月儿想象成小小的船。接着又想象"我"在小小的船里坐看见了闪闪的星星和蓝蓝的天。小学一年级的学生为什么要读这首诗呢?我想,就是浸润诗歌的表达技巧,就是领略在丰富的表达技巧支撑下所形成的想象空间,从而培育空间的向往、空间探知欲。

郑振铎的散文《燕子》被编写在《语文》(三年级下册)的教材中,是第一单元中的第二篇课文。

《燕子》用生动形象的语言描写了生活中常见的燕子。我们来看这篇课文。

燕 子

一身乌黑的羽毛,一对轻快有力的翅膀,加上剪刀似的尾巴,凑成了那样可爱的活泼的小燕子。

二三月的春日里,轻风微微地吹拂着,如毛的细雨由天上洒落着,千条万条的柔柳,红的白的黄的花,青的草,绿的叶,都像赶集似的聚拢来,形成了烂漫无比的春天。这时候,那些小燕子,那么伶俐可爱的小燕子,也由南方飞来,加入这光彩夺目的图画中,为春光平添了许多生趣。

小燕子带了它的剪刀似的尾巴,在阳光满地时,斜飞于旷亮无比的天空,叽的一声,已由这里的稻田上,飞到那边的高柳下了。

另有几只却在波光粼粼的湖面上横掠着,小燕子的翼尖或剪尾,偶尔沾了一下水面,那小圆晕便一圈一圈地荡漾开去。

那边还有飞倦了的几对,闲散地在纤细的电线上休憩——嫩蓝的春天,几支木杆,几痕细线连于杆与杆之间,线上停着几个小黑点,那便是燕子。多么有趣的一幅图画呀!

《燕子》描绘了春天里燕子活泼机灵的外形体态,特别是春光中飞掠和憩息的优美画面。《燕子》中,作者展现了如诗如画般的春天景色,赞美了伶俐可爱的小燕子,字里行间洋溢着光彩夺目的春天到来的欢欣之情。作者的观察细致入微,表现了燕子的可爱,春天的美丽,是开展习作训练时应该细细研讨的一篇范文。我在教学这篇课文的时候,引导学生思考作者为什么能够生动活泼地写出燕子的外形、体态?为什么能够表达真切生动的观察感叹呢?

学习《燕子》这篇课文学生们不仅要了解春天的特征,了解燕子的外形及活动情况,不仅要激发学生热爱生活、热爱大自然的思想感情,还要学习作者细致观察科学精神和具体生动地描写事物的方法。比如作者着重观察燕子的外形和飞行、停歇时的情形,着重表现和抒发燕子的可爱、活泼和"我"对燕子的喜爱之情。而这种描写和抒情又是按照一定顺序展开的。作者先是由远及近地观察湖面、稻田;再按照由近及远的顺序观察燕子,展开细节的描写。我在教学这篇课文的时候是创设了积极的阅读情境,引导学生进入对燕子的回忆联想中——"同学们,我们先来听一首儿歌《小燕子》,由这首儿歌,你想到了燕子的哪些情形呢?"我使用儿歌唤醒同学们对童年生活的回忆,以增强课文阅读的趣味性。学生们在儿歌的演唱中无形就对课文中的"春天""燕子"产生了注意,同时对童年生活又产生了联想,这样就为阅读课文奠定了良好的学习基础。在诵读第 1 自然段,感受了小燕子形象的活泼可爱以后,我引导学生探究第 2 自然段,看作者是怎样抓住了春天的特征来描写春天的景物的。在第 2 自然段,二三月的春日是"轻风微微地吹拂着",如毛的细雨是"由天上洒落着",在春天里有"千条万条的柔柳,红的白的黄的花,青的草,绿的叶"。在这样烂漫无比的春天里,那些小燕子、伶俐可爱的小燕子,才由南方飞来,加入"这光彩夺目的图画中,为春光平添了许多生趣"。

实际上写人状物是小学生习作的薄弱项目。《燕子》却是写人状物的佳作。作者笔下的燕子,写的尤为生动形象。小燕子的尾巴是"剪刀似的",叫声是"叽的一声",飞行的速度是立刻"由这里的稻田上,飞到那边的高柳下了"。燕子点水是最精彩的细节。作者先写燕子"在波光粼粼的湖面上横掠着",接着写小燕子的翼尖或剪尾"沾水"的精细,燕子只是偶尔沾了一下水,可是"那小圆晕便一圈一圈地荡漾开去"。你看作者对燕子的描写多么生动,多么形象多么精细。我在教学的时候,引导学生从燕子的形象到燕子的叫声,从飞行的速度到燕子点水的精彩,一一咀嚼。精致的描写燕子的方法、优秀的传统表现顺序,恰恰是学生们要汲取的。我把教学重心,放在作者描写燕子的艺术手法的传承上,也恰恰给学生未来描写人物再现生活做了深厚的铺垫。新课标强调创设真实而富有意义的学习情境,以凸显语文学习的实践性。像《燕子》这篇课文,仔细的观察,生动的描写,精致的细节,甜蜜的情感……只有放在课文的真实描写的情境上,引导学生细细咀嚼细细品鉴,才能够发现作者表达的智慧。为什么我们的学生在写人状物的时候常常是语句干瘪、想象枯竭、表现手法缺乏?主要是对课文的表达技巧,对作者的智慧表达,缺少反复琢磨,精致汲取。

习作之巧,也表现在写作情境的建构上。中小学开展习作训练是需要具体的语言情境触发的。没有良好的写作情境的触发,学生也很难写出优美的作品来。日常写作训练中,即使是非常容易写的题目,学生也说"不好写""写不出来"。针对"写不出来"的现象,笔者调查了三个班同学,收集了42个写作题目与相关作文案例。经过研究,我发现,要真正让学生深刻思考、表达流畅,就要积极建构生活知识情境和写作经验情境。

观察生活,需要建构生活知识情境。中学生写作"家乡的石拱桥""大江大河上的桥""家乡的雨""美丽的村庄""我家的白杨树/小桃树""第一次登山活动",这些应该是学生身边的、熟知的,可他们却写得并不好。

调查中,老师们纷纷反映,这些作文题目多是基于教材学习而设计的。教材中有一组专门写桥的课文,他们设计了"家乡的石拱桥""大江大河上的桥"的写作项目;教材中有一组专门写猫、狼等动物的课文,他们设计了"金鱼""鞋子""我家的白杨树/小桃树"的写作项目;学习了《背影》《昆明的雨》这组回忆性课文,他们设计了"家乡的雨""美丽的村庄"……这些作文题多是结合课本学习而设计的。可是,学生为什么写不好呢?

对于"家乡的石拱桥""大江大河上的桥"的写作来说,学生是真的不知道怎样写吗?在座谈中,我看到,对于课文中作者是怎样写桥的,学生们能说得头头是道。为什么一写"家乡的石拱桥""大江大河上的桥",学生们就出现了"不好写""不知道怎样写"的现象呢?

原来,对于住在诸城城区的中小学生来说,他们身边很少有活生生的石拱桥,他们缺少对于石拱桥的观察经验,即没有形成关于石拱桥的生活知识情境。他们仅仅依靠课文中的文字写"家乡的石拱桥"。这怎能够写好呢?一些学生们虽然看过"大江大河上的桥",由于没有细细的生活观察与体验,没有相关的大江大河上桥梁建设和桥梁设计方面的知识阅读,他们在高速公路上虽然看过许多著名的桥梁,但多是一闪而过、一晃而过似的观察,又怎样能够写好"大江大河上的桥"呢?从语文核心素养培养来看,写作素养的提升是建构在生活观察和生活经验的基础上。当学生疏于观察生活,建构不起生活知识情境的时候,表达怎能顺畅呢?

同样,学生们虽然学习过专门写猫、狼等动物的课文,面对"鞋子""我家的白杨树/小桃树"等写作项目,他们也没有详细的生活观察,并没有形成白杨树/小桃树等生活知识经验,写作时也不能建构起相关的生活知识情境,因此当然会出现表达上的困难。对于"鞋子"的写作来说,许多学生从小到大的确穿过不少鞋子,但是对于"鞋子"上的各种"零件"——鞋料、鞋帮、鞋面、鞋袢、鞋带、鞋跟、鞋底、鞋孔、鞋洞等,依然分辨不清楚。如此情形下写作"鞋子",又怎能说得头头是道呢?

阳光生命课堂习作训练中,我主张引导学生开展真实的写作。只有将生活中的真人真事写得好,学生的思想感情表达的才纯真。为此,教师就要多引导学生观察生活,多认识身边的事物,即在生活知识和生活情境的建构上下功夫。

习作之美,需要完善写作经验情境。中小学日常写作训练,多是这样的操作流程:教师投影作文题目,学生思考、表达,教师批改、讲评。在这样的操作流程中,教师的任务就是投影作文题目、批改作文、课堂讲评。而学生的活动就是思考、表达和修正。至于学生能不能思考出来,能不能表达得如意,教师基本不关注。

在小学阶段,为了更好地观察"不好写""写不出来""不知道怎样写"等现象,笔者也以"鞋子"为题目引导学生写作。在写作之前,先引导学生观察自己脚上的鞋子和同学脚上的鞋子,让学生们先将本小组同学的鞋子分一分类。观察完以后,学生们将本组的鞋子做了以下的分类。

第一组:便鞋、旅游鞋、保暖鞋、棉布鞋;
第二组:棉鞋、休闲皮鞋、帆布鞋、橡胶鞋;
第三组:阿迪达斯、爱步、莱尔斯丹、哈森男鞋、361度;
……

在小学阶段,学生对鞋子的分类还不是很科学,但是课堂上有了不同称谓的鞋子,有关鞋子的知识情境在课堂上初步建立起来了。在此基础上,我投影了一双登山鞋,让学生认识登山鞋的结构和每一部分的名称。

小组讨论以后,学生们发现原来鞋子上每个部位上的"零件"都有自己独特的名称:鞋口、鞋脸、鞋舌、鞋孔、鞋身、鞋带、鞋中底、鞋大底、内底、外底、前帮、中帮、后帮、鞋面、鞋袢、内里、透气孔……做了这样的知识铺垫以后,我让学生重新认识自己的鞋子,说出自己鞋子每个部分的名称。

一位同学甚至把脚放在课桌上,指着自己的鞋子,清晰地说出了鞋的结构和每一部分的名称。这时,我才投影梵高1866年画的《农夫的鞋》,让学生说说这双鞋子每个部分的名称。大画家梵高,学生们都不清楚这是一个怎样的人物,我希望通过梵高1866年画的《农夫的鞋》来带领学生认识这位画家。

这节课,我引导学生真实、准确阅读《农夫的鞋》这张油画。在中小学课堂教学中,大家熟悉了汉语汉字等表达方式,但是对油画却不怎么认可。梵高1866年画的《农夫的鞋》(图5-2)也是用"文字"的方式表现自己的审美思考。

图5-2

在教学设计时,我想,如果学生对鞋子各部分的名称不熟悉,对鞋子的结构不理解,那么具体描写的时候一定含含糊糊,表达不清。有了前面关于鞋子结构和部分名称的铺垫,学生们很快说出了《农夫的鞋》上的鞋口、鞋脸、鞋舌、鞋孔、鞋身、鞋带……接下来我便引导学生怎样刻画这双鞋子,怎样写出这双鞋子的特征,怎样透视出穿着这双鞋子的主人的生活艰辛或生活梦想。

在习作之美的追求中,要引导学生审美表达,就要努力完善学生写作所需要的经验情境。所以,在写作指导过程中,我引导学生思考怎样才能把这双鞋子刻画得惟妙惟肖。学生们从写猫、狼等动物的课文中得到了启示,有的学生认为要多使用修辞手法、要多使用短句、多使用叠词,有的学生认为要按照一定的顺序描写——先整体再局部或者由上到下,有的学生认为可以用画内、画外对比的方式,有的学生认为要把鞋子所在的背景了解好……

当课堂汇聚了学生的大量写作经验以后,可以要求学生:"我们先把这双鞋子刻画好,把鞋子后面的背景描述清,然后再想一想这是一位怎样的农夫、他生活在怎样的天地中、有怎样的梦想和追求。"——这样在学生审美表达之前,通过师生努力,学生们已经完善了写作经验,形成了写作鞋子的技能情境、表达情境。之后,学生们用15分钟时间写作,写眼前的《农夫的鞋》和鞋子背后的农夫。我们看其中的一篇。

农夫的鞋

破烂,陈旧,眼前是一双农夫的鞋子。

鞋子微斜地放着,一高一低。高高的鞋帮磨破了,向外翻卷着。黑黑的鞋口,仿佛还在散发着热气。皱巴巴的鞋面上沾满了泥土。凌乱的鞋带、磨白的鞋尖、带着泥土的鞋底隐在泥土里的鞋后跟告诉我,这农夫很勤劳。我想,这双鞋子陪伴农夫走过满是污水的牛圈,走过泥泞不堪的沟渠,走过齐腰深的稻田吧?

图片上,那鞋子就放在田头,田里一片金黄。

课堂上学生写的《农夫的鞋》生动翔实。既有细细的观察,又有丰富的想象;既写出了鞋子的破烂陈旧,还写出了农夫的勤劳和梦想。如果不是提前建构了生活知识情境,努力完善了刻画和描写的写作经验,学生们写作《农夫的鞋》恐怕要痛苦得多。

这次写作观察作文《农夫的鞋》,同学们把"眼前的鞋子"和"鞋子背后的农夫"作为描写和联想的重点,应用课堂生成的生活知识和写作经验去建构自己的篇章,课堂上的真实写作大多超过了150字。要知道这些学生对大画家并不了解,但是借助大画家的油画学生们看到了大画家时代的农民的生活,农民的艰辛和农民的渴望与梦想。

这次的真实写作让我意识到,语文老师只有主动帮助学生建构知识情境,引导学生在新的观察中唤醒曾经的生活知识,在新的写作情境中灵活运用文本阅读所形成的写作经验,才能真正地表达出自己的新观察、新感受,创造属于自己的新篇章、新境界。

于是,我引导学生结合校园冬季运动会开展真实写作。在12月份,学校举行了一次运动比赛,我要求学生认真观察,认真记录,然后在课堂上开展真实的阳光生命习作训练。我们许多老师按部就班地按照教材上的设计开展习作训练,但事实上,只要校园发生了新鲜的事情,那么就是训练写作的最好时机。

语文课程标准这样强调:"学习情境的设置要符合核心素养整体提升和螺旋发展的一般规律。语文学习情境源于生活中语言文字运用的真实需求,服务于解决现实生活的真实问题。"我让学生在运动比赛中观察比赛的现场,观察每一位参与比赛的同学,然后表达自己的感受,这就是在真实的学习情境下引导学生运用语言文字,解决现实生活中的真实问题。这真实问题,就是如何将一次运动比赛生动活泼地记录下来、让自己的真切感情抒发出来。

在六年级的写作中,我看到了两篇写运动会比赛的短文章,一篇是《决赛时刻》,写的是拔河比赛。一篇是《难忘决赛时刻》,写的是跳绳决赛。

我们来看这两篇文章。

决赛时刻

"加油,加油?!!"

"不要紧张,团结就是力量!"

"相信自己,一定可以赢的!"

一年一度的拔河比赛即将开始,物理老师竟兴致勃勃的来看我们比赛。

"倒、倒、倒,把身体倒下去重心往下压!"——物理老师扯着嗓子大喊。

大家都很相信这个有经验的"老头"。"开始!"裁判一声喊,大家使尽全力往后拉。一开始,我们被拖动了一点,这时我已不抱有希望。可强风来袭,顿时使我舒畅许多,风都看不下去,要来帮助我们了。

"加油,加油!"旁边的同学们呐喊着。

"不要紧张,团结就是力量"。物理老师微颤的声音。

姗姗来迟的班主任也呐喊:"相信自己,一定可以赢的!"本想放弃的想法,被一股热流冲灭,不,我要赢,为了班级,为了自己!于是,我们鼓起信心,一同咬牙往后拉……

经过大家的不懈努力,我们以2比0的成绩赢了。全场的欢呼声震耳欲聋。大家按捺不住的喜悦爆发了。

现在坐在考场上,那种拼搏的精神和力量仍激励着我,冲击着我,使我不害怕更不放弃。

难忘决赛时刻

"加油!""加油!"

"团结就是力量!"

"你们班跳得真棒!"

跳绳决赛虽然过去了好长时间,但我现在仍然很难忘。

上周三,学校举行跳绳比赛。刚来到球馆,只见人山人海,欢呼声、呐喊声响成一片。场地上,一个班级正在比赛,大家的目光全集中在场地上。

终于,轮到我们班比赛。大家迅速列队,镇定自若。随着体育老师一声"开始",第一个同学像猛虎一般猛然跃起,轻轻地落下,一个接着一个,一个接着一个,稳、准、轻快。

"加油!加油!"摇绳的两位同学丝毫不敢怠慢,绳子在空气中像一只轻盈的蝴蝶!哇!跳绳的同学们动作麻利,有条不紊地跟进。顿时,我们班成了全场的焦点。

我的同桌满头大汗,气喘吁吁,但是她眼神中充满坚定,轻快地跟进、跳跃。这时,一旁的班主任大喊:"加油,跟上,坚持就是胜利,团结就是力量!"这句话给了我们巨大的鼓舞,大家仿佛有了无穷的力量,跳得越来越快,越来越好!

终于,经过五分钟的激烈比赛,我们班取得了胜利!这时,体育老师跑过来说:"你们班真棒!"同学们脸上露出了欣喜的笑容,我心中甜蜜蜜的!

这场跳绳决赛见证了我们班雄厚的实力,还见证了"团结就是力量"这一道理。

现在想想,这决赛时刻真令人难忘啊!

阳光生命课堂崇尚习作之美,渴望展现习作初秀。这样的梦想怎样实现呢?我想就是尽可能地利用校园产生的真实的写作情境,引导学生在校园情境当中观察思考表达创作。《决赛时刻》正是描写决赛时刻的此起彼伏的呐喊声、叮嘱声、欢呼声。这样的描写如果不是认真观察,记录了真实的拔河比赛场景,在习作中又如何能够表达出来呢?《难忘决赛时刻》除了利用声音渲染比赛的紧张热烈程度以外,着重在侧面描写上下功夫。无论是同学的呐喊,还是班主任的大喊,恰到好处地烘托了比赛的激烈程度。《决赛时刻》《难忘决赛时刻》为什么给我们以很真实的感受?为什么在真实的场景下学生描写有条不紊?为什么五六年级的小学生更喜欢记录生动活泼紧张刺激的比赛活动?……这是探究阳光生命课堂的习作训练要回答好的问题。

当然,利用校园生活创设写作情境也要注意建立语文学习、社会生活和学生经验之间的关联,习作训练的情境要符合学生认知水平,要善于整合关键的语文知识和语文能力,用习作的方式记录讲述校园发生的新人新事。对于习作训练来说,广大中小学语文教师应利用无时不有、无处不在的校园学习生活和校园学习实践的机会,引导学生关注家庭生活、记录校园生活、透视社会生活,以实现课程标准所强调的"增强在各种场合学语文、用语文的意识",在多样化的日常生活场景和社会实践活动中学习和运用祖国的语言文字。

第六章　生命课堂的思辨性写作

第一节　思辨无处不在

生活中思辨无处不在。阳光生命课堂要训练好思辨性思维。思辨性思维,也有人认为是批判性思维。其实,思辨性是批判性思维的基础,批判性思维是思辨性思维的发展。没有思辨性思维,就没有批判性思维。对于中小学生来说,思辨性思维是课堂教学应该主要训练的思维,而批判性思维是中小学课堂教学应该努力追求向往的目标。然而,越来越多的学者主张,将思辨性思维和批判性思维合成一体,名之曰批判性思维。

其实名称如何并不重要,重要的是我们在课堂训练中是否保持了思辨性或者批判性意识。

甲骨文中,批判性思维已经出现。2013年,甲骨文首次入选《国家珍贵古籍名录》。最大的一片甲骨正面193字,背面25字。主题有关祭祀、气象,形成的时代约为商武乙文丁时期。殷墟甲骨文《今日雨》中有:"癸卯卜,今日雨。其自西来雨?其自东来雨?其自北来雨?其自南来雨?"这里,占卜的是癸卯日的天气。甲骨卜辞中的四个连续问句,占卜降雨方向,其强烈的推测性呈现出鲜明的批判性。"其自西来雨?其自东来雨?其自北来雨?其自南来雨?"具有鲜明的思辨性,是推测雨来的方向。

在鲜活的日常生活中,具有思辨性的批判性思维无处不在。如果你走入菜市场,你的批判性思维就开始活动了。比如要买什么样的菜呢?要买哪几种菜呢?如果确定下来要买几种菜的话,那么买哪一家的菜更合理、更便宜呢?这些菜将怎样搭配烹饪呢?……这些问题可能是你一瞬间就产生的,但是无疑它具有鲜明的批判性。在新时代生活中,批判性思维也无处不在。即便是在当下的校园中,批判性思维也始终与中小学生形影相随。我们看两位小学三年级的同学在一起有关吃月饼的讨论。

男生:我喜欢吃月饼,特别是含豆沙的月饼,香香的甜甜的,我的最爱。

女生:我不喜欢吃月饼,无论是什么馅子的月饼。油太多,馅子太甜,什么样的月饼都一样。

男生：如果你把月饼切开来，一点一点地吃，你就不会感到油太多，馅子太甜。

女生：真的是这样吗？我以往只是拿起一块月饼就吃。切开来吃真的就会感觉油不多，馅子不甜吗？

男生：如果你一点一点吃以后，再喝一点开水，这样月饼的感觉非常好。

女生：但是喝开水也不能改变月饼的甜、月饼的油啊。你骗我吧？

上述对话中，女生表现出了鲜明的批判性思维。她指出了吃月饼时发现的问题——油太多，馅子太甜。而男生试图化解她的问题，但是女生仍然坚持自己的观点，她认为，"喝开水也不能改变月饼的甜、月饼的油"。

中小学开展学科教学要有鲜明的批判性意识的培育。批判性意识的培育不仅表现在课堂上，也表现在课间校园生活里。如果我们和小学三年级学生在一起，就某个话题展开对话，三年级的小学生也会表现出鲜明的批判性思维。2024年11月份，在学校的二十四节气墙壁前，我和小学三年级2班的一位男生就学校二十四节气文化展开了对话。

我们来看他在对话中所表现出的批判性思维品质。

老师：墙壁上的二十四节气绘画好不好？

男生：好是好，如果把二十四节气的代表性水果绘画出来就更好了。这样就更容易记忆。

老师：可是立春和雨水的时候，我们这儿没有水果怎么办呢？

男生：可以画一些花啊，立春和雨水的时候，会开放哪些花可以画在上面。

老师：这上面不是有许多花吗？比如立夏。

男生：立夏画的这个花，我没有见过。可是我们家的牡丹花在立夏的时候就开放了。小满的这个花，好像不对，因为小满到了，麦子就灌浆了，应该画麦子花。

老师：如果让你来设计二十四节气绘画，你会怎么设计呢？

男生：我会找到二十四节气里面的代表性动物、代表性花朵、代表性水果。现在墙上的绘画，我觉得太单调了。

老师：你的想法非常棒，说明你是一位善于观察和思考的好孩子。

男生：谢谢您，校长！

关于二十四节气，二年级课本中就有"二十四节气歌"，读起来朗朗上口："春雨惊春清谷天，夏满芒夏暑相连。秋处露秋寒霜降，冬雪雪冬小大寒。"实际上，这首节气歌还有两句没有被编入，分别是："每月两节不变更，最多相差一两天，上半年来六廿一,下半年来八廿三。"这四句歌谣对应着四季及二十四节气,记住了节气歌就相当于记住了二十四节气的一半。《二十四节气歌》对应的四季和节气如下:

春季:立春、雨水、惊蛰、春分、清明、谷雨;
夏季:立夏、小满、芒种、夏至、小暑、大暑;
秋季:立秋、处暑、白露、秋分、寒露、霜降;
冬季:立冬、小雪、大雪、冬至、小寒、大寒。

为了增强校园农耕文化的氛围,我把二十四节气文化以绘画的方式在校园里进行宣传。没想到小学三年级的学生就有强烈的批判性意识,鲜明地指出了当前校园二十四节气文化绘画存在的问题,并且提出了自己的想法。——批判性思维是推陈出新的良好思维路线。

哲学家认为,没有强烈的批判意识,就没有鲜明的见识追求。作为新时代的读书人,不仅要善于批判,而且要善于建设,但是没有强烈的批判意识,就没有鲜明的建设主张。事实上,批判性思维一直贯穿在中华民族的文化建设进程中。中华民族的批判性思维,源于先民治学过程中形成的良好思维品质。春秋时候,孔子的很多主张就充满着批判性精神。孔子说"博学之,审问之,慎思之,明辨之,笃行之",这里就充满着批判性的建设性思考。可以说,批判性的智慧或批判性的思维方式,是古代学者探索世界最有力的武器。儒家大师孔子的批判性思想和智慧,不仅体现在他"明知不可为而为之"地践行的"仁"中,而且也体现在记载他言论的《论语》和后人整理的文献资料中。《论语》共二十篇,篇篇充满着批判性的思想主张。孔子在论述问题的时候,时刻保持着思辨的理性。儒家认为,唯有批判性思维才能带领人类从黑暗走向光明。孔子在论述孝时较好地运用了思辨的方式。我们看:

子曰:"父在,观其志;父没,观其行;三年无改于父之道,可谓孝矣。"

子贡曰:"贫而无谄,富而无骄,何如?"子曰:"可也。未若贫而乐,富而好礼者也。"子贡曰:"《诗》云:'如切如磋,如琢如磨',其斯之谓与?"子曰:"赐也,始可与言《诗》已矣,告诸往而知来者。"[①]

这里,孔子对子贡提出的观点进行了批判性分析。孔子认为,"贫而无谄,富而无骄",不如"贫而乐,富而好礼"。这就是鲜明的批判性思维的表现。子贡认

---

① 论语[M].陈晓芬,译注.北京:中华书局,2016.

为,好礼之人应该"如切如磋,如琢如磨",孔子肯定了他的观点,认为"赐也,始可与言《诗》已矣,告诸往而知来者"。可以说,思辨智慧是我国古代哲学的重要思想工具。要建设好阳光生命课堂,开展好阳光生命课堂的写作活动,就要用好批判性思维,提升批判性思维品质。阳光课堂的批判性写作训练实际上是用具有鲜明时代色彩的材料证明自己观点的过程,或者是用严谨的批判性分析来揭示本质的过程。当下中小学乃至高中的思辨性写作,顺应时代理性思维发展到比较高的阶段的特点。每年中高考中,都有超过一半的学生选择写议论文,因为议论文可以展示鲜明的观点,严谨的论证和广阔的阅读视野。

有的老师会反问,难道小学生也要训练批判性思维?也要开展思辨性写作吗?其实这里不是要不要的问题。事实上,小学语文课本中已经引入了批判性教学的思想。以小学三年级语文上册第13课《胡萝卜先生的长胡子》来说,教材的编制已经在引导学生开展批判性思维活动。课文后面设计的第一个练习便是"故事还没有结束,你认为后来可能会发生什么事情,你为什么这样想啊?听老师把故事讲完,看看自己的预测和故事有哪些相同和不同"。学生们对这个问题的思考,就需要批判性思维的助力,"你为什么这样想?"实际是对自己的联想和想象开展批判性活动。教材提供了4位同学的设想。

第1位同学:我在故事的很多地方做了预测,当读到营养丰富的果酱时,我就猜到胡子会越长越长。

第2位同学:故事讲到了长胡子的各种用处,我依据这个内容和生活常识做了一些预测。

第3位同学:我预测的内容没有原文丰富,有的还与原文不一致,但是我的预测也是有依据的。

第4位同学:当发现自己的预测和故事的实际内容不同时,我会及时修正自己的想法,接着预测后面可能发生什么。

这4位同学的预测就具有鲜明的思辨性和批判性。第1位同学是直接推理,预测可靠。第2位同学交代了自己预测的根据。第3位同学运用批判性的思维,肯定了自己的预测是有依据的。第4位同学也运用了批判性的思维,否定了自己的推测,然后修正自己的想法,继续预测。

从这个问题探究设计来看,小学语文教材中已经贯穿了批判性思维品质的意识,并增强了批判性思维品质训练的强度。有效的批判性思维训练,能够提升学生的思维品质,锻炼学生思维的灵活性和深刻性。

学者王夫之说:"夫读书将以何为哉？辨其大义,以修己治人之体也,察其微言,以善精义入神之用也。"开展批判性写作时要多开展"辨其大义""察其微言"的活动。也就是说,阳光生命课堂要多关注社会发展,多从身边的、现实的经历中和媒体报道中,选择比较新的材料、创设比较新的批判性情境,让学生容易入手批判。比如"升旗仪式上和同学讲话对不对？""小冰同学不做作业,回家就抄写邻居同学的作业,这样做好不好？""课堂上玩电子玩具应该不应该？""我们要不要尊重门卫叔叔？""在研学旅游过程中能破坏文物吗？"

阳光生命课堂开展思辨性的表达训练或者开展批判性的写作活动,目的是让学生的思维在批判性的写作中成长得更加迅速。中小学教师可以有意识地设置批判性的写作材料或情境,引导学生发表稚嫩的批判性的声音。对于审题难度不大的批判性情境来说,学生们更容易上手发表自己的观点,表达自己的声音。当前批判性写作训练中,许多中学老师会关注上一年度的"感动中国"当选人物的优秀事迹。如2023年度感动中国人物：俞鸿儒、刘玲琍、孟二梅、张雨霏、杨华德、牛犇、穆言灵、张连钢、萧凯恩、空军航空兵某团飞行二大队。他们有的独辟蹊径,一往无前,做别人不敢做的事,做别人做不成的事;有的倾尽所有,为生命解锁,带领孩子们飞离寂静的牢笼;有的心志所向,百折不回,把买不来的做出来,还要做到最快、最强、最智能……这些人物精神和事迹,就适合在校园中重视开展批判性思维审视,既要看到他们努力的不容易,又要看到他们很神奇。中小学批判性写作中,如果我们看这十年间的感动中国典型人物,我们会发现感动中国的"点"在不断变化,且大科学发明和研究领域占了相当多的数量。这说明中国科技在不断进步,献身科技发明与创造的人物进入了"感动中国"的视野。在批判性议论文写作时,许多老师引用了感动中国的素材,希望学生在议论写作中当作事实论据。一方面当代中小学生要学习英雄人物、时代楷模的崇高精神,一方面开展批判性思维训练,积累好时代素材,思考好时代品质。

阳光生命课堂的批判性写作中,我十分强调使用具有时代气息的材料,一定要使用代表广博阅读视野的材料。议论文材料的新鲜与否,有时与时间没有绝对的关系。爱因斯坦、陈景润、袁隆平、张雨霏等"老熟人",只要你使用的角度新颖,依然会给人以新颖感。

2024年5月4日,我结合嫦娥六号"奔月"出了这样一道思辨性写作：

"嫦娥奔月"是中国古代神话的浪漫。但2024年5月3日,嫦娥六号"奔月",将在月球背面的艾特肯盆地获取不同地域、不同年龄的月球样品。

此事引发了许多人的好奇和联想。请据此写一篇文章表达你的认识和思考。

许多老师看到这个题目以后觉得很难。"嫦娥奔月"和嫦娥六号"奔月"之间有什么关联呢？前者是中国的一则神话，后者则是中国科学的一种现实。当我们这样想的时候，嫦娥六号和"奔月"之间就有了比较合理的推理关系。这个材料就启示我们怎样把自己的美丽神话变成看得见摸得着的现实呢？嫦娥六号"奔月"不就是一种启示一种引领吗？我们怎样让自己人生的嫦娥六号奔向理想的星辰大海呢？这样一想，小学生、初中生、高中生不都在做着一件如"嫦娥奔月"般重要的事情吗？

阳光生命课堂开展批判性写作，希望教师能够调动学生高度的穿透能力，学生要能够从现象看到本质，从神话看到现实。如果没有这样的穿透能力，那么批判性则会大大降低。而有了相应的穿透能力，能够做到从现象看到本质，那么表达起来也会神采飞扬。

我们看这篇文章：

跨越千年的幻想

千百年前，凝望着远在天边的那轮明月，古老而浪漫的中国人幻想着那名美丽的女子飞向月宫，谱写出"嫦娥奔月"之神话。

而那轮明月，在经历了不知多少个的阴晴圆缺后，终于在当下见证了嫦娥六号"奔月"采样。

嫦娥"奔月取壤"，终将神话幻想变为现实！这跨越了千年的神话告诉我们什么？

跨越千年的，不仅是神话，更是华夏子孙乃至全人类生生不息，绵绵不绝的探索精神。

人类多么需要幻想精神，探索精神啊！！闭上双眼吧，古老的大地上的幻想正在孕育，他们幻想着自己的祖先是一种名为"龙"的生物，创造出一系列图腾以及文明；他们创造出后羿射日，创造出大禹治水！国外也一样！哥白尼面对板上钉钉的"地心说"，提出了"日心说"，其"荒诞"程度令所有人都认为是"幻想"。但纵使哥白尼的理论现如今看来仍是幻想，却是人类思想的一大跨越。

由此可见，幻想的光辉一直照耀着人类！探索的精神一直在人类的血液中流淌。

或曰："人们歌颂成功的幻想，那么失败的呢？"我想，幻想或许没有失败可言。科学与理性向我们证实"龙"从未存在，但这种幻想依旧使我们自豪地称为龙的传人！孩提时，我们脑中天马行空的幻想，大多数都未能实现，却启迪了我们的心智，激发了我们的想象。由此可见，并非幻想力为之赋予价值，而是其本就闪闪发亮,熠熠生辉。

面对大胆的幻想,要有科学的态度!爱因斯坦发表的四篇旷世论文,普朗克却认为是幻想,其中便包含了狭义相对论!而后,他又提出幻想,将相对论推至普遍层面,甚至在后来幻想领先希尔伯特——当时最有威望的数学家,推导出结论。终于,凭借着废寝忘食和无限热爱完成了他的所有幻想。

有了幻想,那就够了吗?还需要勇敢积极的探索精神,不屈不挠的探索意志!

没有探索精神,我想嫦娥六号或许便不会有奔月之日。在这奔月的路上,想来也未必然有科学家们一个接一个的幻想——我们如何飞天?如何在奔月后安稳降落?以及接着的无数的实践与研究。

光有幻想远远不够,须加之以追逐、探索,灌之以汗水,甚至付出生命!当硕果累累,再种下新的幻想,不久,幻想之绿树便成荫。

你是否曾为暗淡生活苦恼?

去幻想吧!你是否为众多幻想所困惑?去探索吧!这人类传承千年的血液!

大胆幻想吧,你的眼前有一路花香!

勇敢探索吧,你的嫦娥也定会奔月!

愿你也能谱写跨越千年后的神话!

《跨越千年的幻想》洋溢着鲜明的批判精神。作者认为嫦娥"奔月取壤",终将神话幻想变为现实,这跨越了千年的神话告诉我们华夏子孙有着生生不息,绵绵不绝的探索精神。正是这样一种探索精神,才让中国人民将神话幻想变成美丽的现实。在写作过程中,作者运用假设分析,思考"没有探索精神"的情形——嫦娥六号或许便不会有奔月之日,在这奔月的路上,想来也未必有科学家们一个接一个的幻想——我们如何飞天?如何在奔月后安稳降落?以及接着的无数的实践与研究。还深入思辨了"光有幻想远远不够",还需要加上"追逐、探索,灌之以汗水,甚至付出生命"。《跨越千年的幻想》在立论的同时还能够融入批判性的思考,写得生动活泼。

阳光生命课堂上,我在指导高中学生写作的时候这样强调,别人写教材上的例子,我写课外的故事;别人写古代的伟人,我写当代的百姓;别人"言必称希腊",我就扎根优秀传统文化。

比如在论述"民族尊严"时,一般同学大都会用李广、霍去病、张骞、文天祥或者朱自清等人的例子,但有的同学选择了一组当代科学家为民族尊严而不停止脚步的动人故事。

比如钱学森先生、袁隆平先生、叶笃正先生、吴澄昌先生、孙家栋先生……这样的例子不仅有力地论述了民族尊严这个话题,也提振了读者的民族自豪感和自信心。批判性议论文写作中,我们一定要言人之未言,增强思辨的时代感和可读性。

在开展阳光生命课堂的批判性写作训练时,我发现越是鲜活的素材越充满着批判性意味。阳光生命课堂中,我们不能轻视教材中有意义有意思的素材。有时候成功的使用教材中的素材,倒是给读者以活学活用的印象。围绕"俗话说,有话则长,无话则短。有人却说,有话则短,无话则长——别人已说的我不必再说,别人无话可说处我也许有话要说。有时这是个性的彰显,有时则是创新意识的闪现"。作文时,我引导学生放眼课本文化的河流中,他们发现有很多素材可以走进"说"或"不说"的论述视野:庄子、孔子、孟子、荀子、李白、杜甫、白居易、苏东坡、辛弃疾、陆游、鲁迅、郭沫若等,这些作者哪一个不是"有话则短"的典型?哪一个不是"无话则长"的典型?这就需要认真透视中小学教材,要将教材素材进行组合加工,以提取出自己理解了的、具有"作家本性"的"硬材料"。这样,材料与观点才能切合。山东卷高考作文要求学生思考"备好的行囊",我们能不能在教材中找到所需的素材?其实,我们只要看一看苏东坡是如何做的,就可以找到论述材料了。

托尔斯泰说:"一切作品要写得好,它就应当……是从作者的心灵里歌唱出来的。"高中教材中有苏轼的《卜算子·黄州定慧院》《赤壁赋》《定风波》,这三篇正好写出了苏东坡遭遇人生打击时心路转换的过程,是苏轼心灵里唱出的歌。围绕这段历程,我们可以来透视他是怎样在旅途漫漫中"翻检行囊"的,思考他的"有的东西很快用到了,有的暂时用不上,有的想用而未曾准备,有的会一直伴随走向远方"。

难道不是吗?苏轼于元丰二年(1079)被贬为团练副使,最初寓居于定慧院。刚刚被贬到黄州时,惊魂不定,心情自然幽独凄清,这便是《卜算子》的失意所在;经过一段时间的反思,苏轼渐渐从政治失意中摆脱出来,这就是《赤壁赋》中的心态,而《定风波》则是苏轼看透了人生坎坷与挫折后的乐观豁达。据此,我们可以从苏轼被贬黄州的经遇中,提取出他是如何"翻检行囊"的材料:苏轼本在朝中做官,力求建功立业。因乌台诗案,被贬至黄州,但他虽有"寂寞沙洲冷"之感,却并没有长期消沉,而是尽情享受"江上之清风,山间之明月","飘飘乎如遗世独立,羽化而登仙"。他用乐观旷达的情怀面对人生"风雨",他"回首向来潇洒处,也无风雨也无晴"。所以,面对人生磨难我们要有准备,否则就难以活得豁达,活得潇洒。这样审视苏轼的素材,不也切合山东卷的"备好的行囊"吗?

有时候,同一个材料从不同的角度理解也会创造材料的新意。譬如鲁迅的弃医从文的事,我们也可以用在以下论点或论题的论述过程中:"人生就是要不断地追求","要找到适合自己的位置","要有自己的理想与追求","要善于从简单的事件中发现深层的意义"等。变换角度,说穿了就是改造材料,改造的方法有老调新弹、旧案翻新、逆向思维、巧用类比等。

中小学开展批判性写作常常会使用梵高的素材。他们大都只是看到他超人的才华和悲惨的命运,很少有人研究他悲剧命运的根源。如果从这个角度使用,就可以将比较陈旧的"例子"用"新"了。梵高之所以有悲剧的一生,纵然有女友的背叛、画商的阴谋、世人的不解等原因,但归根结底是他常挂嘴边的"我不行"的不自信,将他的才华掩埋在一片黑暗中。如果他能够把"我还可以""下次我会做得更好"常挂嘴边,纵然太阳要用"黄金的刀子"将他的心撕裂,他也会用常挂嘴边的这些话语实现生命的重塑与新生。

所以,清代学者万斯同认为,必尽读天下之书,尽通古今之事,然后可以放笔为文。苟其不然,则胸中不能无碍。胸中不能无碍,则笔下安能有神。

第二节　懂得理性思辨

训练批判性思维最低要求中小学生懂得理性思辨。没有理性思辨就没有科学而严谨的批判。理性思辨和合理批判是一枚硬币的两面。在中小学批判性思维训练中,我们会发现,即便有了时新的、经典的素材,并不意味着批判性写作能够成功。相当多的学生不懂得理性思辨,找不出可以批判的路线和观点。

面对批判性思维训练,很多学生搜集了充满时代气息的素材,研究了经典素材的使用角度与方法,但是不知道如何使用思辨方式、不懂得如何分析素材。分析和批判是两个紧密相连的过程。即便是批判性思维的过程,其实是批判性写作中"用论据证明论点"的过程。也就是说,我们要能够在批判性思考过程中"揭示事物内在的因果关系",即运用辩证思维,用全面的、联系的、发展的观点去分析要批判的问题,考察被批判对象之间普遍的、必然的联系,从而由此及彼,追根溯源,找到事物之间的因果,顺利地展开批判思维过程。批判性写作中,许多同学不同程度地存在这样的问题:往往只摆事例不加分析,不知道如何阐明材料的价值。那么,良好的批判怎能运行下来呢?

懂得思辨性,才知道思辨的力量,思辨的深度。中小学批判性写作中,对于单个论据要学会剖析材料,揭示本质,从而让自己的写作走向理性。在江南学习期间,我以思辨的方式开展中学诗词教学,听课老师认为懂得思辨才能设计出这样的教学方案。

长期以来诗歌的教学都是一首一首、一个诗人一个诗人地讲授的。我产生了这样的念头,如果把众多诗人的作品汇聚在一堂课上,让他们之间发生碰撞,这样的课堂将会生成怎样的思辨性的创造呢?

我以"圣者"之作——《茅屋为秋风所破歌》《浣溪沙》《双调·沉醉东风》《醉翁亭记》等的"内在逻辑关联"的圣洁之心为主题建构教学资源,引导学生开展思辨性阅读实践活动——感受"圣心"、体验"创写",以"获得个性化的审美体验"。

"圣心"如果不用思辨的方式,是很难读出他们的精神内涵的。对于思辨性的阅读,很多老师有畏惧的心情。事实上,如果我们用思辨的方式设计教学,学生更能迅速地把握诗人的思想情感和精神内涵。我是怎样操作的呢?

我把这四篇诗词曲文的"思辨点"定位在感受"圣洁之心"上。所谓"圣洁之心"即"心系国家、心系民众"的高尚品质。从古至今,谁不愿意心系国家、心系民众呢?但是各位诗人的爱国之心、惜民之情,又有怎样的不同呢?这才是教学的着力点。《茅屋为秋风所破歌》是"诗圣"杜甫之作,荡漾着的是"为国而忧"之忧心;《浣溪沙》为"词圣"苏轼之作,流露着的是"为游而欢"的"欢"心;《双调·沉醉东风》是"曲圣"关汉卿之作,濡染着"为别而悲"的"悲"心;而《醉翁亭记》则吐露着"与民同乐"的"乐"心。这四篇佳作,均显露着作者"圣洁之心"。开展思辨性阅读教学时,我"聚焦"一个"圣"字,从"圣"字入手触摸、浸润"圣心",感受不同时代中华儿女的情操。学生沿着探寻"圣洁之心"的路径出发,便徜徉于四篇诗词曲文的精神世界中,真切感受到"圣者"之作所独有的表达方式和情感魅力。

开展思辨性阅读教学时,我循"圣"而入,引导学生先品"圣者"言,再比"圣者"心,课堂的思辨性一步一步生成在我的眼前。为了品"圣者"言,我推出了这样的情境任务:

古人云"情不知所起,一往而深",在常州,有这样一座情感博物馆,陈列着圣人们的情感世界,走进它,你将情之所至,一眼千年。你想以谁为偶像呢?你想为谁代言呢?

学生们初读了四篇诗词曲文,找出了表现"圣者"之"心"的关键语句。比如,杜甫的荡漾着的"为国而忧"的忧心在哪里?研讨时,学生们发现了"安得广厦千万间,大庇天下寒士俱欢颜!"苏轼流露了"为游而欢"的"欢"心,弥漫在哪些诗句上?研讨时,学生们画出了"细雨斜风作晓寒,淡烟疏柳媚晴滩"等诗句。关汉卿"为别而悲"的伤感又在哪里?教学时,学生们发现了"手执着饯行杯,眼搁着别离泪"。而欧阳修"与民同乐"的"乐"心"占"了文本的最后一节:"禽鸟知山林之乐,而不知人之乐;人知从太守游而乐,而不知太守之乐其乐也。醉能同其乐,醒能述以文者,太守也。"学生们细品"圣者"言,"情感博物馆"的内容渐渐丰富了。细品"圣者"言,目的是开展"圣心"的思辨性比较,发现不同的"圣心"内涵的差异。

从思辨性的角度来看,四篇诗词曲文均呈现了"圣心",学生们更喜爱哪颗?"情感博物馆"互动中,更多的学生欣赏杜甫"为国而忧"的忧心、欧阳修的"与民同乐"的"乐"心。部分学生欣赏苏轼"为游而欢"的"欢"心、关汉卿"为别而悲"的"悲"心。不难发现诗圣杜甫、欧阳修的情感是凌驾于个人之上的,他们心中满载的是家国情怀。从培育有担当、有本领的时代新人层面看,喜爱杜甫、欧阳修的忧国忧民的情怀,值得赞赏;喜爱苏轼"为游而欢"、关汉卿"为别而悲"等的健康情愫,亦值得肯定。贯通阅读,就是要打通不同文本思想表现上的壁垒,看到不同时代、不同篇章中所洋溢着中华民族特质的思想情感,以丰富新时代少年的家国情怀、民族心理,涵养时代课堂的浩然之气,滋润时代少年的生命精神和生命追求。

在思辨性阅读比较的基础上,我引导学生开展基于阅读的思辨性写作活动,将学生引进读写的新天地中。在思辨性阅读中,学生们领悟了浸润于作者的生命追求、精神取向中,这就为开展思辨性读写奠定了良好基础。开展思辨性阅读教学时,如果只是停留在文本壁垒的打通上,只是看到不同历史时期中华先民的精神面貌,还不算真正的"贯通"。在反复的思辨中,同学们感受了"圣心",为的是体验"创写"。为了更好地开展思辨性读写,我设置了"与圣者友"的读写情境。

应博物馆邀请,请你在"三圣"展馆创写一幅作品,实现古今千年的对话。

1. 请你给杜甫写一封信,让杜甫放下"忧心"。
2. 请你替苏轼选一幅书签/或者日记,记录苏轼"欢心"。
3. 请你给关汉卿唱一首曲,让关汉卿释放"悲心"。(仿造《送别》格式填词)

这三项思辨性读写训练任务的目的是训练学生的思辨性眼光,引导学生在思辨性的读写中深耕文本,深度领略"诗词曲文"中洋溢着的"圣心""圣情"。江南的中小学在开展古代诗文贯通阅读的学习行动中强调"古诗文读与写的贯通"。我结合开展思辨性阅读教学追求设计的这三项任务,希望尝试基于古诗文思辨性写作的新样式。学生们"与圣人友",实质是再度真切揣摩、体会"圣心,激发学生创意表达的兴致。

苏轼的《浣溪沙·细雨斜风作晓寒》前有小序:"元丰七年十二月二十四日,从泗州刘倩叔游南山。"一位学生由此切入,以日记形式"整合"词作。看他创写的日记：

元丰七年十二月二十四日，微雨，我跟从泗州刘倩叔游览南山。绵绵细雨，丝丝斜风；烟雾袅袅，杨柳稀疏。初晴后的沙滩多么平静。远处清澈的洛涧汇入淮河，茫茫一片，很是壮阔。坐在小亭，泡上雪沫乳花似的清茶，看着茶叶在水中漂转，幽香阵阵沁人心脾，春盘里嫩绿的蓼芽蒿笋，这样的清欢才是人间的真滋味啊！

这名学生以苏轼口吻写日记，走进满怀"清欢"的"词圣"世界，与"词圣"对话，复活"词圣"的诗意生活……这怎不是深刻感受诗歌内容与情感的极佳方式？事实上，由贯通阅读，到贯通读写，学生们的表达积极性更加高涨。

在给杜甫写的一封信中，一位学生以真切的情感让他放下"忧心"。

杜甫先生，从您的诗作中我体会到您内心的痛苦与不安，我深表同情。可您不顾个人悲苦，依旧满怀天下寒士，我内心便充满无限敬意与感动。如今这个新时代，一如先生所愿，我们坐在窗明几净的教室里，读着先哲们的文字。风雨不动，为中华之崛起而读书！

站在新时代，这位同学深感杜甫的"忧心"远超个人痛苦，便深有感慨地写出了自己的安慰性书信。在"给关汉卿唱一首曲"中，学生们模仿《送别》的歌词样式填词，关汉卿的《双调·沉醉东风》创造性地"转化"成了吟唱的曲子。

东风起，春花飞，手执饯行杯。咫尺天涯霎时间，眼搁别离泪。

天之南，地之北，月缺人珍重。痛煞教人舍不得，万里牵挂中。

课堂上，当学生们配着《送别》曲调清唱"东风起，春花飞，手执饯行杯"，惜别怀远的情丝在《送别》曲调的衬托下，显得十分悠长凄清。听课的老师们纷纷加入伴唱的队伍中。"与圣人友"的读写贯通展示环节中，开展思辨性阅读教学走向了学习的新天地。这样的开展思辨性阅读教学创意倍受听课老师好评。他们认为，开展思辨性阅读教学的做法，让课堂教学走向了创意表达的高潮，也开辟了古代诗文读写的新思路。

开展思辨性阅读，根本在于"思辨性"，在于把学生"送进"个性化审美和表达的新天地。

从理性的层面看，批判性表达如何揭示材料的本质，阐明材料的价值？一般来说，剖析材料时，可以直接解说材料中蕴藏的本质、关键。这种分析方法叫事例解说法。一同学在论述"我能，我自信"时，引入典型事例后，便及时作了解释，呈现典型事例里包含的本质。他在论述伟大人物创造了伟大成就时就是这样——"仲尼厄而作《春秋》,孔子困厄之际,仍坚持自己的信念,深信'我能';左丘失明,阙有《国语》;孙子膑脚,兵法修列;左丘、孙膑一个失去双眼,一个失去双脚,而他们不为身体上、心灵上所受的摧残而动容,高喊'我能',为后人留下不朽的篇章。"这就是典型的、通过解说揭示材料蕴藏本质的方法。但是这样的写作只是认同,还没有表现出批判性思考。写出《春秋》,难道非要遭受命运的不公吗?创造《国语》,难道非要双目失明吗?这样一反问,批判性的色彩才鲜明。

理性的批判表现为艺术的批判,表现为突破现象看本质的批判。中小学批判性写作中,批判性的剖析也可以用探究原因法,即用"这是什么原因造成的呢?原来……"引出探究和剖析事理的文字。在探究原因时,要善于从事实材料中提出自己新颖而深刻的问题,从而引领读者关注自己的分析,然后再透过现象深入本质,揭示事物内在的因果关系。在讨论"母语要不要尊重"这个话题时,我们就可以开展批判性的剖析,指出当下不尊重母语且盲目地崇拜外语的现象。

我们做了很多糊涂的事情,做了很多糊涂的规定。学校规定早餐时间禁止使用汉语;综艺节目中叫嚣的是"好可爱""么么哒";中国人学习外语的热情,一闭眼以为自己到了牛津,睁开眼才发现在天津;广告、报纸更是错字连篇……母语的尊重表现在哪里呢?是我们的母语本身艰涩难懂,还是施教者、学习者的错误?是我们不尊重母语,是国家没有引领倡导?

母语现状令人担忧。

中小学批判性写作中,剖析材料也可假设论证法,即用"假设……情况会怎样呢?"引出与所举事例相反的情况展开论述,透过现象揭本质,挖根源说危害,通过假设分析揭示材料的"另一面"价值。

在写作"如果不读书"时,五六年级的同学表现出了自己的批判性思考。

如果不读书,你能感受到春雨的喜悦吗?如果不读书,你能感受到秋霜的冰冷吗?如果不读书,你能领略到书中描绘的天边云彩的壮美吗?如果不读书,你能感受到书中洋溢着的生命成长的精神吗?……读书真的可怕可畏吗?还是耐心地读吧。

三个假设性分析有序地排列,从而把不读书的结果呈现在读者的面前。一个不热爱读书的人,怎能敏锐地感受到社会生活的变化呢?这段文字就具有相当的批判性意味。在写作"一步之差"时,有的同学就善于运用假设分析。

人生历程中,一步之差有千差万别。

中国空间站对接如果差了一厘米,货物飞船和空间站就失之交臂;嫦娥六号奔月,如果差了一毫米,那么有可能落入不理想的禁地。科学研究一步之差,何止是一步呢?人生历程中,如果你选错了方向,你的目的地将差之千里。对于一个勇于拼搏、不断向前的学生来说,我们的"一小步"有可能是未来的"一大步",家庭的一万步。在"一步"上,我们怎能不小心谨慎呢?

作者在分析"一步之差"两种命运时,用的就是假设分析假设论证。作者列举了中国空间站对接、嫦娥六号奔月的一步之差,并进行假设分析,用另外一种结果来审视眼前的这"一步之差",论证层次分明,很有说服力。这样的假设性批判分析就很令人信服。

中小学批判性写作中,剖析材料也可用由此及彼法,即用"无独有偶……"或"惊人相似的是……"引出性质类似的材料,然后把它们加合起来,分析其共同属性。这样就能增加论证的广度和深度。在写作"适合"这个题目时,一位同学提出了自己的中心论点"适合自己的才是最好的"后,在论证展开使用的就是由此及彼法。他认为,许多人不做适合自己的事情,偏偏去效仿别人。结果别人效仿不得,却留下了千古笑话。他实际是从反面论述自己的中心论点的。在论述时他举了两个例子,并用这两个例子推及现代社会的病态心理。

生活中,当我说适合自己的才是最好的,许多人不相信。他们常常去挑战那些不适合自己的,白白花了时间不说,还留下了大量的笑料。从古至今,此类事件层出不穷。古有邯郸学步者,煞费苦心学习别人走路,最终落得不仅没有学会别人的步态,而且忘了自己当初的走姿,岂不可笑可悲!丑陋的东施,偶见西施生病捧腹之态,便认为自己也可以学她的"面有难受之色",结果外表丑陋的同时,弄得心态丑陋,人人厌恶……

他们为什么要去做不适合自己的事情呢?这些逆流而行给我们留下了怎样的教训呢?现在社会有没有这样一种病态心理呢?我们不妨审视一下当代社会……

中小学批判性写作中,如果是多个论据连用,就要注意使用的艺术性。可以将名言引用与举例相结合。议论文写作中,既讲究理论论据,又讲究事实论据。引用可以借名人之语增强议论的力度,事实论据可以直观地再现情景,二者的结合是议论文常用的写法。我们看梁实秋的《健忘》中的一段。

是爱迪生吧?他一手持蛋,一手持表,准备把蛋下锅煮五分钟,但是他心里想的是一桩发明,竟把表投在锅里,两眼盯着那个蛋。

是牛顿吧？专心做一项实验，忘了吃摆在桌上的一餐饭。有人故意戏弄他，把那一盘菜肴换为一盘吃剩的骨头。他饿极了，走过去吃，看到盘里的骨头叹口气说："我真糊涂，我已经吃过了。"

这两件事其实都不能算是健忘，都是因为心有所旁骛，心不在焉而已……

忘不一定是坏事。能主动地彻底地忘，需要上乘的功夫才办得到。孔子家语："哀公问于孔子曰：'寡人闻忘之甚者，徙而忘其妻，有诸？'孔子曰：'此犹未甚者也，甚者乃忘其身'。"徙而忘其妻，不足为训，但是忘其身则颇有道行。人之大患在于有身，能忘其身即是到了忘我的境界。

在上面文段中，梁实秋精心选材，通过"爱迪生""牛顿"两个事例说明"健忘"的含义。然后又引用孔子的话说明"忘不一定是坏事"。这些事实材料，叙述简洁，引用恰当有力，很有说服力。试想一下，如果没有这些典型的材料，说理怎能服众呢？观点怎能突出呢？

批判性写作中，如果手头有两个以上的人物素材该怎样用呢？可以将几个论据用排比方式组合起来，相互补充，形成集团效应。但要注意决不能只是简单的材料堆积，要注意对材料的共同作用进行深刻剖析，将摆事实与讲道理有机结合起来。我们看议论性散文《生命是一朵常开不败的花》中的这几段。

当苏武被流放到北海时，北海的羊群咩咩地叫着，似在欢迎这位坚贞不屈的大汉臣子。这十几年的痛苦如果可以当作是一次挫折，那么这次挫折无疑是痛苦的，可是这位牧羊老人从未曾放大痛苦，于是十几年后，大汉的丹青上书写下了民族不屈的坚贞气节。

昭君出走大漠，丝绸之路上又多了一串驼铃的丁冬声，"千载琵琶作胡语，分明怨恨曲中论"不应该是她真实心态的写照吧！如果不贿赂画师，终至出塞算是一次挫折，那么是挫折换来了汉匈两地人民的短暂安宁。

苏武和昭君的举动应该是对直面挫折、缩小痛苦的心理的诠释。人生只有走出来的美丽，没有等出来的辉煌，因此直面挫折，化解痛苦才是我们的最佳选择。

上面的文段以"直面挫折，化解痛苦"为中心，作者联想到两个具有同样性质的人物——苏武和王昭君，对这两个历史人物所蕴含的精神进行深刻的假设分析，然后将两个人的举动合起来分析，因为人生只有走出来的美丽，没有等出来的辉煌，从而有力地论证了直面挫折，化解痛苦才是我们最佳的选择。批判性议论文写作时，我们也可以尝试使用正反对比的论证方法，从而突出被论述的中心论点的正确性。在议论文写作中，正反对比能够把一件事物的两面呈现给读者，运用正反对比论证能够增强议论文的说服力。比如当年写"怀想天空"这篇作文时，一位考生怀想的就是庄子心中的那一片天空，他用的是把当代人的心态与庄子的心态进行对比的方法。

庄子的心中有一片天空。那是怎样的天空呢？我想是白纸一样的纯白，如天山的水一样清明澄澈，如明月一样的光亮无华，纤尘不染。因此，他能够静心安坐钓鱼台，岿然不动；他能够衣衫褴褛地游走在人世间，寻找心中的"道"。

再看今日世态：人们忙着晋升，人们忙着赚钱，人们忙着享受。纸醉金迷，灯红酒绿的生活让许多人开始迷失自我，深陷权力、利益的漩涡而不能自拔……多少年前先哲们那明净纯粹的天空也被金钱财利挤得越来越小。

上面的文章，是将古人庄子与今世众生相对比，前者心中的天空是明净澄澈的，追求的是精神不朽，其结果是扬名立万；后者的天空是庸俗浊秽的，追求的是功名利禄，其结果是可想而知的。批判性写作中，正反对比的运用实际从正反两个角度分析所选择的素材，从而找到材料中的本质，以论证中心论点。面对同一个话题，找到正、反两方面可以分析的素材，再运用对比手法将优与劣、好与坏、美与丑等分辨出来，从而增强议论的说服力。

中小学议论文写作思辨中，一定要正视素材使用的审视、斟酌、打磨。优秀的议论文，无一不是在素材使用上展现了精湛的审美艺术。2024年2月份，一位高三同学拿来作文题，让我指导他写作。作文题目是这样子的：

作家余华在接受《巴黎评论》采访时说：文学不是我生命中的唯一。最近一次，我跟学生说，今天下午我们见个面，聊聊你写的小说。他说，老师，我今晚要去跳舞。我说，好吧，玩得开心点。以上材料引发了你怎样的联想和思考？请写一篇文章。

这是一种典型的思辨性写作材料，我希望他以自己身边的生活为题去写，不要写僵尸作文，不要写冰冷作文，可以把自己的家人、自己的生活融入思考中。他认为如果要写思辨性的作文就要写成议论文，不能写成记叙文。然而，我告诉他，即便是记叙文也可以写成思辨性的，也可以展示思辨性的精神。结果他就写出了这样一篇生动活泼的考试作文《不相信烤全羊是我爸生命唯一》：

不相信烤全羊是我爸生命唯一

我爸的烤全羊，小镇第一。

熟人遇到了爸爸都叫他"全羊刘"。

烤全羊是我爸生命的唯一吗？如果你要这样想的话，那就大错特错了。爸爸工作之余,总喜爱骑着自行车去攀登前山后山;他说这叫山地训练。爸爸劳累之余也会躺在沙发上大抽二抽他的香烟,他说吸上一支烟,赛如活神仙。爸爸动情的时候也会搂着妈妈的腰,和妈妈一同寻找初恋的感觉……谁能把某件事情当作生命的唯一呢?爸爸在爱着妈妈的同时,也爱着我,也爱着他的员工。如果说烤全羊是爸爸的唯一,那不委屈了爸爸吗?

中国人的认知,喜欢走向死胡同。齐白石是大画家,就有人认为他一天到晚去画山画水画小鱼小虾。至于他喜不喜欢吃羊肉,喜不喜欢吃烤全羊,喜不喜欢一边喝啤酒一边吃烤全羊,大家都不去探究。其实,齐白石除了会画画以外,还喜欢交友,特别是交女朋友,哪是齐白石的唯一呢?以大名鼎鼎的鲁迅先生来说,他善于写文章,写文章是他生命的唯一吗?鲁迅先生善于关爱青年,他不时地用自己的稿费接济青年朋友;鲁迅先生善于为青年呐喊,当青年被污蔑的时候,他第一时间站起来。谁说鲁迅只会写文章呢?谁说写小说是鲁迅生命的唯一呢?

谁说高考是高三学生生命中的唯一呢?不错,高考是高三学生最重要的任务,我也知道它关系我们的前途未来。可是,班主任却把高考看成了高三学生的唯一。其实,我们要喝奶茶,也需要上厕所;我们要谈天说地,也要观花看柳……将来我们也要谈恋爱,我们也要怀孕、生孩子,也要抚养孩子,也要让孩子参加高考……

就像不相信烤全羊是我爸生命唯一一样!

谁会相信一次高考就是生命中的唯一呢?

不要传递小道消息,不要骗人!

作者由父亲专职烤全羊,引发思考。他想到了齐白石,画山画水画小鱼,想到了齐白石的喜欢交友,谁说绘画是齐白石的唯一呢?他想到了大名鼎鼎的鲁迅,善于写文章也善于为青年呐喊,谁说写文章是鲁迅的唯一呢?这样思考就很符合材料的主旨。思辨写作,其实是让自己的审美眼光不断深邃,让自己的审美视野不断扩大。议论文写作之前,当我们能够进入庄子所谓的逍遥境界,议论文的审美思辨也能抟扶摇而上者九万里。

理性的批判表现为充分的思考,充分的酝酿,然后严谨的表达。批判性写作时,我们都有这样的感觉:还没有准备好,就出发了。其实,要真正写好批判性文章,就要加强对议论文写作的思辨,反复地追问自己"who, what, where, when, why, how"这六个问题。在批判性写作中,这六个问题能够使论述更加清晰明了、能让论证结构更加理性、能让观念更加深刻独到、能让表达更加鲜明犀利,能让批判性的影响更加显著深远。从理性的价值和存在的意义上看,如果没有批判性的碰撞反思,没有真正写作价值的追问,没有真正篇章设计论证方法的反问否定,文章的论述角度就不新颖,论述层次就不鲜明,论述的道理就不深刻。所以开展批判性写作,一定要弘扬理性的精神,反复追问、反复思考、反复掂量和反复斟酌。许多人写议论文,走向浅薄,走向低分,走向面目可憎,原因就是议论文写作缺少理性思辨。

阳光生命课堂建设中,理性的批判使得批判更显理性,这才是批判性写作的价值所在。

第三节　掌握思辨智慧

阳光生命课堂建设中,我们要鲜明地认识到,批判性和创造性在真正的议论文写作中缺一不可。没有议论文的批判性,就不可能推陈出新;没有议论文的批判性,就不可能创新突破。议论文写作中的创造性思维,是建立在深刻的批判性基础上的。因此,议论文写作上的批判性是和创造性思维密切相关的。在批判性表达过程中,一定要熟练地掌握简单的思辨方式。

在审题过程中运用典型的思辨方式,可以很快地抓住材料的中心,我们以这则材料为审视对象:

尼采说:"你要搞清楚自己人生的剧本——不是你父母的续集,不是你子女的前传,更不是你朋友的外篇。就算人生是出悲剧,要有声有色地演这出悲剧,我们不要失掉了悲剧的壮丽和快慰;就算人生是个梦,也要有滋有味地做这个梦,我们不要失掉了梦的情致和乐趣。"

上述材料引起了你什么样的联想与感悟?

阳光生命课堂写作中,如果让你自选角度,自定立意,自拟题目,写一篇不少于800字的议论文,这就需要对这个材料进行批判性审视。面对"人生剧本"这样的作文材料,首先需要建构的是判断的形式,"(　　)剧本"——"是(谁的)剧本",我们需要写(怎样)的"人生剧本"。有的同学会想到,人生历程中,自己生命的本色,自己的人生自己做主。这样写作议论文,势必对人生的规划、人性要做出思考。当然,有的同学会想到,历史名人的"剧本",即别人的剧本。因为从他们身上已经看到他们人生的悲喜,看到他们人生的色彩。这样,点评历史人物,或者称赞值得敬爱的人物,自然是一种好的思路。有的同学会想到,某些社会"剧本",结合当下的价值观评点,以凸显"剧本"的深层次意义。在批判性写作中,真正要写出有新意,出类拔萃的文章,就要放开思维,透视"剧本",这样才可能在议论文写作过程中实现创新思考创新表达。

这个新材料中有许多审题限制或者暗示。比如"不是父母的续集"的暗示。平时,父母要求我们做的一些事,他们会强加意志在我们的脑海里,从而形成代沟。例如,父母要求我们看课文,做习题,上辅导班……可是有的同学偏偏喜欢读课外书,偏偏喜欢各样的明星,偏偏喜欢专注于某种活动……我们便可以从此切入:写从读课外书带来的"人生剧本"的变化;有的学生喜欢体育明星,例如见过洛杉矶四点的早晨的科比:可写积极向上的明星崇拜;有的学生喜爱户外探险,从中看到自然的广阔与神秘:可以写人生的另一类剧本……无论是坚守人生本色的剧本,还是回应"续集""前传",都要"搞清楚自己的人生剧本"的具体内涵。

阳光生命课堂强调写作要素的全面审视。对于这个作文来说,写成议论性文字,论述朋友"剧本"的意义,并同"我"的人生剧本进行对比,从而感悟到自己一定要有自己的剧本、要写好自己的剧本、演好自己的剧本,最后是将自己的剧本变得有价值。这样的思路也是可取的。如果写作议论性散文,则需将写作的重心落在"就算人生是出悲剧,要有声有色地演这出悲剧"。比如,从种种人生悲剧的描述中呈现出"有声有色"与"轰轰烈烈"的悲剧,从而表达自己的感叹,或者表明"搞清楚自己的人生剧本"。中小学批判性写作中,顺着这个方向写事例很多。教材中的各类人物——李广、王勃、辛弃疾、史铁生……关键是从他们的人生悲剧中看到"壮丽和快慰","搞清楚自己的人生剧本"。当然,如果把人生的剧本当作"美好的梦",那未尝不可。可以建构各种美好的幻想或白日梦,让读者感受到阳光普照的暖意,让读者感受到梦的情致和乐趣。比如,假若辛弃疾收复失地了,假若史铁生不残疾了,假若农民工不受歧视了……"我"还有哪些梦呢,"我"又如何"有滋有味"咂摸着自己的梦呢……从材料的整体上看,不论是悲剧还是喜剧,批判性议论文写作都要写出鲜活的你、我、他的悲喜情味。要让读者看到你的鲜活是独特的,富有个性。这样,你的议论文写作就走向了创造性写作。

议论文写作的艺术性首先表现在"破题"上。在批判性写作中,有的同学还没有"搞清楚自己的人生剧本"内涵时,就仓促地写作,写了七八百字,读者还不知道这句话的内涵,这样,缺少批判性的咬文嚼字,写作当然走向肤浅。

议论文讲究"破题",然后再呈现观点。不同的议论文,关键词语、中心句的内涵解读方式不一。"破题",一般在作文之首,是最吸引老师的地方。批判性议论文写作,提出自己的观点要讲究其艺术性。而最大的艺术便在"破题"上,要把"破题"过程清晰地展示出来。对于故事材料来说,论点每每起于材料中的一个词语或者感受时想到的句子。当我们基于材料生成这个词语时,一定要非常小心翼翼,细细品味。

"外公偷菜"的故事中宽恕、宽容、自尊、改过、智慧、艺术等均是可写的点,那哪一个是有趣的有价值的呢?这就需要我们围绕社会生活,围绕时代取向去思考判断选择。一位同学这样起笔:邻居真让人意外,不仅让我们看到了他的'恕'——谅解、同情、理解,还让我们看到了他的'宽'——宽厚、宽怀。那'两棵菜',才真正让我明白了什么叫'宽恕';外公的变化,才真正让我明白了'宽恕'的力量。这位同学对"宽恕"的理解,就非常"到位"。他不只是从材料中简单地看到了"宽恕"这个词语,他还看到了邻居的"宽"的重要性。他在行文时把"宽恕"拆分为"恕+宽"。通过解释词语的方式指出材料的深刻内涵。议论文写作的批判性首先表现在这里。

批判性议论文的写作,有时就表现在有趣批判上。批判性写作过程中,如果你们能够发现词语的有趣之处、有价值之处,这说明你有独到的创新眼光。

比如,"谦虚"这个词,当我们把"谦虚"分拆为"谦+虚",会看到"谦"的内涵——谦逊、逊让、恭顺、放低姿态,更能看到"虚"的内涵——虚心、虚怀、空旷、辽阔、恭敬,这样"谦虚"是"谦"+"虚"。有了"谦"的态度,再有了"虚"的空间,"谦虚"的内涵便可以理解为巨大的接纳、容纳的态度与空间。议论文的写作的批判性,就是这样呈现出来的。因此,从内涵的发掘上来看,议论文写作就是咬文嚼字的过程,从现象到本质的过程就是精益求精的过程。

中小学批判性写作,有时就是咬文嚼字的过程,就是对关键词语解释的过程。许多批判性写作,目的就是弄清一个词语中的意思,就是弄清一个词语的精神内涵。或者反过来说,就是围绕一个词语在思考道理、思考生活、思考世界。所以,阳光生命课堂的一番努力,就是为了搞懂一个词语的存在状态,就像人的存在一样——或者漂泊,或者停留,或者呐喊,或者静寂。

阳光生命课堂主张,谨慎地提出观点。观点的论证是讲究领域性的。也就是说,中高考议论文的写作都是在某个领域中展开论证的,范围不要太大。一旦大了,审美性、艺术性就下降了。古人讲究"文章是案头之山水,山水是地上之文章",崇尚"庭院深深深几许"的意境美,更主张"方寸之间自有天地"。因此,让议论的领域更小一些,让论证的思路更加曲折些,这样,论证的艺术性也就慢慢地显现了。

老师引导学生思考下列一则素材,探究艺术家的种种意图。

一位艺术家挑选了一些游客在柏林大屠杀纪念馆的搞怪留影,然后将图片中肃穆的建筑背景替换为大屠杀中真实的场景。背景一换，纳粹种族清洗的历史便瞬间来到眼前，累累白骨、层层尸墙，游客的搞怪行为特别显眼。这位艺术家说："在我看来，这是一个很沉重的地方。"

这个新材料作文有三句话表达了三层意思：一是一些游客在大屠杀纪念馆的搞怪行为，二是艺术家以独特方式进行了教育、警示、批判；三是对游客或艺术家，你怎么评价。这三个层次哪一个最有意义呢？哪个最具有价值呢？你是从游客角度来思考这个话题，还是从艺术家的角度来说明？你是从批评游客的角度来写来思考，还是从褒扬艺术家的角度来赞美来提醒？新的价值选择，说明你有着不同的价值思辨。从游客的角度来说，游客的行为不妥，他们没有注意场合，没有把握好分寸，这背后就是不尊重生命，不尊重历史；从艺术家的角度来看，艺术家敏锐地感受到游客的行为很恶劣，他用这种方式教育游客，充满良知，独具匠心，是值得肯定的。

中小学批判性写作中，我们要从材料的整体上来看，为什么会出现游客的这种行为？为什么会在大屠杀的现场出现泛娱乐化的倾向？显然，这个社会教育的失衡，人们忘却了历史，忘却了生命的消失。我们从这三个方面分析的时候，我们会发现我们的思考越来越深入。批评游客、赞美艺术家，可能都不是最有价值取向的写作方向。泛娱乐化产生的社会背景，人类社会的麻木浮躁，才是在大屠杀纪念馆前搞怪行为出现的原因。

很多学生面对考场作文材料常常无从下笔，主要原因是学生没有从材料里生成自己的思想问题，不懂得从材料中提出属于自己的问题，并追问自己的问题、反思自己的问题，导致作文举笔沉重。实际上以批判性的眼光审视作文材料，才能精准地抓住材料中的主要概念，主要问题，从而不断地打开材料所引发的思辨性思考的空间。

材料引发的思考空间表现为两个方面，一个是材料所引发的素材空间，一个是材料所引发的问题空间。2024年5月份，一位高中老师发给我一则期中考试作文：

阅读下面的材料，根据要求写作。

"出"是人生的一个方向，"出"是走出家门，走出校门，走出自己之前的舒适区……。走出去，你才会有阅历，有沉淀，有气质；走出去，才能与世界同呼吸、共发展、齐分享。当然，走出去也是有风险的，收获可能要以选择为前提，甚至以舍弃为代价。

对于"走出去"这个话题你是如何看待的？请结合材料写一篇文章体现你的感悟与思考。

他说，这个作文题不好写。学生们写出来了，自己也不好打分。他告诉我，这个作文题引发了老师们的讨论——

有的老师认为，如果只写了走出去的意义作用，就是为啥要走出去，应该给42分吧？

有的认为，应该从个体强调走出去的价值或者从国家、民族说走出去的价值或者走出去的风险。这样解读吗？

有的认为，重点是分析原因吧？如果写到了走出去有风险，要舍弃，但是还是要走出去，起评分45？

从老师的讨论来看，他们还是在思辨这则材料作文的写作意义和写作重点。这个作文题应该怎样来思考呢？我把"走出去"这个作文题目作为概念来思考的。这道作文题，从人生的角度谈"走出去"，"走出去"表现为空间上的"走出去"和心理上的"走出去"，而心理上的"走出去"指向的是走出自己的"舒适区"。其实人生就是不断地"走出去"的过程，不仅有空间上的，还有心理和精神上的。这个作文材料谈论了个人"走出去"的意义和价值，"走出去"的前提和风险以及代价。学生在写作的时候可能没有关注"人生—你"这对词语。命题实际是希望学生思考，美好的人生就要"走出去"这个话题。从这个层面来看，"走出去"应该是一个主题性的作文，而不是概念性的。

早上，围绕"走出去"这个概念，我很快就打开了素材空间和问题空间。在作文审题和构思过程中，打开素材空间和打开问题空间，旨在引导学生围绕走出去这个主题，来思考方方面面。学生在素材打开过程中和问题的提出过程中，基本上就把文章"怎样写"思考清楚了。当然，这个过程是模糊的，但是这恰恰是作文写作的重要的阶段。至于怎样写，至于怎样写出让人拍案叫绝的好文章，需要丰厚的审美素养、敏锐的观察能力和独到的批判能力。事实上，当学生能够打开素材空间和问题空间的时候，学生就在作文思考的情境中，这样学生才能愉快地开启思辨性表达和批判性审视的旅途。

理性批判的精神是需要日常训练来丰富的。中国女药学家屠呦呦出席诺贝尔颁奖典礼，用中文做了题为《青蒿素的发现——中国传统医学对世界的礼物》的演讲。在演讲的最后，她说："我想与各位分享一首我国唐代有名的诗篇，王之涣所写的'登鹳雀楼'：白日依山尽，黄河入海流，欲穷千里目，更上一层楼。请各位有机会时更上一层楼,去领略中国文化的魅力,发现蕴含于传统中医药中的宝藏!"我把这个材料投影给学生,让他们开展批判性写作思考。

当然屠呦呦的这个材料还可以从词语解释入手,可以从引用名言入手,可以从引用事例入手,可以从道理分析入手,主要目的是为了提出自己的观点。但关键是要看清楚这个材料里的道理。屠呦呦为什么引用王之涣所写的《登鹳雀楼》?一方面是表达自己要"更上一层楼",另一方面也是激励青年人"更上一层楼"。这样才能"领略中国文化的魅力,发现蕴含于传统中医药中的宝藏"。从这个层面看,"谦虚"就是最核心、最关键的因子。材料阅读之后,一位同学感受到屠呦呦身上有"谦虚""进取""向上""境界"等品质。他以"谦虚"为关键词生成"谦虚使人进步,使人更上一层楼"的观点。他认为,要"更上一层楼",谦虚就是基础;而能"更上一层楼",多多少少有谦虚的品质。于是,提出自己的观点"谦虚使人更上一层楼"。从批判性的角度看,"谦虚使人更上一层楼"是贴切的立意。

当我肯定了他的观点正确以后,这位同学选择在文学艺术领域开展论证,用文学艺术上的杰出人物的经历来证明这个观点是对的。他选择的角度很小,确定认识的领域也不大。的确,即使"谦虚使人更上一层楼"是正确的观点,也只是在某一领域内可以证明它是对的,而在另一领域有可能就不是十分正确的。因此,中小学批判性写作,我们的价值判断、价值思考,只是在有限的条件下来展开。因为真理是具有相对性的,"谦虚使人更上一层楼"的材料选择领域也是具有相对性的。当我们把"谦虚使人更上一层楼"放在文学艺术领域论证时,我们可以放眼历史领域,特别是历史上的文学人物,来思考"谦虚使人更上一层楼"的合理性、普遍性……唐代杜甫、白居易、韩愈、柳宗元、曾国藩、鲁迅、毛泽东、老舍……他们身上有没有"谦虚使人更上一层楼"的因子?——白居易写诗常问老妪的事例,可以证明与他的诗歌水平的提升有关联;毛泽东写词请教柳亚子……当我们确定了论述价值和论述领域以后,还要细细斟酌价值思辨,还要审视材料中的现象和本质,这样才能做到材料和观点相互融合,使得观点得到充分而深刻的论证。

在作议论文写作思辨时,我们还要看到,论证"谦虚使人更上一层楼",主要还是解决当下学生们所要面对的问题,还要看到这个观点的现实意义。当"谦虚使人更上一层楼"的观点基本得到论证以后,还要针对学生个体或者群体深入论证,批判性写作强调基于"时代"的思考或者反思。我们要能够立足于时代开展论证,开展反思,要看到中心论点在现实生活的意义。这样批判性的写作,才能接到学生的"地气"、时代的"地气"。

阳光生命课堂建设中,要打开学生议论性思辨的视野和深度,就要更好地开展深入的论述和有效的证明。这样写出的议论文,才是有艺术思辨、艺术境界的佳作。

议论写作的艺术性也表现在论证结构的设计上。许多同学在写作议论文的时候,就是想到哪里写到哪里。如果是考试,基本上是拿起笔就在答卷纸上写。写错了,就涂掉,基本上没有对论证结构的设计,没有对论证结构进行反复的思考,反复的审视。

阳光生命课堂建设中,我主张写作过程中开展深度的思想思辨,其目的就是让议论文的论证结构更加合理更加科学,更有独创性,更有独到性。从篇章结构的智慧来说,议论文的论证结构或者叫论证层次,应该是反复揣摩反复锤炼的艺术。如果没有认真的揣摩,反复的修正,没有经过一番审美批判与审美建构,这样的写作基本会走向平庸。

有一首散文诗名叫《奇观》,其中有一句:"有啄木鸟飞来,树,紧张得每只手都举起枪。"我让同学们根据这句诗写一篇议论文,在提出论点的同时加强议论文篇章结构的设计。

在议论文写作时,我主张短、快、精彩地提出中心论点,轻巧、简明、醒目地引出论点,并建构全文的论证层次。

啄木鸟来了,为什么"树,紧张得每只手都举起枪"?是不是啄木鸟自身有问题?在此基础上,同学们提出了这样一些思考:"在批评时,要注意批评的方式方法""端正动机,要从关爱的角度批评""批评时不要害怕别人的打击报复""关心别人,要让别人能够理解"。而有的同学从树木的角度出发,提出了这样一些中心论点:"批评是关爱的表现""批评,要正确理解""要接受别人的善意批评""害怕批评就是拒绝进步""要勇敢地面对批评""要正确对待别人的批评"。

批判性议论文写作中,我们常常可以从论点提出的层面看出议论文切入的角度和思辨的内容。在论点提出的基础上,我引导学生自拟题目。题目是论点提出的浓缩,是文章的压缩名片。这节课同学们拟出了这样一些题目:《应感激批评》《好心"捉虫"被误读的背后》《还有多少"紧张"被忽略》《理解与误解的差距》《不是所有善举都能被理解》《批评也是一种财富》《理解了,才能走向和谐》。从这些题目上来看,这些同学的审题是正确的。也有一些同学,拟出了这样一些题目:《回来吧,台湾》《升学三部曲》《宽广的孤独》《我爱春天的小草》《学会享受别人的肯定》。这样的题目和散文诗的内涵明显没有直接关联。如果以这些题目为中心,展开议论文的思路,建构议论文的篇章层次或论证,我想多数会走向偏题的境地。

中小学批判性写作中,用议论文写作,目的是用我们的理解去感动老师,用我们的意识去影响老师,用我们的方式让老师接受!怎样让老师接受你提出的观点?怎样让老师带着你的观点去读你的文章?对于论证思路的问题我们要反复思辨,反复推敲,这决定着批判性议论文写作的质量。

批判性的表达充满着丰富的智慧,值得广大中小学教师努力地去发掘。阳光生命课堂上开展批判性写作,我希望学生们观点的提出要巧妙,要容易被读者接受。为了讨论这个观点,同学们认为,议论文的开头一定要简洁生动明快,然后是观点要理性不偏激,第三要讲究观点提出的方式。比如,连续设问深思式。在议论文的开头,用问题引领着老师,能够调动老师阅读的积极性。一位同学写《理解只有一步之遥》的开头:"当前面的江河阻断了我们的脚步,朋友邀你共渡,你将如何?当脚下的冰雪冻伤了你的身体,朋友邀你共饮,你将如何?当无尽的黑暗遮盖了你旅途的光明,朋友邀你共行,你将如何?去吧,对于像啄木鸟这样的朋友,我们应该多一点理解,少一点犯忌和防卫。"《批评从理解开始》的开头:"亲人之间需要什么?恋人之间需要什么?朋友之间需要什么?同学之间需要什么?我以为,需要理解。而要实现真正意义的批评,则更需要从理解开始。"审视议论文写作,那些能够不断提出问题的学生,他们的思考也一定很深入。我写批判性议论文,常常是在连续的反问、连续的设问中,看出了问题的关键、现象后的本质。我写的同题下水作文的论点提出是这样的:"面对善意,大树有什么理由'每只手都举起'猎枪拒绝呢?面对别人的拒绝,啄木鸟又有什么理由退缩?我们要用执着,用生活的执着去面对别人的冷脸!要用执着,用生活的执着去面对自己的事业!"

阳光生命课堂建设中,我常常发现,有着深刻思辨的议论文,他们提出的问题都是相当深刻的。因此,议论文写作思辨时,我们不妨停下笔,认真地考虑考虑,思考思考,斟酌斟酌。一位同学写作《跳出枷锁创造风格》,开头便是连续的多问:"为什么服装设计师总要千方百计地设计一套又一套的时装?为什么我们的祖国在前进的号角中总夹杂着这样一句话——提倡科技创新?为什么一座座拔地而起的高楼不沿用20世纪五六十年代建筑的风格?一切的一切,只因为时代在变化,人的思想也在变化。时装要迎合时代潮流,发展要与时俱进,生活赋予了我们创新的动力。"这种问题引领的方式,因为问题的提出,读者便被问题"左右"了,更加关注你的思考。

批判性表达要讲究思辨的方式和思辨的结构。比如,分析所读的材料+提出论点的简洁式。一位同学写《用正确的方式给予和理解爱》的开头:"啄木鸟善意的行为,却得到了大树的误解,而树木也并不知道,在疼痛的背后,啄木鸟带来的是健康长寿。这启示我们,要用正确的方法去给予别人爱和理解别人的爱。"《正确看待别人的批评》的开头:"本是为树治病的,可当啄木鸟飞过时,大树每个枝条紧张得举起了枪。为什么大树那么紧张?因为它们不能正确地理解批评,不能正确地看待批评行为,所以,我们要正确地看待来自别人的批评。"比如,精简故事叙述+论点提出的拓宽式。一位同学写《拯救的尴尬》的开头:"荒岛困住了一个富翁,他好不容易等到一条发现他的船只,然而,他拒绝被拯救。因为船主人是他商场上的仇敌,他琢磨着那人无非借此让他倾家荡产。而那个人根本不知道眼前这脏兮兮的人是谁。这就是拯救的尴尬。他和《奇观》中的树,如出一辙!"《靠近,让他理解》的开头:"《西游记》中'三打白骨精'一段,悟空火眼金睛三次打死妖怪变成的人,救下师父。唐僧非但不领情却要与悟空断绝师徒关系,悟空一气之下回了花果山,做回了自己的'齐天大圣美猴王'。故事的精彩背后,人们对唐僧唾骂不断。可悟空的行为难道就没有过错吗?为什么一片赤胆忠心被误解?我认为,跟《奇观》一样,也是他对师父的关爱没有被理解的原因。"

阳光生命课堂建设中,我常常会发出这样的感叹,高中作文教学为什么越教,学生的作文分数越低?我想,很多时候是我们没有把批判性写作的智慧一一地发现出来,归纳出来。

有些教师的教学几乎扼杀了学生思想的扩张能力——发散性思维,长期得不到训练;思辨性思维,长期得不到生长;层层深入的本质追问性问题少有出现,也就是说作文指导、作文教学阻碍了敏锐观察力的生成、灵活而生动的作文问题的再现。长期以来,许多老师的作文教学思维模式基本上停留于"是什么——为什么——怎么样"这样的"三段式"表达程序之中,导致考场作文"千人一面""千篇一律"。过于模式化的作文还能激发读者的阅读兴趣吗?作文的大花园里应该是多姿多彩,姹紫嫣红。正像欧阳修所写的那样"野芳发而幽香,佳木秀而繁阴"。试想,作文大花园里的花朵都开成一个样式,这样的花园岂不十分单调?阳光生命课堂建设中,"朝而往,暮而归,四时之景不同",才会出现"乐亦无穷"的审美境界。

阳光生命课堂建设中,我主张,放手让学生开展批判性思考。思辨性写作本来没有固定程式,江河总是弯弯曲曲,道路总是坎坎坷坷的。如果不让学生在写作的路途上跌跌撞撞东倒西歪,那么他怎能走得更快呢?

阳光生命课堂建设中,我们要借助概念或者主题努力地放飞学生的思想,让学生在阅读的天地里、生活的视野下,努力寻求跟概念或主题相关联的作文素材,努力围绕概念或主题打开自己的思想空间——或设问或反问或追问或自我反思,从而形成丰富多彩的问题串、问题链。面对考场作文材料,如果学生不能够联想与自己相关的生活素材,如果学生不能够生成自己的问题,怎样能写出生动活泼又快又好的作文呢？反过来想,当学生沉浸于问题的思考、答案的探究中的时候,作文的表达岂不生动起来？

让作文的思想鲜活起来,首先要让作文的追问反问丰富起来。这样,走在万花丛中,才能选到考场表达中最靓丽的一朵。批判性思维是中小学学科教学应该努力训练的思维方式。没有批判就没有发现,没有批判就没有见识。因此在中小学大力地发展批判性思维是我们义不容辞的责任。

第七章　生命课堂读书育人

第一节　做个读书人

博尔赫斯说：天堂是一座图书馆的样子。

朱永新教授说：一所没有阅读的学校，永远不可能有真正的教育。真正的阅读要从儿童开始。

在建设阳光生命课堂的过程中，我深刻地认识到，读书可以育人，阅读力决定学习力。一个人的阅读史，就是他的成长史。中小学语文老师首先要做个读书人，在校园中要争做读书楷模。阅读，不仅是对学生语文学习的熏陶，更是精神上的熏染与提升。本着这样的思考，我在明诚学校开启了读书实践活动。

明诚学校成立于2009年，因坐落于宋代金石学家赵明诚故里而得名，有着得天独厚的传统文化渊源。赵明诚、李清照夫妇"赌书泼茶"的故事脍炙人口，这就为实践"做个读书人"的活动奠定了良好基础。

明诚学校在校学生近3 000人。办学伊始便确立了以传统文化立校，做个读书人的办学理念。我做校领导期间把学校的教育追求修改为做个读书人，绽放生命精彩，享受教育幸福。因为只有以传统文化立校，靠守正创新发展，才能真正培育出走向世界的现代中国人。

我为什么倡导师生做个读书人呢？因为真正爱读书的人，才能够走进校园；真正爱读书的人，才能站立在时代教育的前沿。当前，一些教育工作者不爱读书，人伦教化功能丧失，沦为功利主义、工具性教育的代言人。在战争冲突、经济冲突不断的全球格局下，中华民族更需要重树文化自信，以保证中华文化的独特面貌和价值不至于沉沦、湮没。做个读书人才能够真正地培育人，培育中国人，培育现代中国人，培育有中华民族精神的现代中国人。

在小学阶段，要做个读书人就要以儿童为中心，培养活活泼泼的人，一个黄皮肤、黑眼睛的同胞，只有具备相应的素养才可以称之为中国人，我们的目标是要培育走向世界的现代中国人。基于这样的办学理念和办学宗旨，我们形成了明理、诚信、笃学、力行的校训，它涵盖了人生成长必不可少的知、情、意、行四个因素。

做个读书人,知明理,情诚信,意笃学,行力行,这样的生活多么美好!

做个真正的读书人,遵循着让每个孩子自由、舒展、健康、快乐地成长的育人目标,以守正为前提,发端于理念,落脚在实践,沉淀于文化,师生一起追寻"诚则明矣、明则诚矣"的人生境界,一起建设中国式现代化。这样的憧憬多么美好!

我有一个梦想:明诚故里,文脉绵长;明诚校园,书声琅琅。明诚学校建校十几年,我们始终坚持"依传统文化立校,靠守正创新发展,培育走向世界的现代中国人"的办学宗旨,注重师生阅读发展,先后构建出传统文化诵读课程、小学语文序列阅读课程、全学科阅读课程等立根、立志、立品的学校明诚课程方案。2017年,学校阅读经验在全国小学语文主题学习实验成果展示观摩会上分享,2018年,学校承办潍坊市小学阅读能力提升工程观摩研讨会,2019年,诸城市小学推介式视导暨全阅读观摩研讨会,第十三届全国语文主题学习年会在明诚召开,学校坚持用圣贤智慧点化淳朴儿童,以智者思想融入教师思考,让校园每一个生命享受阅读所带来的成长快乐与幸福。

在新课程背景下,明诚学校成立了三级读书会——个人、班级、校园读书会,构建了全方位的师生共同阅读的"明诚读书体系"。心香之旅书相伴,这样的教学人生才是真正幸福的人生。在教体局"东武读书会"的引领下,学校成立"明诚·书韵读书会"。校级书会开启了共读之旅,目的是促进教师专业成长,增强教师文化底蕴。十年读书在校园,十年花开潍河畔。每年,校级读书总会一直努力引领着老师们,希望老师们在读书中启迪智慧,用一行一行的文字氤氲人生。学校六个年级读书分会携手文化阅读,共同建构校园读书大格局。六个级部结合年级特点和年级文化成立阅读分会,共商阅读书目,共约阅读规则,年级组携手共读一本书。老师们在阅读中琢磨教育,对话经典、触摸自然,与唐诗宋词再次邂逅,感受半部《论语》治天下的哲理。读书之乐乐无穷。学校各教研组成立"一杯香茗"读书会,利用半日教研时间进行专业阅读与交流分享。在此基础上,学校投入专项读书资金,购置教育论著类、经典文学类、诗词类、百科类图书,为老师们走向星辰大海,铺路大桥。

明代顾宪成说:"风声雨声读书声,声声入耳;家事国事天下事,事事关心。"做个读书人,才能真正坐下来去读专业方面的书,才能"事事关心"。在"做个读书人"活动过程中,我认真探究了苏轼的生平,写出了研究苏轼的读书笔记——《一蓑烟雨任平生——试论苏轼的生命实践与人格境界》。

如果不是"做个读书人"活动的引领,我是如何也不能写出《一蓑烟雨任平生——试论苏轼的生命实践与人格境界》这篇学术论文的。从山东密州到徐州,是苏轼文学创作的高峰期。与爱国诗人屈原比，苏轼没有跳江自尽，他要活着来证明自己的廉明耿正，他对北宋王朝的忠诚伴随一生，他要等待皇帝的误解消除；与陶渊明比，他没有归隐田园，尽管也曾在东坡开荒种地，那只是权宜之计；与诗仙李白比，他没有放浪形骸，游山玩水，尽管他多次走访寺庙、道观，然而现实生活还有太多的牵挂——他无力改造朝廷，又不能逃避社会，因此内心充满矛盾。在开发诸城传统文化的过程中，我反复思考：为什么苏轼可以在千年传承中，得到这么多人的喜爱？王国维先生的一句话，或许可作为解释："三代以下诗人，无过屈子、渊明、子美、子瞻者。此四子者，若无文学之天才，其人格亦自足千古。故无高尚伟大之人格，而有高尚伟大之文章者，殆未有之也。"这句话说得很明白，屈原、陶渊明、杜甫、苏轼，他们之所以能光照千古，不只是作品，更是"人格亦自足千古"。

苏轼在山东诸城生活了那么长时间，留下那么多传说和典故，我们有什么理由不让当代的学子向苏轼表达致敬之心情呢？

在"做个读书人"活动的引领下，校园读书的种子越来越多。于是，寻找校园最美阅读者，提升全员化的阅读交流体验，成了学校读书的风景线。我常常这样想，如果"美好"有形，那一定是你读书的样子。学校坚持开展"寻找最美阅读者"活动仅五年，便在网络平台上已推送"最美阅读者"教师篇54期，学生篇119期，以展示明诚阅读者的阅读风采、成长姿态、幸福样态。

读书可以育人，读书也是享受生活的艺术。读书，需要传递。学校开展推荐美文半月读活动，于阅读接力中寻找力量；开展每两月一次的教师层级发展论坛活动，在百花齐放中博采众长；开展"校园的早晨"每日诵读展示，四季校园读书之星评选。三级部的王老师坚持与学生共读了十几本图书，把课外故事与课文内容进行有趣衔接，把自己的阅读收获与级部老师们共同分享，极大带动了三级部老师们的读书热情。

阅读，既推进了书香校园建设，又为落实三级课程一体化改革，提升学生综合素养找到路径。学校各年级开展整本书学期阅读活动，特色班级阅读课程活动。从《小英雄雨来》《小兵张嘎》到《红岩》《平凡的世界》再到《老人与海》《安娜卡列尼娜》，师生的思想价值观念在梯度阅读中逐渐提升。

疫情防控期间，为了增进读书育人的工作，学校购入以"课程标准"为主题的理论书籍，带领教师开启"向青草更青处漫溯"专业阅读成长之旅，并专门举办线上专题阅读论坛，推动学校全阅读课程体系的进一步发展。

参与专业阅读活动小组的教师主动做到：每天发布阅读进度，每周参与互动交流,学校还印制了《向青草更青处漫溯——明诚教师假期阅读研讨活动纪实》的成长手册。在此基础上,学校还举办师徒同步阅读、班主任阅读、学科专业阅读、青年教师成长阅读汇报活动。如《我跟吴正宪学教数学》《也谈帝国陨落,殖民开始》。一批优秀的青年教师在读书论坛中闪耀出智慧的光芒。

我在校园坚持开展"让童心在书香中旖旎而行"寒暑假阅读活动,学生在亲子共读、百日诵读、个性阅读中有了满满的收获。自潍坊市"新华杯"征文活动开展以来,明诚学校有461名学生获奖,6名同学荣获潍坊市中小学"读书之星",3名同学在诸城市首届中国诗词大会获一等奖。一位老师欣喜地写道:"百舸争流,千帆竞发,每位学生且思且行且悟进,不负时光不负书;时间的间隙里,工作之余,每位老师且读且写且引领,不负青春不负师。"这一副对联概括了明城学校师生读书的样态。

在做个读书人的口号引领下,明诚的老师们读专业书籍,读名家,更读一线教师的经验,大家在阅读积淀中成长着,仅2020－2022年的青年教师课堂大赛中,明诚学校荣获一等奖18人,二等奖15人,三等奖7人。市特级教师3人,兼职教研员6人,山东省齐鲁名师培养人选2人,在各类主题征文中,明诚学校获奖230多人次。阅读是一种坚守和传承,阅读更是一种思考和创新。明诚学校师生徜徉在"明礼诚信笃学力行"的校训中,成长,成熟,自立,自信。爱阅读的学校正走向发展和卓越,学校近两年致力于全学科阅读的实践和探索,努力引领区域阅读教育的发展。学校先后被评为山东省优秀传统文化特色学校、山东省传统文化体验教育教学基地、山东省文明校园、潍坊市创新教育示范校。先后迎接聊城市东昌府区、广东省湘桥区、寿光市建桥等省内外兄弟学校的进校参观考察,大家对学校扎实的阅读实践,创新的全学科阅读课程给予高度评价。

第二节　开发传统文化

山东诸城是传统文化的精神洼地,有丰厚的传统文化资源。开展阳光生命课堂建设时,我主张倾力挖掘传统文化,努力打造文化校园,积极建设现代儒雅校园。

在新时代,传统文化资源仍然是现代文明、现代教育不可或缺的资源。有了传统文化和传统文明的滋养才有大气厚重的教学楼主旨文化、秀丽的文化长廊、古朴的操场文化长凳、典雅的走廊细节文化,有了传统文化的汲取才有古色古香的《二十四节气》版画、瑰丽的山东书法文化、源远流长的节日文化、雅俗共赏的成语故事、对联及警句等。一位专家说得好,学校要处处充满儒雅气息,师生要时时沐浴在传统文化中,校园的生机,校园的活力才更加长久。

诸城是许多艺术家的精神家园。如何焕发生活在诸城的艺术家们精神?在开发传统文化的基础上,我主持建设了赵明诚李清照艺术馆,展出赵明诚李清照生平经历作品,让学生在定期参观中知道中华文化的"根"。同时,我还主持建成了明理国学堂,内设AR地面互动系统,墙体绘本,50英寸触控一体机,以及虚拟翻书系统等,我的目的就是让新时代的数字科技与国学文化融合,充分激发当代小学生学习国学的热情,不断地迎接社会生活的挑战。

读书可以育人,为了发挥传统文化对育人的促进作用,我常常致力于引领自主研发中华优秀传统文化校本课程。主要包括名人文化研究、经典诵读、国学校本、种植课程、传统体育游戏、金石文化共六类课程。其中,以名人文化、经典诵读、传统体育游戏为主,种植课程和金石文化课程为辅。这些校本课程彼此独立,又相互融合。以名人文化研究为例:我们首先开展征集"我最仰慕历史名人"活动,面向全校师生征集自己最喜欢的古代名人共计二百余人。各班通过组织演讲比赛、制作名人海报等形式推送自己心目中的古代名人。具体又分为甄选、研究、诵读、雅慕四个流程。72个教学班,从中选出曾经影响历史或创造历史的最为重要的古代名人共72人,其中有中国传统思想文化的杰出代表孔子、老子,有驰骋中国古战场的名将岳飞、项羽,有名垂青史饮誉后世的仁人志士诸葛亮、王阳明,有铁骨铮铮忧国忧民的文人墨客苏轼、屈原,还有科学巨匠、文哲泰斗等。每班认领一位名人,用名人的名字为班级命名,用名人精神或名人名句做班风班训,形成独特的班级文化。从文化与人的角度来俯瞰历史的变化,也是对中国古代文化精英的一次特殊的人文纪录。甄选班级名人作品中的名段名篇或经典诗文,开展班级10分钟诵读、级部赛读、展演等活动,名人研究给孩子们的成长奠定了传统文化基因。

开展经典诵读,用圣贤智慧点化淳朴儿童,在广阔天地学习语文,要真正通过读书育人,读书引领人。2017年,明诚学校承办了全国主题语文推介会,2018年承办了潍坊市的阅读提升工程会议,2019年承办了第十三届全国小学主题语文学习年会。前两年我们推介的是小学语文序列阅读,2019年推介的是全阅读。

因为我们深深地理解得阅读者得语文,得语文者得高考这句话。语文序列阅读体系以课堂为主,构建"30+10"语文课堂新模式,每节语文课学完课文后,随堂阅读2—3篇文章,阅读不低于10分钟。以课外阅读为辅,引导学生利用课余时间对语文主题读本篇目、共读书目和自主阅读书目等进行有目的性、针对性阅读。以经典诵读为伴,开发各年级特色诵读课程。明诚学校的阅读走向了全科、全程、全员的课程建设之路。我们确定了学科融合阅读的教学模式和实施途径,初步完成了各学科阅读指导手册的编写。同时将课例研究与阅读相融合,形成了学校一个大主题、学科系列小主题的课例研究体系,落实三级课程一体化改革。《基于学生核心素养发展的全学科阅读研究》获评潍坊市重大问题行动研究奖。崔峦教授2019年年会寄语明诚学校:依托传统文化,开展全科阅读,激活学生潜能,促进全面发展,把明诚学校办成有特色、可复制的一流名校。

百年盛世,使命在肩。唯有读书育人,弦歌不辍!

如何更好地开展读书育人系统工程?在建设阳光生命阅读课堂的同时,我加强了课程建设,尝试探索开足开齐传统文化课。在新时代中小学如果不重视传统文化课的基础知识学习,不加强实践活动环节,不保障传统文化课时,开发出的传统文化课程又有什么用武之地呢?因此明诚学校坚持每周一节课开展传统文化教育,由传统文化教师专门进行授课,每周四下午进行传统文化学科教研,切实提升"春秋课堂"授课质量。为此我和老师们研发中华优秀传统文化校本课程。在开发、设计、实施校本课程的过程中我们坚持甄选、研究、诵读、雅慕等流程。

在全面甄选的基础上,每班认领一位名人,用名人的名字为班级命名,用名人精神或名人名句做班风班训,形成独特的班级名人文化。各班从名人的成长过程及杰出成就出发,引领学生通过故里寻访、遗址凭吊、演讲、研学、制作手抄报等形式深入了解名人的生平、重要事件、贡献、成就等。比如组织学生到张择端故居、张择端文化公园寻访名人足迹;登超然台、常山凭吊苏轼。师生遍览名人风采,描绘出一幅幅"古人携学子共舞,古韵与新风同在"的美妙画卷。再如,六年级8班是罗贯中班,白晨阳同学深入研究《三国演义》,并写读后小记,每天读一回,每回一小记,共计120次,有内容有批注,被同学们誉为"晨阳批微三国演义"(图7-1、图7-2)。

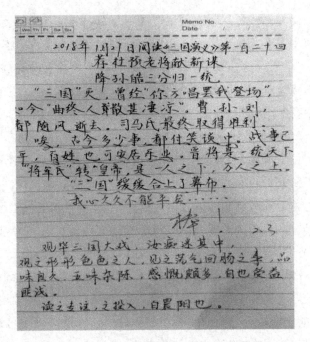

图 7-1

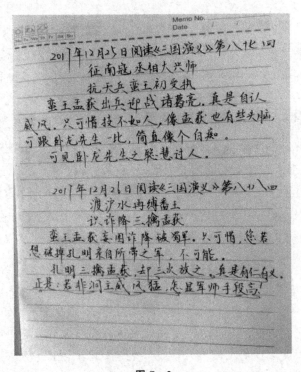

图 7-2

诵读:这个课程体系包括我们诸城市统一开发的《经典诵读》读本和学校特色经典诵读课程,主要利用每天晨诵15分钟和课前3分钟诵读。各年级我们都确定了诵读主题。学校甄选班级名人作品中的名段名篇或经典诗文,开展班级10分钟诵读,级部赛读等,各种活动异彩纷呈。如:六年级11班认领了罗贯中,班级命名为"罗贯中班"。他们班就在学校第十届传统文化节上演出了《空城计》精彩片段。特色诵读课堂形式灵活,方式多样。

晨诵暮吟:每个清晨,用诵读经典开启美好的一天。每个放学下午,吟着经典诗文,伴着夕阳回家。吟诵路队已成为明诚学校最亮丽的风景线。

周一集诵:利用升国旗时间举行学生集体诵读,每周确定一主题,诵读内容以中华优秀古诗词为主,每次诵读2-3首,于上周五由语文教师专项指导训练,保证学生诵读的节奏韵律,情感的把握和语调的抑扬顿挫。

千人诵读:组织千名学生集体诵读展示《千字文》,气势恢宏、磅礴大气。

无字书诵读:阅读有字之书的同时,我们也鼓励学生走向大自然,阅读无字之书。孩子们在朗朗涵咏中感悟寒来暑往、秋收冬藏,在春夏秋冬的轮回中倾听生命的拔节!回归"读诵吟咏"的传统教学方法,重在积累和感受古诗词的韵律美,不求过多理解。

节假日诵读:各级部量身定制,精心推荐吟诵篇目,让每个假期充满诗词味道。诗词大会播出之际,组织中高年级学生观看节目,荧屏内,主持人和点评嘉宾在诗词里冬去春来,花开四季;荧屏前,孩子们跃跃欲试,参与答题,吟出一个个诗意夜晚。

举行经典诵读个人晋级赛,评选"经典诵读小达人"。比赛形式多样:个人赛、集体赛或小组赛。参赛班级自行编排,同时鼓励穿插舞蹈、吟唱、书画等艺术表演形式,以进一步提升诗文诵读的艺术表现力、感染力。

举行校园诗词大会,填诗、对诗、飞花令等形式,都对孩子们具有神奇的魔力。就这样,日复一日,孩子们诵读着,成长着,每个孩子都在攀登着自己的诵读高峰,诵读为童年打上了厚重的人生底色。

阳光生命传统文化阅读课程以课内阅读为主,将传统文化阅读的根扎在课内,构建传统文化浓郁的"新"课堂。以传统文化为主要内容的阳光生命课堂,根据年级不同,课文学习时间每节课控制在25—30分钟不等,课内大量阅读保证10~15分钟。

传统文化阅读课堂重点研究30+10传统文化学习课堂方式(低年级25+15)。我校(诸城市第一小学)在实践我市推行的主题语文学习一般模式的基础上,研发了"导汇品悟延"用于五字传统文化教学法。传统文化阅读课堂把"延"字环节时间定为至少10分钟,保证学生随堂阅读主题读本不少于10分钟,这样就倒逼老师思考:本来40分钟讲完的课如何在30分钟内讲完?其中最关键的就是"品"这个环节,如何做到精讲、少讲,需要教研组集体备课根据教学目标找出能够引领全文的一个或几个问题,然后循序渐进地展开教学,锤炼高效灵动课堂,努力构建一种以教材为例,以阅读为本的大语文课堂。

如表7-1所示,我校(诸城市第一小学)四位青年教师在前期学校举行的同课异构中,共同讲了《晏子使楚》一课,可以看出,教学设计不同,"品"这一环节处理的方式不同,保证阅读的效果也就截然不同。

表7-1 《晏子使楚》同课异构

总领全文问题	"品"环节用时	随堂阅读时间
你觉得晏子是个怎样的人,从哪儿看出来的?	30分钟	0分钟
楚王为难了晏子几次?分别是怎样侮辱晏子的?	25分钟	5分钟
楚王为什么不得不尊重晏子呢?分析晏子的三次反击妙在哪里。	20分钟	10分钟
紧扣"晏子受到了怎样的侮辱,怎样反驳的,看出晏子是个怎样的人"交流学习的策略。	18分钟	12分钟

教师1总领全文的问题是:你觉得晏子是个怎样的人,从哪儿看出来的?这一问题太大,太散,学生回答随意,无序,耗时30分钟,最后没能腾出阅读时间。

教师2的总问题是:楚王为难了晏子几次?分别是怎样侮辱晏子的?她一下子就概括出了三个故事,然后按照顺序逐一学习,但因三个故事平均用力,耗时25分钟,最后只余出5分钟时间拓展阅读。

教师3的总领问题是:经过三次交锋,从结果"只好"中我们可以得出楚王不得不尊重晏子,那楚王问什么不得不尊重晏子呢?从晏子的三次反击选择最喜欢的一处小组讨论晏子的话妙在哪里,并从中分析晏子是怎样的人。她用表格的形式把三个故事紧紧地串联在一起,思路清晰,语言简练,用时20分钟,保证了学生10分钟的拓展阅读时间。

教师4则是紧扣"晏子受到了怎样的侮辱,怎样反驳的,看出晏子是个怎样的人"这一中心问题,采取第一个故事重点学习,后两个故事小组交流学习的策略,引领学生快速地处理好了文本,用时18分钟,腾出了12分钟的拓展阅读时间。

通过以上对比,可以明显地看出教师时间都耗到哪里去了,看出了教师精讲、少讲的功夫,也最能找出症结所在,要研究海量阅读下的新语文课堂,同课异构不失为一条很好的途径。

传统文化阅读课堂重点研究指导课和交流课。阅读指导课主要是教给学生阅读方法与技巧,把学生领进阅读的殿堂。基本流程为:激趣导课,书目简介;抛砖引玉,重点赏析;共读故事,总结方法。阅读交流课则是让学生来展示分享,品尝阅读的乐趣。正如蜜蜂采蜜,每只蜜蜂采过不同的花粉,才能酿成百花蜜。基本流程为:回顾阅读内容,精彩句段分享,个体感悟朗读,优秀成果展演,总结评价提升。接下来我们将为大家呈上两节课:由备课组的老师执教的常规课堂下的课内阅读展示课和单元主题阅读交流分享课。

阳光生命阅读课堂通过举行骨干教师引领课、教研组长展示课、青年教师达标课、同课异构等形式打造海量阅读下的新课堂,坚持少讲、精讲,缩短授课时间,提高授课质量,腾出时间课内大量阅读。组织各类阅读交流课,通过星光论坛交流推广阅读课授课经验,师生共写读后感。

每周二下午组织校级语文半日教研活动,以单元主题为话题研读课标,集体备课,你说你的教学设计,我说我的个性见解,各抒己见,畅所欲言,合力攻关,不断提升教师驾驭新课堂的能力。

阳光生命阅读课堂还十分重视阅读素养的评价。每学期中期组织一次语文学科素养竞赛,像汉字听写大赛、作文竞赛、日记大赛、阅读能力竞赛等,成绩以5%的比例纳入语文教师教学成绩量化。每学期末举行一次大规模的学情质量检测,并对其中的阅读成绩进行单项分析,以此来诊断阅读效果并进一步推动高效海量阅读。

阳光生命传统文化阅读课堂还以课外阅读为辅,将阅读延伸到课外,构建语文"宽"课堂。

1. 日推进:传统文化天天读。坚持每天午阅20分钟,每晚读书半小时,鼓励亲子共读,家校携手培养良好的阅读习惯。亲子共读、学生自主阅读,主要通过教师引领、家长主动参与指导下的整体推进,以班级微信群、手心网为平台,随时上传相关图片、视频、体会等,营造氛围。中高年级倡导做文摘卡片,随时记录所思所感或好词佳句,撰写适量读后感。主题读本阅读评价以"一米阅读"软件测评为主。

2. 周推进:传统文化周周跟进。每周三中午低年级开展故事妈妈进教室活动,中高年级开展级部内走班式阅读演讲。每周五下午最后一节课举行读书练笔展评。

3. 月推进：传统文化月月展示。每月初的周一早上把本月共读书目及书目简介以海报的形式在校园里展示，由一名阅读先行者（领读者）在红领巾广播时对本月共读书目进行阅读推介，以激发带动更多的阅读行动者。规定每个月最后一周周三下午的快乐课程定为语文阅读综合成果展示，给阅读搭建交流分享平台。并把每年的9月定为读书活动月，通过读书推介、演讲、交流、图书超市等形式让孩子享受一场阅读的盛宴。

4. 学期推进：传统文化每学期都推进。每学期末，班级、年级、校级层层评选书香家庭、书香班级、书香教师、书香学生（阅读小学士、小硕士、小博士）。每学年组织一次大型的素养提升展示比赛。时间定为：一年一度的传统文化艺术节暨六一国际儿童节期间（六月），组织一场专题展示活动。倡导每个级部根据课程体系内容，设置一个主题（这是各级部初定的明年艺术节展示的参考主题），要求以班级为单位上台展示，学生全员参与。传统文化学习的主要内容，各年级均有不同的选择。

一级部：亲子故事展演。

二级部：诗歌朗诵比赛。

三级部：童话剧展演。

四级部：历史故事展演（中华上下五千年）。

五级部：诵唱吟比赛。（《三字经》《弟子规》《千字文》《论语》《大学》）。

六级部：读书交流辩论赛（说《三国演义》）。

5. 节假日推进：每个节假日都是学习传统文化的最佳时机。每个节假日各级部都根据传统文化学习的内容、阅读进度和阅读实际，精心为学生推荐传统文化必读书目、选读书目，让假期充盈着浓浓的书香。如今已形成了寒假和暑假传统文化的阅读目录。比如六年级寒假必读书目是《三国演义》。学生上学期，已经读了前60回后，寒假正好读完整本书120回。开学后利用一节阅读课交流我最喜欢的三国人物。

阳光生命阅读课堂以传统文化经典诵读为伴，让阅读根植于传统，构建语文"厚"课堂。传统文化不仅要阅读，而且要诵读。经典诵读主要随教材教学进度，每单元跟进一组，利用每天晨诵10—20分钟和课前3分钟诵读。诵读形式多样，领诵、齐诵、轮诵、配乐朗诵等，以美美的诵读、鉴赏为主，回归"读诵吟咏"的传统教学方法，重在积累，重在感受古诗词的韵律美，不求过多理解。突出强调语文核心素养中的"文化传承与理解"，让孩子们在小学记忆的黄金时期口诵心惟，把中华民族的传统美德和智慧精华刻印到心灵深处,融化到血液里,构筑成其一生幸福发展的根基。

各班举行经典诵读个人晋级赛,评选出周冠军、月冠军、学期冠军,利用班级"学习小主人"评比栏进行星级评比展示。期末按一定比例评选出"经典诵读小达人",颁发荣誉证书,并由获奖者发表获奖感言。

各级部每月组织一次全班集体参与的经典诵读朗诵评比,评选经典诵读优胜班级。

每学期组织一次校园诗词大会,主要有填诗、对诗、飞花令等形式,评选各级擂主,获奖冠军由校长亲自为其撰写颁奖词。

国学校本课堂,创新教育教学方式。骨干教师团队深度教研,讨论交流,形成"读—说—议—践—浸"国学校本教学法。并同时确立示范课、达标课、优质课"三轮赛课机制"。

骨干教师示范课,呈现给教师们最精彩的课堂,展示最基本的教学流程,引领其他教师跟进国学校本课程研究。"骨干教师领一领"使青年教师迈入教学的殿堂。

青年教师国学课堂达标课。个人提出申请,确定达标顺序,反复打磨,直至达标。反复打磨的过程,恰是课堂蜕变的过程,一路走来,厚植优秀传统文化的土壤,百花满园香自飘。

国学优质课堂大比武。鼓励每个老师根据自身特长和喜好推进自己专属课堂。这样,每个老师都能从中找到自己研发的角度、喜欢的课题。

其中,高年级骨干教师王美玲,多年来致力于带领孩子们研读《增广贤文》《论语》,在全国第十三届主题语文教学研讨会上,她带领孩子们向与会代表展示了一节五年级《增广贤文》赏析交流课。在座的老师们无不点赞叫好。青年教师王宁,在潍坊市2018年小学阅读能力提升会上,为远道而来的同仁展示了《弟子规》诵读公开课,获得了与会老师的一致好评。

在骨干教师的带动下,青年教师纷纷成长起来。孙婉莹老师执教的《孝为人本》获得了潍坊市教科院的肯定和认可。王敏老师从汉字入手,带领孩子追寻汉字发展历程,欣赏书法,品味汉字魅力。她执教的公开课《品汉字——汉字文化寻根之旅》内涵丰富,寓教于乐,精彩不断。参加全市传统文化赛课成绩优异。

特色雅慕:这个课程主要指向经典、精华体验课程,编排主题如下:一年级是中华成语儿歌、谚语儿歌的角色扮演。二年级是唐诗代言人扮演。三四年级主要是声律启蒙和宋词场景再现。五六年级以《大学》为主,侧重小古文的复活。

为什么要开展文化甄选活动？甄选班级名人作品中的名段名篇或经典诗文，序列诵读，从文化与人的角度来俯瞰历史的变化，也是对中国古代文化精英的一次特殊的人文纪录。每周开展班级10分钟诵读级部赛读等，各种活动异彩纷呈。

为什么要用名人引领班集体建设？老师和孩子们因研究名人文化而生爱慕之心，因爱慕而生风雅之情。全校掀起了一股诗词潮。六年级三班朱悦宁同学，初春研学归来，即兴赋诗：春风起兮，春雨伴之。桃花开兮，迎春映之。蜡梅凋兮，玉兰代之。燕雀鸣之，流水和之。孩子们写诗蔚然成风。名人研究给孩子们的成长奠定了传统文化基因。

在开发传统文化的过程中，我始终认为，国学经典蕴藏着智慧精髓和传统美德，是中华传统文化的生命之源。为此，明诚学校成立了国学校本课程教研组、国学校本课程学习社团，国学雏鹰引领团队，积极开展校园内外的学习活动，于日常生活中传承国学。学校层面还设定了每周四下午为国学校本半日教研时间，老师们可集体备课，可各抒己见——说收获，说困惑；可针对教学中的问题一起出点子。同时每月在全校内组织一次国学主题论坛，形成教研氛围。我校教师刘芹多年来广泛涉猎传统文化书籍，素养深厚。每个学期暑假开学初，她便专门为新入职青年教师做传统文化讲座《听——先贤教我们这样做老师》，她在讲座中将山东诸城的经典故事穿插其中，传统文学典故包罗万象，意味深长。

许多青年教师不懂得传统文化的研习和传统手艺的制作。为丰富教师们的传统文化课程体验，提升老师们的幸福感，学校成立了教师传统文化研习社团，每周三、周四下午开展活动。一是选择部分优秀语文教师作为传统文化的骨干教师，进行学习、培训，承担起领头雁的角色；二是学校积极为传统文化课老师提供外出培训学习的机会，博采众长，为我所用。传统文化的研习和传统手艺文化的制作，吸引了广大青年教师。教师社团活动有意向传统文化方面倾斜，学校开设了传统民间艺术——剪纸、书法、文学等社团。剪纸社团，老师们借几张红纸、一把剪刀玩转这流传久远的指尖艺术，十二生肖、福禄寿字样、喜鹊登梅等，伴随着老师们的欢声笑语慢慢裁出；篆刻艺术社团聘请专家名人对中高年级学生及相关老师进行篆刻艺术课堂研习指导，编撰篆刻校本教材，播下篆刻艺术的种子，让这一独特艺术在明诚校园里传承；文学社团的老师们，手执《诗经》，诵《蒹葭》《关雎》穿越千年，与文共舞，在风、雅、颂中回归古人简单、诗意的生活；书法社团的老师们，手执一笔，或刚毅遒劲，或平和稳重，在横竖撇捺间勾勒中国汉字之美……传统文化不仅仅局限于室内，还洋溢在广阔的室外，学校把富有潍坊地域特色的民间传统体育游戏引入校园。踩高跷、抖空竹、跳房子、踢毽子、花样跳绳等，都是孩子们喜欢的游戏类型。游戏与经典诗文有机融合,结合实际整理、细化游戏知识和规则,按梯次编成传统体育游戏系列教材。

在开发传统文化的过程中,我们还开展了跨学科研习的尝试。比如语文、音乐、体育等学科教学相整合,研究开发校本教材《弟子规操》;从课程建设角度放手实践,开发"快乐提升课程",每周根据不同年级实际情况分别于周一、周三下午开展快乐提升课程活动,推进传统体育游戏。有教材,有课程,丰富了阳光体育内涵。达到健体、启智、育人之目的。现在,学校的传统体育游戏活动已形成系列:每年5月传统体育游戏技能大赛月,评选班级体育小明星和校园体育游戏吉尼斯;6月传统文化节,举行《弟子规》《千字文》诵唱吟、踩高跷等系列节目表演;各月份举行《弟子规操》团体项目专项比赛以及春秋季趣味运动会等。

在开发传统文化的过程中,我深刻认识到,文化犹如一条来自远古,经过现代,而又流向未来的河。因为热爱,所以投身,因为信任,所以选择。下一步,我们将继续推进六类传统文化课程研究,传承优秀中华传统文化,让每个明诚人将成长的根须,深深扎于中华优秀传统文化的沃土,稳健步履,前行不辍。

第三节　良好阅读机制

在阳光生命课堂建设过程中,我们发现阳光生命阅读虽说取得了一定的成效,但阅读碎片化、随意、课内外不衔接,特别是重阅读活动轻阅读内涵、重课外阅读轻课内阅读、课内大阅读质量低下等问题,成为影响师生阅读质量进一步提升的重要障碍。

如何优化阳光生命课堂阅读活动?在集体研讨的基础上,我们决定构建一种以教材为中心、课内阅读为主、课外阅读相辅的、普通教师都能够较好使用的课程体系。当阳光生命阅读在一套科学体系下运行,这是解决以上问题的关键所在。所以,阳光生命课堂开启了小学语文系列阅读课程的建构。

小学语文序列阅读课程体系以教材为中心、课内阅读为主、课外阅读相辅,小学语文序列阅读课程实现了以教材为圆心,以课内阅读带动课外阅读的良好阅读机制。教育教学的实践表明,此体系普通教师均能够较好使用的"序列阅读"课程体系。

小学语文序列阅读坚持三个原则:

序列化:低中高各学段阅读成序列化,阶梯状螺旋上升。

全员性:语文教师、学生、家长全员参与,实现全覆盖,适应每一个学生,每一个班级,每一个家庭,每一位教师。

底线+:推荐阅读是底线,人人必读,班班必读,同时又不唯底线,鼓励班级、个人根据实际广泛涉猎,大量阅读,读无止境。

小学语文序列阅读注重四个整合:

阅读和语文教学相整合;

阅读和学校办学特色(经典诵读)相整合;

课内阅读和课外阅读相整合;

阅读和习作、习字、积累相整合。

序列阅读课程包括三方面:课内阅读体系、课外阅读体系和经典诵读体系。其中,以课内阅读为主,课外阅读为辅,经典诵读为伴。

阳光生命阅读实践中,我以课内阅读为主,将阅读扎根在课内,试图构建语文"新"课堂。

课内"必"阅读,是解决课内阅读的关键所在。每节语文课学完课文后,根据单元主题,我每每随堂推荐阅读 2-3 篇选文,文章主要来自语文主题丛书中的精选篇目,同时鼓励同学积极拓展其他书籍的个性化阅读。随堂阅读时间不低于 10 分钟,并进行当堂简单交流。

为实现课内必阅读,我重点研究了三种课型。一是"30+10"语文课堂。在实践我市推行的主题语文学习一般模式的基础上,大力进行课堂改革,在原来的"导(导入新课)—汇(预习汇报)—品(品读文本)—悟(感悟提升)—延(拓展延伸)"五字教学法的基础上改革创新,把"延"字环节定为至少 10 分钟,保证学生随堂阅读主题读本不少于 10 分钟。笔者带领各教研组加大集体备课力度,先是研——研究课程标准,研究教学目标,对于每个课例都找出能够引领全文的一个或几个问题,这是魂,也是线;然后磨,通过同课异构,磨问题收放,磨教学环节,这是法,也是点。这样点线结合,循序渐进,逐渐构建了一种以教材为例、以阅读为本的立体语文新课堂。二是研究阅读指导课。阅读指导课主要是教给学生阅读方法与技巧,把学生领进阅读的殿堂。基本流程为:激趣导课,书目简介;抛砖引玉,重点赏析;共读故事,总结方法。三是研究阅读交流课,阅读课上让学生来展示分享,品尝阅读的乐趣。基本流程为:回顾阅读内容,精彩句段分享,个体感悟朗读,优秀成果展演,总结评价提升。

阳光生命课堂课内的阅读体系是怎样的呢?

1. 阳光生命阅读教学课堂。师生学习语文教材时,随堂推荐阅读,选文主要来自语文主题丛书中的精选篇目,每节语文课学完课文后,随堂阅读2～3篇文章,阅读不低于10分钟,可适当进行当堂交流。

2. 阳光生命每周一节课内阅读。除阅读主题丛书剩余的部分篇目外,包含其他共读书目,形式可以是进行阅读方法指导、师生阅读分享交流、自主阅读等。

如:《语文》(一年级下册):学了第二单元《吃水不忘挖井人》《我多想去看看》《一个接一个》《四个太阳》四篇课文,同时随文推荐阅读主题读本上《感谢》《黄河的话》等至少8篇文章。阅读课上,一是阅读主题读本上对应本单元的剩余篇目《我给奶奶送阳光》《美丽的草原》等;二是共读一本书《牧童遥指杏花村·清明节》。

《语文》(二年级下册)第二单元、《语文》(三年级下册)第一单元的阳光生命课堂课内的阅读体系如表7-2、表7-3所示。

表7-2 《语文》(二年级下册)第二单元阳光生命课堂课内的阅读体系

	课文标题	主题读本随文推荐阅读	阅读课阅读内容
1	《吃水不忘挖井人》	《感谢》《小乌鸦爱妈妈》	1. 主题读本对应本单元的剩余篇目:《我给奶奶送阳光》《美丽的草原》《云儿哪里去了》《我们去植树》等。 2. 针对共读一本书《牧童遥指杏花村·清明节》的内容进行阅读指导、推进与交流的活动。
2	《我多想去看看》	《合奏祖国好妈妈》《黄河的话》	
3	《一个接一个》	《月亮和姐姐》《如果我是花儿》	
4	《四个太阳》	《春日寻芳》《八月的小池塘》	

表7-3 《语文》(三年级下册)第一单元阳光生命课堂课内的阅读体系

	课文标题	主题读本推荐文章	阅读课阅读内容
1	《燕子》	《蝴蝶》《蚕》	1. 本单元主题读本《为地球撑起一把伞》中剩余文章:《春的消息》《红姑娘》《冬天》《海燕》《海上日出》《迷人的夏季牧场》《雪花的快乐》《杨柳》《歌溪》《暴风雨——大自然的启示》《荷塘晨景》《西藏的阳光》《萤火虫》《家乡的枯叶蝶》。 2. 针对共读书目《萤火虫是黑夜的跟屁虫》的内容,进行阅读指导、推进与交流活动。
2	《古诗两首》	《初春小于》《晚春》	
3	《荷花》	《山茶花》《杜鹃》	
4	《珍珠泉》	《海上生明月》《雨的随想》	

阳光生命阅读课程还增设了阅读课,以实现课内"纯"阅读。这是阳光生命课内阅读的重要补充。在这些阅读课上,除阅读主题语文读本剩余的部分篇目外,还包含其他共读书目,在阅读过程中,教师加强阅读方法指导,开展师生阅读分享交流和学生自主阅读活动等。如:《语文》(一年级下册)第二单元包含《吃水不忘挖井人》《我多想去看看》《一个接一个》《四个太阳》四篇课文,同时随文推荐阅读主题读本上《感谢》《黄河的话》等至少 8 篇文章。阳光生命阅读课堂上,我们实验了两种阅读方式:一是阅读主题读本上对应本单元的剩余篇目。如,《我给奶奶送阳光》《美丽的草原》等;二是开展共读一本书活动。如共读《牧童遥指杏花村·清明节》。每个年级在两种阅读方式上都有所变革,每个单元按"1+2+n"的模式编排,形成课内序列阅读长廊。

阳光生命阅读课堂强化校本教研,实现课内"促"阅读。这是解读课内阅读的根本所在。通过举行骨干教师引领课、教研组长展示课、青年教师达标课、同课异构等形式打造海量阅读下的新课堂,坚持少讲、精讲,缩短授课时间,提高授课质量,腾出时间课内大量阅读。每周二下午组织语文半日教研,集体备课+展亮点+解困惑+晒作业,让教研活动扎实有效。此外,每学期中期开展素养竞赛,组织汉字听写、体验作文、日记等各种赛事,以此来诊断阅读效果并进一步推动高效海量阅读。

阳光生命阅读课外阅读体系是怎样的结构呢?课外阅读体系主要包括:语文主题读本剩余篇目、共读书目和自主阅读。引导学生主要利用每晚半小时、午阅二十分、双休日及节假日等时间进行有目的性、针对性阅读。

1. 语文主题读本剩余篇目阅读。指除去课内随文阅读书目和阅读课上阅读书目之后剩余的篇目全部利用课外时间来阅读。如学习二年级第一单元,我们作了如下分解:随文阅读丛书"祖国情"专题中的《春姑娘》《春天的印象》等,阅读课上阅读"祖国情"专题中的《绝句》《春天的校园》等,课外阅读则是"幸福的种子"专题中的《骆宾王七岁咏鹅》等。(见表7-4)

表 7-4

随文阅读	阅读课	课外阅读
"祖国情"第 2 页《春姑娘》、第 10 页《春天的印象》 "祖国情"第 17 页《钱塘湖春行》、第 18 页《早春呈水部张十八员外》、第 19 页《绝句》 "幸福的种子"第 18 页《草》、第 22 页《报春鸟》、第 28 页《幸福的爬山虎》 "幸福的种子"第 33 页《一片树叶》、第 51 页《特别的作业》	"祖国情"第 19 页《绝句》、第 20 页《春天的校园》、第 23 页《春天的微笑》、"幸福的种子"第 28 页《幸福的爬山虎》、第 33 页《一片树叶》	"幸福的种子"第 44 页《骆宾王七岁咏鹅》、第 51 页《特别的作业》、第 55 页《家乡的田野》、第 59 页《初春的风》

阳光生命阅读的共读体系是怎样建构的呢？

阳光生命阅读倡导师生共读、亲子共读。根据语文课程标准要求和学生年龄特点序列化设置。低年级共读书目主题是中国绘本故事和中华成语故事，主要是让学生通过阅读浅近的童话故事感受阅读乐趣，形成阅读期待；中年级则阅读传统文化故事、名人传记等，把握阅读内容，深化阅读理解；高年级则通过阅读纯美小说和中外经典名著拓宽阅读范围，加深阅读反思，初步形成阅读批判。（见表 7-5）

表 7-5

年级\项目	阅读目标	引领阅读方法	阅读内容	共读书目主题
低年级	感受阅读乐趣，形成阅读期待。	读写绘相结合，图画表达与创造相整合。	浅近的童话、寓言、儿歌、诗歌等。	一年级：中国绘本故事 二年级：中华成语故事
中年级	把握阅读内容，深化阅读理解。	逐步从绘本中淡出，加大文本阅读，加大整本书的主题探讨，形成阅读感受。	叙事性作品和优秀诗文等。	三年级：中华传统文化故事（侧重神话、童话、寓言故事） 四年级：中国古今名人故事、传记系列（侧重中华上下五千年）

续表 7-5

年级\\项目	阅读目标	引领阅读方法	阅读内容	共读书目主题
高年级	拓宽阅读范围，加深阅读反思，初步形成阅读批判。	以主题探讨为主，加大自由阅读的量，体会阅读色彩。	叙事性作品、诗歌、说明性文章、非连续性文本等。	五年级：纯美小说系列（侧重曹文轩作品） 六年级：中外经典名著（侧重《三国演义》《红岩》和《史记故事》）

一二年级，每学期阅读一至两本共读书目。三至六年级每学期按照篇幅不等阅读一至三本。尽量照顾到学生之间、班级之间、教师之间不同的阅读差异。其中，五六年级侧重整本书阅读，每学期师生亲子共读一至两本经典名著，引领深度阅读。比如六年级本学期阅读《红岩》和《史记故事》，两个月读一本，保证学生有充足的阅读时间。阳光生命阅读的共读书目的来源，主要有三条途径：一是新教育童书屋赠送的书目。从各班级阅读记录可以看出《鹦鹉"麦子"历险记》《月光下的肚肚狼》等一个个故事早已驻进了孩子们的心里。二是在新华杯征文活动中订阅的书目。我们倡导每个班集体订阅一种书目，十个班就订阅十种书目，开学回来在级部里漂流阅读，一轮下来，一个孩子大致能阅读十本书。第三条途径则是各年级老师根据教学实际从图书室选用或购买的书目，由老师个人（级部）提出申请，所需费用学校报销，以此鼓励老师们引领学生大量阅读。比如：一年级学生阅读了四本三字儿歌 400 首（成语儿歌 100 首，谚语儿歌 100 首，歇后语儿歌 100 首，俗语儿歌 100 首），在共同阅读的过程中，学校给老师们提供了自主选择阅读的更多机会。

对于学生自主阅读，一是教师根据实际推荐阅读书目。推荐书目跟学生的学习生活有一定的联系，如单元主题、文章背景等。二是学生自主选择书目阅读。引导孩子读整本的书，尤其鼓励高年级孩子深度阅读，随读随记，有思想高度，有阅读内涵。因同一学段孩子阅读能力存在差异，在阅读数量上我们坚持底线＋的原则，引领学生自主阅读每月不少于一本，阅读兴趣高能力强的可以读得更多，重在激发阅读兴趣，持续阅读热情，养成阅读习惯。

阳光生命阅读体系中，学生们的自主阅读体系是怎样建造的呢？一般来说，学生自主阅读的内容,一是教师根据实际推荐阅读书目(选读)。二是学生自由选择自己喜欢的书目阅读。因同一学段孩子阅读能力存在差异,在阅读数量上我们坚持底线要求,引领学生自主阅读每月不少于1本,阅读兴趣高能力强的可以读更多。我们看二年级和四年级下册必读书目和选读书目安排表,一单元一推荐。比如,学了四年级第3单元以"大自然的启示"为主题的文章,我们向学生推荐了必读书目《蓝鲸的眼泪》一书,同时推荐了选读书目《走进自然》《乌丢丢的奇遇》《西顿野生动物故事集》三本书。(见表7-6、表7-7)

表7-6 二年级必读书目和选读书目安排表

单元	时间	必读书目	选读书目
第一单元	2月13日—2月24日	《中华成语故事》(1)第1至100页内容	《经典童话故事》第1页至第90页内容
第二单元	2月27日—3月10日	《中华成语故事》(1)第101至200页内容	《经典童话故事》第91页至第153页内容
第三单元	3月13日—3月24日	《中华成语故事》(2)第1至100页内容	《小鹿斑比》第1至第90页内容
第四单元	3月27日—4月13日	《中华成语故事》(2)第101至200页内容	《小鹿斑比》第91至第180页内容
第五单元	4月17日—4月28日	《中华成语故事》(3)第1至100页内容	《中国神话故事》第1页至第90页内容
第六单元	5月2日—5月12日	《中华成语故事》(3)第101至200页内容	《中国神话故事》第91页至第153页内容
第七单元	5月15日—5月26日	《中华成语故事》(4)第1至100页内容	《地心游记》第1至第90页内容
第八单元	5月31日—6月13日	《中华成语故事》(4)第101至200页内容	《地心游记》第91至第180页内容

表 7-7 四年级必读书目和选读书目安排表

单元	时间	必读书目	选读书目
第一单元	2月13日—2月24日	《城南旧事》前半部分内容	《30天环游中国》《装在口袋里的爸爸》《呼兰河传》
第二单元	2月27日—3月10日	《城南旧事》后半部分内容	
第三单元	3月13日—3月24日	《蓝鲸的眼泪》前半部分内容	《走进自然》《乌丢丢的奇遇》《西顿野生动物故事集》
第四单元	3月27日—4月13日	《蓝鲸的眼泪》后半部分内容	
第五单元	4月17日—4月28日	《假如给我三天光明》前半部分内容	《心灵是棵会开花的树》《足球大侠》《铁丝网上的小花》
第六单元	5月2日—5月12日	《假如给我三天光明》后半部分内容	
第七单元	5月15日—5月26日	《海底两万里》前半部分内容	《中国古代寓言故事》《中外神话故事》《科学家故事100个》

为深入促进自主阅读，我常常采取一系列推进措施。如：日推进、周推进、月推进、学期推进、节假日推进等。在阅读有字之书的同时，鼓励学生走向大自然，阅读无字之书。

阳光生命阅读课程建设中，小学语文序列阅读课程体系是我们努力完善的方向。一所学校如果没有自己的阅读机制，如果不用科学有序的机制引领学生阅读，那么学生如何能够成为真正爱读书的读书人呢？

小学语文序列阅读课程体系只是着眼于阅读体系的建构。而真正读进去读出书本的精华还是要开展经典阅读活动。阳光生命阅读课堂以经典诵读为伴，让阅读根植于传统文化，试图构建传统文化丰厚的语文阅读课程。

在山东诸城市明诚学校，课内阅读、课外阅读、经典诵读三大核心内容构成了学校序列的阅读课程体系的整体框架，被纳入学校阅读的大课程体系。而阳光生命阅读中的经典诵读，内容又包括诸城市统一研发的《经典诵读》读本和学校特色经典诵读课程，主要利用每天晨诵15分钟和课前3分钟诵读。《经典诵读》各年级的编排主题：一年级《三字经》节选及儿歌；二年级《弟子规》节选及儿歌；三年级《笠翁对韵》节选及古诗；四年级《笠翁对韵》节选及古诗；五年级《增广贤文》节选及古诗；六年级《论语》节选、《大学》节选及古诗。

阳光生命阅读大课堂还根据学校"依传统文化立校"的办学宗旨，相继开发了学校特色经典诵读校本课程,内容包含两部分:基于年级特色的中华诗文诵读和基于班级特色的名人文化诵读。年级特色诗文诵读:一年级是中华成语儿歌、谚语儿歌;二年级是唐诗(以四季诗为主);三年级声律启蒙;四年级宋词(清照诗词 苏轼诗词);五年级以《大学》为主;六年级侧重小古文。班级名人文化诵读:面向全校师生征集自己最喜欢的古代名人,从中选出曾经影响历史或创造历史的最为重要的古代名人。

2023—2024 学年度,我建构的经典诵读的阅读体系是怎样的呢?

举例来说,二年级的经典诵读内容有哪些内容呢?又应该如何操作呢?如表7-8所示。

表 7-8

学期	单元	时间	古诗篇目
二年级语文上学期	第一单元	9月1日—9月14日	《立秋》《落叶》
	第二单元	9月19日—9月30日	《菊花》《新秋》
	第三单元	10月10日—10月21日	《桑落洲》《秋日望西阳》
	第四单元	10月24日—11月4日	《立冬日野外行吟》《立冬》
	第五单元	11月7日—11月18日	《泊舟盱眙》《九日登李明府北楼》
	第六单元	11月21日—12月2日	《小雪》(唐 戴叔伦 花雪随风不厌看)、《问刘十九》
	第七单元	12月5日—12月16日	《江雪》、卢梅坡《雪梅》
	第八单元	12月19日—12月30日	《冬至》《元月》
二年级语文下学期	第一单元	2月13日—2月24日	《咏柳》《早春呈水部张十八员外》
	第二单元	2月27日—3月10日	《村居》《鸟鸣涧》
	第三单元	3月13日—3月24日	《送元二使安西》、杜牧《绝句》
	第四单元	3月27日—4月13日	《清明》《晚春》
	第五单元	4月17日—4月28日	《相思》《春晓》
	第六单元	5月2日—5月12日	《夏时田园杂兴》(其一)、《无名杂诗》
	第七单元	5月15日—5月26日	《晓出净慈寺送林子方》《小池》
	第八单元	5月31日—6月13日	《饮湖上初晴后雨》《夏夜追凉》

二年级上学期,学生们学了第一单元,我们开展了诵读《立秋》《落叶》;学了第六单元,我们诵读《小雪》《问刘十九》;清明节我们诵读《清明》《晚春》;夏天到了,

我们诵读《夏时田园杂兴》《晓出净慈寺送林子方》……孩子们在朗朗涵咏中感悟寒来暑往、秋收冬藏,在春夏秋冬的轮回中倾听生命的拔节!

在今年阅读的过程中,我们还给广大语文学科的老师配备了"经典诵读的指导手册"。我组织语文骨干教师共同编写了"经典诵读的指导手册",每年级一册,共6册,作为语文教学的辅助教材,指导整个班级的经典诵读。"经典诵读的指导手册"按单元编写,每一单元包括整体阅读目标、内容设计、时间安排、实施策略、保障措施五个方面,具有很强的可操作性。

"经典诵读的指导手册"的结构到底是怎样的呢?下面以五年级下册第七单元来说,"经典诵读的指导手册"确定的单元主题是"作家笔下的人"。整体目标中的第一项,是教材学习目标,其他三项都是阅读目标。"共读一本书"的内容是曹文轩的《山羊不吃天堂草》。课内阅读的内容是"人物描写一组",主要推荐阅读《刘姥姥进大观园》《欧也妮·葛朗台》。经典诵读除诵读第九组《增广贤文》外,还要赏读《大学》中的第十一章。"所谓平天下在治其国者,上老老而民兴孝,上长长而民兴悌,上恤孤而民不倍,是以君子有絜矩之道也……"

能够在校园里读书,是人生的幸事大事。能够在校园里引导儿童读书,是终身的幸事,终身的大事。在阳光生命阅读课堂的建设过程中,我们相信,那信手拈来的从容,都是厚积薄发的阅读沉淀。在臻于至善的执着阅读中,只有不断地引领孩子们踏着一篇篇经典美文的田地,才能走向繁茂的盛夏,走向温暖的人生,走向诗意的年华!我们相信阅读的力量是无限的!

第八章　生命课堂教学风景

第一节　课堂教学诊断

我在常州学习期间知道了一个概念——课堂教学诊断。江苏的教师很善于开展个体的课堂教学诊断——诊断学生、诊断教师、诊断教材、诊断课程标准等。江苏的教育界同行认为，用好教育评价改革可以更好地驱动教育高质量发展，落实立德树人根本任务。阳光生命课堂建设过程中，我意识到没有良好的课堂教学诊断，就没有良好的阳光生命课堂的深入。要真正地开展好阳光生命课堂的建设，就必须学会课堂教学诊断，用诊断的方式促进课堂质量的提升。

一、江南教学诊断风景

一直以来，山东诸城的中小学对如何评价课堂、如何评价学生、如何评价教师都有自己的探索，但是局限于自身定位，很难全面开展课堂教学诊断、学生学习诊断以及教师发展诊断的工作。有一些老师甚至认为，没有开展课堂教学诊断，不也照教书吗？妄议别人的课堂是不是有点管到圈外？糊里糊涂地教下去就行了……

江南之行，站在高中学校院士墙前，听闻高考升学率时，觉得当下中小学教师要提高自己的专业发展，就要努力地提高课堂教学诊断的水平。课堂教学诊断出成绩，课堂教学诊断出人才，课堂教学诊断出风景。

课堂教学诊断是对教育本原的追问。课堂教学诊断作为教育评价的重要组成部分，其本身应该具有教育性，以促进"人"的成长为目的。但是受应试教育影响，长期以来，我们诸城的教育评价实践存在过于注重结果的现象，比如根据学生分数排名来判断学生优秀与否、根据学科考试成绩来评价学校等，更多地强调了评价的筛选甄别功能，淡化了评价的教育属性。这样"唯分数"的评价，有时会造成家长、学生乃至教师对分数不理性的追求，从而浪费了大量的教育时间和精力，甚至牺牲了学生的身心健康，加剧家长的焦虑。

教育专家们表示，新课程背景下教育评价必须回归教育的本原追求上，从甄别走向诊断,从排名次到找问题、找偏差。也就是说,开展课堂教学诊断工作是为了找到教育教学的偏差,找到教育教学的漏洞,而不是为了把学生分成三六九等。许多地区为了评价而评价,为分数而分数的评价,不仅没有瞄准教育评价的价值导向和追求,更是偏离了人才培养的目标。我在江南这五所学校考察发现他们开展课堂教学诊断活动,都是为了找出教师备课中的问题,教师课堂教学过程中的问题和学生课堂在场的问题,真正淡化了分数评价。在江苏一些发达地区,教育部门不以分数评价学校,学校不以分数评价老师,教师不以分数评价学生。江苏一些学校也举行期末考试,但是期末考试之后,老师、学生兴致勃勃地"盘点"一学年的收获,并认真地诊断自己一学年存在的问题。课堂教学评价真正实现了以无招胜有招,克服了"唯分数、唯升学、唯文凭、唯论文、唯帽子"的顽瘴痼疾,强化了过程评价,改进了结果评价,探索了增值评价,健全了综合评价。因此,课堂教学诊断活动、学生学习诊断活动等教育智慧,真正在解放学生身心、缓解家长和教师焦虑。

  课堂教学诊断需要良好的教育生态支持。教育评价之所以会被用于甄别,主要原因是评价常常与被评价者切身利益联系在一起,比如:学生的升学、教师的晋级、学校评优等。要改变这一现象,把教育评价拉回到立德树人的根本任务上来,需要一个良好的教育生态支持。在这个生态体系中,政府、社会、家庭与学校之间形成新型关系,同向发力,有机互补。政府不再把学校升学率、尖子生等标准与教育评价挂钩;社会广泛参与,为教育提供实践资源;家庭深度融合,不盲目攀比,亲子关系融洽;学校自主办学,遵循学生成长的教育规律。学校不再以成绩为主要指标评价教师,教师放松地在课堂上把学科知识、思政教育、情感教育、环保教育、安全教育等落实到位。在这样的教育生态背景下,政府、社会、家庭与学校"四位一体"实现:为学生提供更加多样的、得到认可的道路和选择;为学生提供更加公平的机会和资源,包括无差别的公平和有差异的公平。实现在有限范围内使用评价结果,避免将评价结果简化为排名、筛选和淘汰机制的低水平使用,从而更加突出评价的诊断功能,让诊断评价得到持久地落实,实现每一个学生更好地学习和成长。实现让教师更加幸福地教书。这时候开展课堂教学诊断活动,才会使课堂教学回到教师和学生的共同追求上。

  事实上,生活在中小学校园的老师,哪一个不期待课堂教学评价从甄别走向诊断的状态呢?学生、教师、学校的成长和发展都是螺旋上升的过程,发挥教育评价的诊断功能、认真开展课堂教学诊断是上升过程中的重要节点和依据。当然课堂教学诊断活动要反映课堂教学目标的要求,促进广大教师合理制订评价内容和结构，增进课堂教学评价的科学性。一般来说，课堂教学诊断活动是为后续教育教学的调试和改进提供依据，是自我课堂反思和进步的重要流程。

人类文明向前迈进的每一步无一不在总结评价反思的基础上得以实现。学校办学的提升、教师专业的成长、学生学习的进步，都将评价作为重要一环，嵌入其发展过程之中。阳光生命课堂主张用富于特色的课堂教学评价标准诊断课堂教学和师生在课堂上的表现，从而真正地推动文本研讨、课堂教学设计和课堂教学实践活动的深入开展。这样的课堂诊断活动才能够真正地反映育人目标，趋近真实的教育追求。在阳光生命课堂建设过程中，我们始终把课堂教学诊断活动作为教育过程中的重要一环。我以为认真地开展课堂教学诊断活动，认真地开展校园教育活动诊断行动，可以更好地实现立德树人的教育追求，不断强化教师的专业素养。

不同于课堂教学诊断活动，学生的学习诊断活动也是阳光生命课堂的重要一级。以学生学习生活的诊断为例，明诚学校就致力于从"片面了解"走向"真实评估"，从课堂观察到全面对话，从全面对话到全面审核、综合评价。

这样的综合评价真正把学生在校园生活中的成长表现总结了出来，无论是老师还是学生，无论是家长还是学校，都对综合评价赞不绝口。明诚学校全面的诊断活动具有以下几个特点。

第一，以人的全面发展的观点，开展对学生学习生活综合评价，包括学生身心健康指数、学生学习生活幸福指数、学生学业成就发展指数等增值评价数据，每年"一报告"，每人一结果。

第二，以人的发展和学校发展相融合的观点，开展对学生学习生活增值评价。不仅从学生学习生活的角度呈现了学校教育的结果，而且数据积累呈现学校活动普及轨迹。同时，在大量数据积累过程中形成常模，便于明确评价结果的位置。

第三，以诊断、评价为了促进的观点，合理使用诊断数据。综合评价分为现状分析、调研准备、制订评测指标等"纸上内容"，又分为评测计划、评测实施、报告与反馈等四个评价环节，保证了评价的科学性和诊断改进价值的落实。

基于课堂教学诊断的教学评价意义在于为课堂教学艺术的进一步提升和发展提供参照。因此，后续有针对性地指导跟进才更使得诊断的价值得以彰显。在教师专业诊断、学生学习诊断等各个教育评价方面上，强调优点、多用鼓励、降低区分等方式，以缓解评价带来的焦虑；另一方面需要特别关注提高教研系统、师资培养系统的灵活性，推进因材施教、因材施培。

以教师专业发展为例,明诚学校致力于从"高利害焦虑"走向"赋能成长",构建了聚焦教学、育德、科研、信息四大素养的"走向卓越"教师培育系统,完善了"三级六层"教师成长之路(三级:基础培训、特色培养、高端培育;六层:教学新秀、教学能手、教学骨干、学科带头人、名师后备、明诚名师)。同时,在对诊断结果进行深入分析的基础上,广大老师及时跟进,提出针对性举措,改进教学措施,改进教学进程,改变教学智慧。课堂教学诊断属于教师自主的教学纠偏行为,也是同伴间相互促进、相互鼓励、相互促进的一种提升方式。

有效的教育行为诊断活动,能够促进教师的专业发展,提升学校新质生产力。我在常州市考察时,发现有些中小学教师缺少命题机会,多用现成题目;即便有机会自己设计命题,但是命题理念落后,仍停留在知识点的考察;同时,命题技术规范不到位,对教学评一致的理解不够深入。回到诸城以后,我在诸城第一小学便提出了提升阳光生命课堂的命题能力,每学期每位老师出一份具有学段特点和特色的试卷。带着自己出的一份富有特色的学科试卷,参与学校的命题研讨工作。在此基础上,阳光生命课堂推出了关于提升命题力的三项规定。

第一,各学科开展以命题为主题的专题教研活动,进行两次研讨、两次筛选、两次反思的命题实战活动,强调根据学科特点,合理设置试题结构,提高探究性、综合性试题比重;

第二,开展分层作业和作业开放性研究,通过作业设计提高命题能力,除了学科不同难度的分层作业,积极探索跨学科作业,考虑学生学习和生活实际,提高情景化作业的设计水平;

第三,鼓励教师开展命题专项研究,以命题为基点促进教师对教学目标的深入理解、教学过程的合理展开,保证教学评一致。

反思出问题,诊断出效果。阳光生命课堂教学应该不断地在课堂教学诊断中开出灿烂的花朵。

阳光生命课堂教学过程中,许多老师不知道对自己的课堂教学开展自我诊断。课堂教学的自我诊断是提升课堂教学质量,改变课堂教学策略的主要方式。中小学虽然有集体备课集体听课集体研课的制度,但是只不过是每学期一次的推磨式听课——同一学科组的老师每人每学期上一节课,让大家研讨。事实上,阳光生命课堂教学质量的提升,主要还是靠广大学科教师自主开展教学诊断活动。

广大中小学教师要有自觉开展课堂教学诊断的意识。没有自主的课堂教学诊断,就没有阳光生命课堂质量的提升。阳光生命课堂开展得生动活泼的教师,往往是自主的课堂教学诊断开展得最热烈的老师。因此,从为国育才、为党育人的角度看，语文学科的老师更应该自觉主动地开展课堂教学诊断活动。自觉主动、生动活泼的课堂教学诊断，才能发现课堂教学的失误，才能着手改进课堂教学的过程、策略。

课堂教学诊断另一方面表现为同伴之间的互相讨论和商量，从而优化课堂教学设计，收获课堂教学经验。

二、课堂诊断案例

我的一位同事要开展《乌鸦喝水》市级公开课，他较好地在同伴间开展教学设计的诊断。这件事情我印象很深刻。

《乌鸦喝水》是一年级上册寓言课文。课文十分精美。

乌鸦喝水

一只乌鸦口渴了，到处找水喝。它看见一个瓶子，里面有半瓶水，可是，瓶口小，乌鸦喝不着。怎么办呢？

乌鸦看见旁边有许多小石子，终于想出办法来了。它衔起小石子，一颗一颗地放到瓶子里。瓶子里的水渐渐升高了，乌鸦就喝着水了。

这篇课文怎样教学呢？这位老师设计了这样的教学目标，拿来给我，让我进行诊断。我们看他的教学目标：

1. 会认、会写"喝、瓶、放、渐、乌鸦、瓶子、石子、办法"等生字词。
2. 研究乌鸦喝水的过程，体会乌鸦喝水的困难。
3. 懂得遇事要学会自己解决问题。

应该说教学目标1，是符合一年级学生的认知水平的。学习《乌鸦喝水》，识字、写字是重要的教学目标。"喝、瓶、放、渐"等汉字是一年级学生要掌握的。但是，教学目标2就值得商量。一年级阅读教学不只是鼓励学生自己动手去做实验，研究乌鸦喝水的过程，去体会乌鸦喝水的困难。如果让学生自己去解决喝水的问题，这是轻而易举的。学习《乌鸦喝水》的目的，是发现乌鸦怎样喝到水的智慧，拓宽思考还有什么办法喝到水……这样思考喝水的方法，才对当代小学生的思维创新有促进作用。所以，教师还应该把教学的重点放在想象乌鸦还可以有哪些方法喝到水上。

我在设计教学《乌鸦喝水》时，把重点放在通过阅读感悟乌鸦喝水的智慧所在上，并带领学生举一反三去研究乌鸦喝水的种种方法。即便是在下课以后，学生还追着我说自己找到了乌鸦喝水的新方法。可见，这样的教学设计，才真正激发了学生创新阅读的热情。从训练思维的角度看,《乌鸦喝水》其实是学生创新思考的起点,真正热爱创新引领的教师会把学生的创新思考引领到无限的创新思考的空间上。

阳光生命课堂开展寓言教学要最大限度地鼓励学生去想象去联想,从而打开学生语言阅读的思维空间。因此,教学目标2应该改写为"诵读、品悟乌鸦喝水中的智慧。"教学目标3也要相应地改成"探究乌鸦喝水的种种方法。"。"懂得遇事要学会自己解决问题",当然是学生们阅读这篇课文应该懂得的道理;但相比"探究乌鸦喝水的种种方法",学生喜欢探究的仍然是喝水的种种方法。

在我的建议下,这位教师调整了自己的教学设计。他的教学过程是这样设计的:

一、用图片导入故事情境

同学们看,这是一只乌鸦(板书:乌鸦),乌鸦是一只怎样的鸟?现在啊,这只乌鸦口渴了。在我的课桌上呢,有一瓶水,旁边还有一些小石头,请问同学们,乌鸦怎样才能喝到水呢?

同学们都动了脑筋思考,现在我们来学习课文《乌鸦喝水》。看乌鸦是不是按照大家的方法去喝水的。(板书:乌鸦喝水)

二、初读课文:教师点名读,小组合作读

请一位同学泛读课文,其他同学注意发现他读错的地方。

三、学习字词,读通课文

出示生字卡片,用生字组更多的词语。

总结识字的巧办法:拆解字形法、顺口溜法、想偏旁法、编谜语法、加减笔画等。

四、读课文第1段,思考以下问题

1. 看看插图,乌鸦口渴到什么程度了呢?
2. 乌鸦口渴了,瓶子里有水,为什么它喝不到呢?

五、读课文第2段,思考以下问题

1. 旁边的许多小石子,如果改成两颗小石子行吗?
2. 如果改成一块大石头行吗?
3. 乌鸦看到旁边有许多小石子,就喝着水了,这是一只怎样的乌鸦呢?——聪明的乌鸦。
4. 乌鸦想了个什么办法呢?是哪句话告诉我们的?
5. 现在请几位同学到讲桌上来,像乌鸦那样"喝水"。

演示实验：将讲桌上的小石子放到半瓶水里，其他同学一边观察一边思考。

6．请一位同学讲述刚才同学"喝水"的办法。

六、迁移拓展，你还有什么好办法

1．同学们，如果瓶子旁边没有小石子，又该怎么办呢？你还有什么办法帮助乌鸦喝到水呢？——帮小乌鸦再想办法吧！

2．小组讨论，然后投影句式引导学生说出自己的办法。

句式：如果有……，乌鸦就……；如果遇见……，乌鸦就……。

3．再评一评同学们提出的"乌鸦喝水"的办法好不好。

这位教师的教学设计由图片导入形成故事情境，引导学生探究乌鸦喝水的方法。然后通过初读课文学习课文中的字词并总结了识字的办法，从而让字词学习方法更加丰富多样。在学习字词的基础上，教师引导学生分别阅读课文第1段和第2段，然后引导学生以问题串的方式，讨论课文的内容，探究乌鸦喝到水的方法。

在开展教学诊断的时候，老师们给出了较高的评价。比如，教师提出的问题角度独特。如"乌鸦口渴到什么程度了呢？""瓶子里有水，为什么它喝不到呢？"教师提出的问题颇具有思考的创新性。如"旁边的许多小石子，如果改成两颗小石子行吗？""如果改成一块大石头行吗？"而更难能可贵的是教师请同学到讲桌上演示乌鸦喝水的过程，学生一边演示，台下的同学一边观察思考。这样课文的文字和讲桌上的演示就形成了表里结合的映衬和融合。在此基础上，教师还有讲桌上的演示迁移拓展，引导学生思考"如果瓶子旁边没有小石子，又该怎么办呢？你还有什么办法帮助乌鸦喝到水呢？"这个"帮小乌鸦再想办法"的环节，非常新颖，也激发了学生们的阅读兴趣。这位教师提供了表达的句式："如果有……，乌鸦就……；如果遇见……，乌鸦就……。"课堂上学生们纷纷发表自己的意见，以帮助小乌鸦喝到水。在此基础上，教师还请学生们对课堂上生成的"乌鸦喝水"的办法做出评价，以寻找到最佳最优的方法。

这节课堂教学围绕着乌鸦喝水做文章，由课前的猜想到阅读课文的印证到阅读实验的观察，以及迁移拓展教学思路清清楚楚，教学创新痕迹明显。

三、课堂教学诊断路径

一般来说，课堂教学诊断可以从三个方面进行。

首先，研究阅读课教学的科学定位；其次，从微观和宏观两个层面反思阅读课教学的失误，并提出改进措施；最后，开展课堂教学实践，印证自己的改进措施，形成自己的课堂教学诊断案例。近些年,我开展了系统的课堂教学诊断活动,我发现阳光生命课堂阅读教学中主要的失误,表现为微观上和宏观上的失误。微观上表现为问题碎片化、评价模糊化、解读标签化;宏观上表现为阅读目标不分明,阅读育人的追求不清晰;缺乏对所教知识和能力的运用意识;课堂内外阅读衔接不到位。

中小学语文学科教学如何科学定位?我想,阅读课堂不仅要传授知识、揭示方法规律,还要丰富阅读的经验,用课堂熏陶感染,让学生有所感,有所思,有所悟,从而唤醒学生的阅读灵魂,用阅读润身,用阅读育人!同时,阅读课堂教学,既要立足于课堂阅读,也应该搭成课内外阅读的桥梁,延伸课堂教学的长度,拓宽课堂教学的广度,让学生"学会阅读、主动阅读、爱上阅读"。阳光生命课堂教学中,老师和学生的状态就像漫步小河边,一边欣赏着鸟语花香,清风拂柳,满心怡悦,一边仍咀嚼着课文,憧憬着美好的未来,心存大海,期盼远航。

《义务教育语文课程标准(2022年版)》这样规定:"阅读浅近的童话、寓言、故事,向往美好的情境,关心自然和生命,对感兴趣的人物和事件有自己的感受和想法,并乐于与他人交流。"[①]《乌鸦喝水》公开课最后获得了全体听课老师的好评,主要是在教学设计的时候遵循了课程标准,引导学生对感兴趣的问题发表自己的想法,并且用典型的句式引导学生讲出自己的奇思妙想,强化了课堂交流意识。

阳光生命课堂强调师生以快乐的心情、优雅的思考、深入的探究将学生引到阅读的美妙天地中。阳光生命课堂阅读教学最要关注学生们的阅读心理,强调不断地优化学生的心理。

小学生对课文世界充满着神秘感,他们希望在课文世界里发表自己的看法,尽管他们的看法有时幼稚得可笑,但是我们也要以高度的敬畏心去对待。苏霍姆林斯基在《没有惩罚的教育》一文中写道:"育人先育心。在由人的精神财富外化而来的和谐的交响曲中,最微妙、最温柔的旋律当属于人的心灵。"因此,开展教学诊断的时候,实际上是对学生心灵世界的一种诊断,是对学生心灵世界的一种引领和提升。而这种引领和提升是不怕遇到挫折,不怕遇到困惑的。

小学第1册课文,第6课是《画》。《画》的内容就是四句诗:"远看山有色,近听水无声。春去花还在,人来鸟不惊。"仅从字面上来看,学生很容易理解错,甚至产生很多可笑的疑问——远看山有色,近看山有没有啊?近听水无声,水为什么

---

① 中华人民共和国教育部.义务教育语文课程标准(2022年版)[M].北京:北京师范大学出版社,2022.

没有声音呢？如果远听水有没有声音呢？春去花为什么还在？人来鸟为什么不惊？……而这恰恰是我们推进阅读教学的有效的问题情境。其实，远看山和近看山都有颜色，远听水声和近听水声都有声音。只不过学生没有明白这首诗写的是画作。这和日常生活中的看山听水实在不同。但是学生能够质疑，能够提出自己的疑惑，就说明学生在思考。从保护学生思维的角度看，无论学生提出什么样荒唐的问题，提出什么样不可理喻的问题，教师都要以宽怀大度去容纳。然后再开展教学诊断活动，探究学生为什么会提出这样一些可笑的问题。

同样，初中生正处于生理的发育期，其心智也在急剧地发生着变化：他们渴望了解身边世界的精彩，却又脱离不了天真的幻想；他们试图对生活理性思考，但认知的精确度仍存在不妥当的地方……面对初中学生阅读理解上的误区甚至谬论，我们要保持关怀的心态，让他们把自己的阅读疑惑清晰地表达出来，然后再开展教学诊断。这样，才能提高阅读课堂的教学效果。

比如教学《故乡》，许多学生对"我"和杨二嫂之间的故事产生了错误理解。

"我"和杨二嫂之间的故事是这样的：

"哈！这模样了！胡子这么长了！"一种尖利的怪声突然大叫起来。

我吃了一吓，赶忙抬起头，却见一个凸颧骨，薄嘴唇，50岁上下的女人站在我面前，两手搭在髀间，没有系裙，张着两脚，正像一个画图仪器里细脚伶仃的圆规。

我愕然了。

学生们认为，从这部分的内容来看，"我"的模样吓着了杨二嫂，所以她才以"一种尖利的怪声突然大叫起来"。"我"没有认识到自己的错误，反而将杨二嫂描写得非常难看——"凸颧骨，薄嘴唇""没有系裙，张着两脚，正像一个画图仪器里细脚伶仃的圆规"，说明"我"以眼还眼以牙还牙，是对劳动人民不尊重的体现。

当杨二嫂向"我"要起旧家具的时候，学生们认为，"我"表现出来的依然是自私自利、冷酷无比。我们看这个环节：

"那么，我对你说。迅哥儿，你阔了，搬动又笨重，你还要什么这些破烂木器，让我拿去罢。我们小户人家，用得着。"

"我并没有阔哩。我须卖了这些，再去……"

"阿呀呀，你放了道台了，还说不阔？你现在有三房姨太太；出门便是八抬的大轿，还说不阔？吓，什么都瞒不过我。"

我知道无话可说了，便闭了口，默默的站着。

"阿呀阿呀，真是愈有钱，便愈是一毫不肯放松，愈是一毫不肯放松，便愈有钱……"圆规一面愤愤的回转身,一面絮絮的说,慢慢向外走,顺便将我母亲的一副手套塞在裤腰里,出去了。

　　学生们认为在这个环节中,作为从京城回到故乡的"我",本应该表现出无限的大气,将一些不用的烂武器送给周围的邻居,让他们拿回家使用。这才体现出了"我"对周围邻居的同情和怜悯,然而"我"竟连笨重的烂木器都不放手。这不分明表现出对邻居的不宽厚?

　　对于学生在阅读过程中产生的误解,我们该怎样面对呢?杨二嫂的肖像描写本是表现在旧中国旧社会农民被剥削被压迫的惨象,然而学生却认为是"我"的报复性描写。杨二嫂向我要笨重的烂木器,"我"没有爽快地答应她。这说明"我"在当时的社会背景下并没有阔绰,真实地反映了"我"的经济状况。可是学生却误读为"我"的小气、吝啬,对周围邻居的不宽厚。阅读过程中学生的误解产生的原因是什么呢?我想主要还是没有在更大的语境下去阅读杨二嫂、去阅读"我"、去阅读闰土。如果学生从更大的语境下去研究杨二嫂的前后变化,去阅读闰土前后变化,就能够看到作者实际是用对比的方法来表现旧的社会制度对杨二嫂、对闰土这样的底层人的剥削和压迫。

　　课堂教学诊断能够让我们很容易发现学生阅读上的问题产生的原因。阳光生命课堂深度阅读过程中,我们完全可以设计这样的问题,引导学生开展批判性阅读。

　　1. 1911年发生辛亥革命,1921年中国的农村经历了20年的发展。为什么之前被称为"豆腐西施"的杨二嫂反而变成了"细脚伶仃的圆规"、甚至连破烂的木器这样无用的木器都要讨要?

　　2. 1921年辛亥革命已经过去了10年,封建帝制早已被推翻。为什么故乡的杨二嫂还会说"我"放了道台、"有三房姨太太","出门便是八抬的大轿"?

　　3. 20年以后,"我"回到故乡。为什么闰土先前的紫色的圆脸变作灰黄,而且加上了很深的皱纹?为什么来见老朋友的闰土却是"头上是一顶破毡帽,身上只一件极薄的棉衣,浑身瑟索着"?是谁夺去了闰土的经济财产,让他变得如此落魄不堪?

　　阅读教学内容要基于学情,找到学生喜闻乐见、紧贴书本的内容,让学生趣读趣学。带领学生一同在语文的天地里,品文字的芬芳,饮生命的琼浆,赏山河的壮美,是阳光生命课堂的远景。作为语文老师,谁不愿意和学生们一同品文字的芳香引生命的琼浆呢?因此,面对学生在阅读中出现的扭曲性理解,中小学教师要有耐心、有热情去开展课堂解剖活动,努力地找到解决问题的路径。语文教学讲究对症下药,因材施教。通过课堂教学诊断,我们才能和学生一起"撑一支长篙,向青草更深处漫溯",才能真正地激发学生阅读教材探究问题的兴趣。当学生们通过文字的屏障行走在作者的思绪中,穿梭在过去的时光里,那些熠熠生辉的文字才能映入学生的眼帘,那些包含着深情的文字,才能浸润着学生的性情。如果不努力积极地开展基于课堂问题的诊断,特别是基于学生理解误区的诊断,我们的阅读教学如何能够贴近学生开展体验性阅读?如何能够帮助学生搭建文化差异上的理解铺垫,让阅读教学变得更加有趣,让阅读教学走得更远。从某种意义上来说,阅读课课堂教学中要明确两种意识,一是明确阅读和立德树人的关联,做到用课堂阅读为国育才,为党育人!二是要明确作为文本阅读的读者意识、作者意识,从而更好地理解文本。前者规范了阅读教学的政治方向,开展课本教学,开展文本阅读就是为国家培育人才,就是为中国共产党培育力量;后者指明了文本阅读的方向,阅读教学只有尊重读者意识、作者意识才能够真正地沿着文字的桥梁走向作者的"那一方"。

四、课堂教学诊断的价值

为什么要开展课堂教学诊断?很多原因是我们的阅读教学出现了问题,引领上的碎片化、文字阅读上的碎片化。问题碎片化,会让学生只见树木,不见森林;文字碎片化,会让学生一知半解,举步维艰。阅读课课堂教学最大的失误,是"问题碎片化阅读教学"。许多老师把本应该整体阅读的课文分割成一个一个细小的问题,引导学生去做碎片化的探究,严重地干扰了学生的整体阅读。

教学《观潮》,不是要理解其中的一词一句,而是要理解作者观潮所获得的宏观印象——"一浪叠一浪,一浪高一浪的涌潮","犹如千万匹白色战马齐头并进,浩浩荡荡地飞奔而来"的壮阔浪潮。如果采用碎片化的理解,学生们就不能感受到钱塘江大潮的无限壮阔之美。有的老师教学《观潮》,给我留下了深刻印象。

这篇课文写得很生动很形象。

观 潮

钱塘江大潮,自古以来被称为天下奇观。

农历八月十八是一年一度的观潮日。这一天早上,我们来到了海宁市的盐官镇,据说这里是观潮最好的地方。我们随着观潮的人群,登上了海塘大堤。宽阔的钱塘江横卧在眼前。江面很平静,越往东越宽,在雨后的阳光下,笼罩着一层蒙蒙的薄雾。镇海古塔、中山亭和观潮台屹立在江边。远处,几座小山在云雾中若隐若现。江潮还没有来，海塘大堤上早已人山人海。大家昂首东望，等着，盼着。

午后一点左右，从远处传来隆隆的响声，好像闷雷滚动。顿时人声鼎沸，有人告诉我们，潮来了！我们踮着脚往东望去，江面还是风平浪静，看不出有什么变化。过了一会儿，响声越来越大，只见东边水天相接的地方出现了一条白线，人群又沸腾起来。

那条白线很快地向我们移来，逐渐拉长，变粗，横贯江面。再近些，只见白浪翻滚，形成一堵两丈多高的水墙。浪潮越来越近，犹如千万匹白色战马齐头并进，浩浩荡荡地飞奔而来；那声音如同山崩地裂，好像大地都被震得颤动起来。

霎时，潮头奔腾西去，可是余波还在漫天卷地般涌来，江面上依旧风号浪吼。过了好久，钱塘江才恢复了平静。看看提下，江水已经涨了两丈来高了。

教学时这位教师引出了课文的题目以后，提出了这样一个问题，钱塘江大潮为什么自古以来被称为天下奇观？这个问题是针对课文第1段提出来的。教师提出问题以后，一个学生立刻站了起来。作为听课的我在想这名学生会怎么回答这个问题。而课堂教学的实际是，学生还没来得及回答，老师就把这个问题分解成了"全文是围绕哪个词来写的"？"作者是按什么顺序来写钱塘江大潮的"？"潮来前作者是怎样写的"？"潮来时作者是怎样写的"？"潮头过后作者是怎样写的"？"观潮的人们的情绪有怎样的变化"？"作者使用了哪些叠词"？"作者使用了哪些修辞手法"？这些小问题。关键是，一个主问题化为多个追问碎片，还没有实现原来的目标"钱塘江大潮为什么自古以来被称为天下奇观"。

事实上，作者并没有紧扣"天下奇观"来描写钱塘江大潮。作者只是用"天下奇观"来指出钱塘江大潮的景色地位。做了这样定位以后，作者才写潮来之前海塘大堤上的所见所闻。第3段和第4段则是从听觉和视觉层面写潮来时声音的巨大和场面的宏阔。最后写的是潮头离去以后的景象"余波还在漫天卷地般涌来，江面上依旧风号浪吼"。

这样的阅读教学课堂失误，是怎么造成的呢？除了教师对文本理解把握得不准确之外，主要还是问题碎片化教学造成的。这节课我对教师的整堂课提问作了三个层次统计，教师提出的问题共有35个，其中以思考型、提醒型问题为多。低效问题20个，主要集中在过易以及无意义重复问题上。无效问题10个，如"对不对""是不是"等。教师提问的有效度不够理想，就是没有找到深入文本的主要问题——作者是如何将钱塘江大潮之美表现出来的？学生读文章的意义在哪里呢？仅仅是感受钱塘江大潮之美吗？我想，还应该有观察作者是怎样刻画和描写钱塘江大潮的方法习得，积累作者刻画描写钱塘江大潮的艺术经验。对于一堂课的教学设计来说,抓不住主问题,也就难以占领文本表达上的主要经验。

这样的问题碎片化如何避免?我认为:只有去掉低效与无效问题,阅读课堂教学才更有效。教师用细小的问题牵着学生,没有给学生自主思考,自主创造自主表达的空间。问题的碎片化,使得学生只能思考教师提出的零零碎碎的小问题,自主思考的空间被挤压了。这位教师用碎片化追问来控制课堂进程,课堂上学生们被问题牵着"盲目地奔跑",每每被搞得"晕头转向"。这个问题还没来得及思考并组织语言回答,教师的"另一个"问题就压下来了。我看到,教师显得有些心急,碎片化也让学生眼花缭乱。

教学《观潮》主要是感受钱塘江大潮的壮美,感受作者语言文字之美。教师应该抓住主要问题——作者是如何将钱塘江大潮之美表现出来的?然后带着学生咬文嚼字,深入地感受作者的观察之巧妙,表达之生动,进而迁移到宏大景色的描写借鉴上,或者说为描写宏大的景象作为铺垫。

《观潮》的教学诊断,让我明白了主问题设计的重要性。主问题设计没有到位,学生的阅读深入就无从下手。因此,阳光生命课堂建设过程中一定要重视主问题的设计,精心推敲、选择主问题,围绕主问题建构一堂课的教学风景。北京特级教师宁鸿彬教学《皇帝的新装》给我留下了深刻印象,一堂课他只是以两个主问题促读——"你认为,皇帝是一个什么样的皇帝"、"皇帝为什么会上当受骗"。他用两个问题引领学生进入教材,然后师生互动讨论回答,课堂干干净净,主题相当鲜明。湖北的特级教师余映潮教读《游山西村》,则把自己融进去,创设情境,让学生从"你看、你听、你说、你闻"几个维度体验《游山西村》,《游山西村》的课堂如诗如画。再比如钱梦龙老师教学《死海不死》,他以"学生为主体"贯穿课堂,让学生自主探究,课堂明明白白,精彩纷呈。

在新课程背景下,阅读课堂提倡问题多元化,有的老师主张以问题链的方式建构多样化的课堂教学,这样的思考并没有问题。对于一篇文本的阅读来说,学生能够提出的问题不只是一个。但前提是,问题要质量化、优质化,主要问题既要能统领课文,又要能够统领课堂。阳光生命课堂,应该多让学生去发现问题,探究问题;教师的问题只是更好地营造情境,启迪学生去发现。问题要质量化、优质化,教师要对文本进行深入的阅读,用精致的问题群、问题链,打开学生的思维,激发他们探求的热情。因此,在建构阳光生命课堂的时候,我主张语文学科要主动放手,放手让学生思考,放手让学生提出问题。教学四年级上册课文《王戎不取道旁李》,我便放手让学生阅读这篇精美的文言文:

王戎七岁,尝与诸小儿游,看道边李树多子折枝。诸儿竞走取之,唯戎不动。

人问之,答曰:"树在道边而多子,此必苦李。"取之信然。

课堂上学生提出了生动活泼的问题:王戎七岁了,为什么不去上学?王戎和各位小朋友游玩在7岁的6月份吗?王戎才7岁,他能够到李子树上的李子吗?诸小儿是不是也都六七岁,他们能够够到折枝的树上的李子吗?王戎为什么不取道旁李?王戎和伙伴们这次到底吃到李子没有?他能够乱摘别人种植的李子吗?"人问之"中的人是大人还是小孩?王戎说李子树在道路边结了很多,李子一定苦,可信吗?我们小区里栽了很多李子树,可是那些李子是苦的还是甜的呢?王戎的"多子折枝"判断是不是片面的呢?王戎的"多子折枝"在现在还成立吗?……在这些问题中,无疑"王戎为什么不取道旁李"这个问题是最重要的。

王戎的推理很简单。"道旁李",如果是甜的,早就被人摘光了。现在树上李子很多,想必是苦的。当我把这个道理跟学生讲明的时候,学生们也提出了反驳的意见:如果道路旁边的李子树很多,行人是摘不完的。如果道路旁边行走的人很守规矩,也是不可能把李子摘完的。我在教学的时候抓住"王戎为什么不取道旁李",引导学生理解王戎的推断,同时放在当下的生活情境下来观察批判,既理解了王戎善于观察和思考的思维品质,也走出了王戎的思维定式。对于一篇课文做多元设问,多元思考是一件好事情,但是"任凭弱水三千",教学设计的时候可能"只取一瓢饮"。

阳光生命课堂设计过程中,学生们出现了很多阅读误差,这也和评价模糊化相关。一位老师开展《孔乙己》小说阅读研讨教学,在讲到孔乙己因偷丁举人家里的书被打了大半夜,最终被打折了腿时,这位老师问:"孔乙己究竟该不该遭丁举人的打?"有学生站起来说:"我觉得打得对,就应该打。现在小偷有许多,尤其偷自行车的偷电动车的,就应该打。"这位同学的发言一石激起千层浪,教室里顿时像炸开了锅似的,学生们开始小声议论起来,一些同学开始附和着这种说法。而此时,这位老师说:"这个同学的发言很有新意,不错,值得表扬。"然后又继续上下面的内容了。这位教师的阅读评价,合适吗?在新时代,偷自行车偷电动车的人真的很多吗?我的感觉是偷自行车和偷电动车的人要少得多。很显然学生的评价值得诊断。这位教师的教学评价,我觉得不合适,这就是课堂教学的失误——评价模糊化。"孔乙己究竟该不该遭丁举人的打?"这个问题提得很好,具有一定的价值导向,但是随着老师"真好""不错"这样的模糊评价,导致它的教育价值消失殆尽!语文课程丰富的人文内涵,对学生精神领域的影响是深广的。从现代法纪观念看,丁举人的行为是一种目无法纪、草菅人命的行为,他顺着科举制度爬上去,就可以对没有爬上去的孔乙己滥施刑罚打到孔乙己不能行走。这恰恰暴露了封建科举制度的残酷性,这恰恰暴露了丁举人的冷漠无情。同是读书人,为什么孔乙己身上还有一丝丝的善良,而丁举人为什么如此残暴冷酷呢?封建官员的嘴脸是不是暴露无遗?许多老师喜欢以当代的眼光引导学生评论课文中的故事、课文中的人物、课文的结局。这是一种开放性教学的有益探索。如果教师的课堂评价模糊了,学生就会误以为这种行为是"为民除害""打得值得""打得好"。学生如果片面化理解、接受了,他们心灵里所形成的人生态度和价值观就可能是片面的,导致了学生人文精神的缺失。同时从触摸作者创作精神的层面来看,这和鲁迅先生"接触痛苦,引起疗救的注意"的主旨背道而驰。因此,我觉得教师准确的引导、正确及时的课堂评价不能丢弃。像宁鸿彬、余映潮等语文大家,在阅读教学课上,对于学生这类片面的回答,都是结合文本,及时给予了纠正的。阳光生命课堂开展教学诊断的时候,对于评价模糊化的现象,每每采用深度研课的方式,引导大家畅所欲言,多角度思考教材问题和学生问题,多角度理解教材设计的意图,然后组织学生对课文再次深入研读,进行争辩、甄别和评价,以"逐步形成积极的人生态度和正确的价值观"。当然,避免评价模糊化,还可以把自主探究、自主体验的权利还给学生,尊重他们独特的体验,允许他们做出多元的反应,但是不能忽视课文潜在的价值取向,要通过评价,引导学生形成正确的价值观。

阳光生命课堂的阅读失误更多的是由文本解读标签化造成的。中学九年级课文《我的叔叔于勒》是法国著名的短篇小说巨匠莫泊桑的名篇。《我的叔叔于勒》讲述"我"的家人在去哲尔赛岛途中巧遇于勒叔叔的经过,于勒由富而穷后,菲利普夫妇对待于勒的态度截然不同。

一位老师让学生找出描写菲利普夫人的地方,并说说写出了她怎样的形象时,学生说:母亲有点迟疑不决,她怕花钱,因为母亲很不痛快地说:"我怕伤胃,你只给孩子们买几个好了,可别太多,吃多了要生病的。"然后转过身对着我说:"至于若瑟夫,他用不着吃这种东西,别把男孩子惯坏了。"这位学生认为,这里可以看出母亲很节俭。而其他的学生都笑他。我问同学们为什么嘲笑他?一位男生说:怎么可以用一个褒义词形容一个作者批判的人物?这里涉及的是"很节俭",应该用在什么场合?应该用在什么人的身上合适?我在教学的时候提供了这样三个语境:

  妈妈总是穿着我的旧衣服,我的妈妈很节俭。

  被打断腿的孔乙己来到咸亨酒店摸出一个钱,说温一碗酒,这说明孔乙己很节俭。

  你只给孩子们买几个好了,可别太多,吃多了要生病的。这说明菲利普夫人很节俭。

　　在这三个语境的引领下,那名女生马上把自己的评价改成"小气鬼"。阅读教学过程中学生的评价每每有失误有偏差怎么办呢?教师要有耐心,要引导学生找到最准确的那个词语,最正确的那个评价。在我的引领下,学生们接受了女生"小气鬼"的标签。事实上菲利普一家的家境很贫穷,但是看到了别人吃牡蛎,在自己的女婿面前又不能不购买。这多多少少地表现了菲利普夫人虚荣的一面。如果说菲利普夫人很节俭,倒不如说菲利普夫人很虚荣很小气,因为连很小的若瑟夫都没有吃到牡蛎。

　　既要照顾面子,又要考虑家庭经济收入。这实在是难为了菲利普夫人。作者这样写,其实合情合理。《我的叔叔于勒》开头就交代,我家"并不是有钱的人家,也就是刚刚够生活罢了"。这说明"我"家并不富裕,出现了菲利普夫人小气的现象合情合理。而菲利普夫人的两个女儿至今未出嫁,全家都十分发愁,与她家较穷也有较大的关系。其实,拮据的生活,菲利普夫人只有处处节俭,小心谨慎地过着日子,才能把日子坚持下去。菲利普夫人舍不得多买,不愿意为若瑟夫买,这才是过日子的穷人家。从小说人物性格层面看,从小说主题鞭挞看,用"很节俭"来形容不如用"小气"和"虚伪"形容,人物形象更加鲜明生动。

　　阳光生命课堂上,提倡阅读评价的多元化,但课堂阅读还要有自己的价值观,还要有自己的评价标准。这既是正面价值导向的引导,也是阅读深化的需要。但是开展阳光生命课堂的诊断活动,不能只是教师单方面的行动。教师单方面的课堂介入也只是灌输的代名词。教师的武断行动、标准解释,貌似完成了教学任务,可却忽视了学生的存在,剥夺了其他学生品味、发现的权利。这是典型的标签化阅读教学。其实,许多阅读教学中的理解偏差、偏激观点可以引导学生参与。标签式的阅读,会束缚学生的思维发展,禁锢了学生的创新意识。因此,到底该不该用"很节俭",应该把发现答案的权利交给学生。

　　阳光生命课堂要避免标签化阅读教学,还要避免标签化阅读,关键是要深入地解读文本。深入地解读文本不仅仅是教师的单边行动,还应该引导学生细细地阅读文本,深入地占领文本,在文本的天地里走个来来回回。近两年的阳光生命课堂听课活动中,我发现许多老师在文本的深度阅读上功夫不够。比如学习《江南》这篇课文,有的老师只引导学生学习其中的几个汉字,让学生背一背,然后就结束了这篇课文的学习。

　　很显然,无论是老师还是学生,都没有领略到《江南》的"致美丽"。苏霍姆林斯基的《给教师的100条建议》中写道:"真正的教育,不是从高处降至地上,而是登上童年微妙的真相之巅。是登上,而不是降下来。不要过分迁就儿童,不要适应儿童兴趣的'局限性',而是要做一个聪明的导师。"(第二卷826页)我想"聪明的导师"应该是把学生带领到江南的美丽境界中,让学生思考,让学生触摸,让学生感受,让学生发现。这样《江南》的阅读才能真正走进学生的思维世界中。

《江南》为《相和歌辞》,见于《宋书》,是采莲诗的鼻祖。课文《江南》写良辰美景,纯属天籁。闭上眼睛慢慢地读,你会发现,一片自然景色中,姑娘是多么生动活泼,景色是多么优美曼妙。我们来看这首诗:

> 江南可采莲,
> 莲叶何田田。
> 鱼戏莲叶间。
> 鱼戏莲叶东,
> 鱼戏莲叶西,
> 鱼戏莲叶南,
> 鱼戏莲叶北。

《江南》本是"领唱者唱"而"众人和唱"的曲子。教学的时候为什么不能用一名学生领唱,其他学生合唱的方式呢?

领唱:江南可采莲,莲叶何田田。鱼戏莲叶间。

和唱:鱼戏莲叶东,鱼戏莲叶西,鱼戏莲叶南,鱼戏莲叶北。

如果懂得音乐的话,为《江南》谱上谱子,让学生在课堂上演唱,那将是多么美丽的阳光生命课堂的图景呢?

夏丏尊说过:"国文教师,对于普通文字应该比学生有正确丰富的理解力。对于语言文字应有灵敏的感觉。"阳光生命课堂追求的是生动活泼、自然有趣的教学图景。要实现这样的教学图景,就要开展深度研课工作,认真地耕耘文本。当然,要避免标签化,还要让学生联系自己的生活体验。教师要学会用学生的眼光看文本。我们要从学生的角度去思考、分析、感悟文本,与学生平等地和文本进行交流与探讨。解读标签化,会让我们失去阅读的个性。阅读秋瑾的《满江红》,如果仅仅照着教参读出秋瑾的侠义满胸怀、肝胆过于男子的气概,这样的秋瑾就过于扁平化、标签化。而如果从"英雄末路当磨折。莽红尘何处觅知音?青衫湿"中,读出她的找不到知音的苦闷心境,人物才更饱满,也更感人。

从宏观上看,阅读课最大的失误就是课堂阅读目标不分明,阅读育人的追求不清晰。就文言文教学来说,许多文言课堂教学目标都一样,多是一字一字的解释,一句一句的翻译,然后是课文内容的分析评价。中小学文言文教学千课一面,没有上出各年级教学追求,不能根据不同年级学习追求设计阅读目标。这个问题值得阳光生命课堂深入探究。

新时代,语文教学承担着立德树人的使命。但从当下的课堂教学看,许多老师的课堂教学育人追求比较模糊,有些老师还停在知识汲取、道理认知的层面,停在语言现象理解的层面。教学《司马光》《王戎不取道旁李》《曹刿论战》《唐雎不辱使命》《烛之武退秦师》等富有教育价值的课文,要从立德树人的层面审视课文的当代价值,而不只是传授其中的字词句式修辞等表现手法。

阳光生命课堂开展课堂教学诊断,目的是唤醒老师们的育人意识,纠正教师们在课堂教学中的训练偏差。许多教师还缺乏对所教学科知识和能力的运用意识,没有真正意识到"文本只是个例子"——用来创造发明的例子;如果只阅读,不运用,不体验,文本的阅读还是停留在学习的表面。中学生在阅读新闻单元时,只关注新闻相关的知识要点,忽略了群文教学的单元教学目标是在认识新闻的基础,学当小记者,学会采访和新闻写作等。中学演讲单元的教学也是如此,不仅要教演讲稿的知识要点,更要在阅读教学的过程中揣摩演讲时的体态和激情,发挥演讲的口语化风格甚至个性化风格等。

阳光生命课堂阅读教学的失误还有课堂阅读教学与课外阅读的衔接没有处理好。我曾就学生的阅读做过调查,从调查结果来看,完成老师布置的课内阅读任务是学生阅读的首选,课内阅读更多是在既定的教学框架内进行,其阅读取向服从于教学目的。这表明在阳光生命课堂的建设过程中,还需要将课堂阅读教学与课外阅读相结合,关注学生课外阅读取向,引导学生并实现必要的想象迁移。

阅读课堂教学要聚焦核心素养,核心素养包括四个方面,即语言建构与运用,思维发展与提升,审美鉴赏与创造,文化传承与理解。这是我们开展阅读教学的目标。语文课程标准指出:"多角度、有创意的阅读,要利用阅读期待、阅读反思和批判,拓展思维空间,提高阅读质量。"改进阅读课堂,我们应诱发和运用阅读期待,让课堂更精彩。如教学《皇帝的新装》时,注意寻找学生的阅读期待与童话故事的核心价值,教学中引导学生抓住"为什么让小孩子揭示真相?"进行思考,进一步理解小说的主题思想,就找到了学生与文本之间的心理共鸣。

再比如阅读《范进中举》中人物形象这个环节,可以改变惯有的形式,让学生演一演里面的范进、胡屠户,学生只有理解透彻人物的个性,才能演得逼真。阅读《阿长与山海经》时,许多老师的做法是分析围绕阿长写了哪些事,反映阿长怎样的性格,如果能够换种思路,阅读时问学生:如果你家需要请个保姆,你会请阿长吗？这样，学生在当下情景中感知了阿长的形象。

阳光生命课堂还倡导重组教材，建构大单元阅读的方式开展教学。比如重组教材中建党百年的优秀课文以构建"红色阅读课堂体系"，实现为国育才，为党育人的目标。像《延安，我把你追寻》《梅兰芳蓄须》《黄河颂》《沁园春 雪》《为中华之崛起而读书》《谁是最可爱的人》《红岩》可以重组，用群文阅读的方式，贯通小学和初中阶段的教材内容，再次感受红色资源、红色篇章的魅力，用教材课文重构中国共产党百年历程，弘扬教材中的革命精神、奋斗品质，如此用红色课文"养心""育魂"，就可以培根铸魂、启智润心。

事实上，许多青年教师恰恰是缺少了反复的课堂教学自我诊断行动。我对青年教师每每强调：回忆、回忆、再回忆，诊断、诊断、再诊断，反思、反思、再反思。要真正提高课堂教学质量，要真正提高课堂教学艺术，那么就需要不断地开展自我诊断活动。事实上，良好的自我诊断活动，才能让教师浮躁的心沉静下来，才能让浮躁的课堂教学真正闪耀着光芒。

第二节　学—教—评一致性

一、让"学—教—评"实现一致性

江南高质量发展的学校推崇课堂教学诊断活动，但是真正能够诊断出课堂教学缺失的，却是"学—教—评一致性"。

我在诸城第一小学反复地问自己：我的课文处理和课程标准的规定一致吗？我的教学设计和课堂教学过程一致吗？我的课堂上的"教"和学生课堂上的"学"一致吗？我的作业布置和课堂教学的"教"一致了吗？……只有不断地开展课堂教学诊断活动，不断地开展课堂教学反思活动，才能发现自己的教学和自己的作业布置之间的一致性，才能够发现自己的教学和考试内容、考试成绩之间的一致性。但是，我们许多老师恰恰没有想明白、弄明白"学—教—评一致性"或者"学—教—评一体化"之于教学艺术提升教学质量提升的关系。

阳光生命课堂建设中，中小学"学—教—评一致性"一般是指课程标准、教学目标、教学内容（活动、任务设计）与教学测评等四者间的互相照应，互相匹配；并且做到以学引领教学，以学引领评价，实现"学—教—评"在教育教学流程上的一致性、一贯性。

课程标准强调的是教、学、评一致性，在阳光生命课堂建设过程中，我把它调整为"学—教—评一致性"。"学",是第一位的,是一切教育教学工作的起点。

在阳光生命课堂建设中,我常常要求老师们从"评"的角度去考虑教学,或者从"作业"的角度去考虑教学,这并不是说"学"不重要,而恰恰证明"学"是源头是起点是终点。

中小学"学—教—评一致性",每每讲究逆向设计,即先确定教学目标和学习评价,然后进行教学任务设计。如果我们不能从作业的角度去设计教学,那么"学—教—评一致性"如何体现呢?

阳光生命课堂在倡导自我课堂教学诊断的同时,也开展集体性的课堂教学诊断。通过自主的和集体的课堂教学诊断,努力地建构阳光生命课堂的内在精神追求。阳光生命课堂希望教师在课堂上如春风,如流水;希望学生在课堂上如花朵,如行船。阳光生命课堂,希望师生们诗意地生活在文本的天地中;阳光生命课堂,希望师生们在文字的大地上播种耕耘。

在中小学公开课上,每每看到老师沮丧的情形。即便有了如此美丽的追求,即便有了美丽的憧憬,但是许多老师还是感叹自己的教学很难达到理想的效果。在文本阅读过程中,许多老师每每感受到力不从心——"课堂死气沉沉,不知道从哪下手""设计得很美好,现实却很糟糕""想了千万遍,课堂没实现"。在反思阳光生命课堂的过程中,我发现很多教师努力地教、拼命地教,但是教学效果仍然不理想。

问题出现在哪里呢?我想到了"学—教—评一致性"这个问题。

语文课程标准将语文学科的评价分为过程性评价和终结性评价。中小学对教师的课堂教学评价一般表现为终结性评价,用期末考试或者联合性的考试来评价。事实上,真正的评价应该是过程性评价。而语文学科的课堂教学评价是过程性评价的主阵地。"学—教—评一致性"这个问题,更多的是放在课堂教学评价的背景上来审视。

在"学—教—评一致性"理念中,中小学语文学科教学目标是以单元教学和学习任务群为起点和归宿,一切教与学的活动都旨在实现目标,"学"要以学习任务为载体,是教学目标实现的重要环节,"评"要以实现学生的核心素养为旨归。因此,有效的中小学单元教学要以主题为引领,使教学内容更加情境化。当然,"学—教—评一致性"强调教学的整体性、情境性、运用性,更有利于促进语文核心素养的落实。没有"学—教—评一致性",就没有高品质教学质量的提升。

阳光生命课堂实施"学—教—评一致性"需要注意以下问题。

(1)目标定位是否合适?是否适合学生学习?

（2）学习任务是否结构化、层级化？能否激发学生内在动机,提高学生核心素养？

（3）学习活动是否符合台阶式引领？是否有利于学生思维参与？

（4）评估设计是否科学：评价什么？怎么评价？评价标准？谁来评价？

（5）学习中的过程性评价与成果性评价是否与目标达成评估统一,能否利于学生高质量完成学习任务和开展学习活动？

（6）成果集成是否实现了知识或思维结构化,能够引领学生回顾反思一节课的学习？

当下中小学教学特别是高中教学,更加注重"学—教—评—致性"这个问题。对于中学学科教学来说,中考是检验"学—教—评—致性"的重要环节。七年级、八年级、九年级课堂教学如何？通过中考考试的质量我们可以看出。一般来说,课堂教学学得好、课堂教学教得好,都可以在中考中表现出来。对于高中学科教学来说,高考无疑是检验"学—教—评—致性"的最主要环节。日常教学教得再好,如果高考考不好,那么我们都可以从"学—教—评—致性"来开展课堂教学诊断。

六年级下册课文《两小儿辩日》,如何让这篇文言文的教学走向"学—教—评—致性"的境界呢？2024年4月份,我参加了《两小儿辩日》文言文教学的研讨。

一位老师设计了这样的教学目标：①会写"援、俱、弗、辩"等4个生字。②正确、流利地朗读课文。③能根据注释疏通全文,了解故事内容。

他的教学设计是这样子的：

一、初读课文,扫清障碍。

1. 小组合作认读4个生字、新词。

2. 书写课后方格中的生字。

指导写"援""射""俱"等字。

二、走近作者,丰富知识。

1. 介绍孟子：战国时期思想家、政治家、教育家。名轲,字子舆。他主张仁政,有民本思想。他认为,人性本来是善的,都具有仁、义、礼、智等天赋道德意识,提出了"富贵不能淫,贫贱不能移,威武不能屈"等论点,著作《孟子》是儒家经典之一。

2. 介绍孔子：孔子(公元前551年9月28日—公元前479年4月11日),名丘,字仲尼,生于春秋时期鲁国陬邑(今山东省曲阜市)。中国著名的思想家、教育家、政治家,与弟子周游列国十四年,晚年修订六经,即《诗》《书》《礼》《乐》《易》《春秋》。被联合国教科文组织评为"世界十大文化名人"之首。相传孔子有弟子三千,其中有贤人七十二。有"天不生仲尼,万古如长夜"之比喻。孔子去世后,其弟子及其再传弟子把孔子及其所有弟子的言行语录和思想记录下来,整理编成《论语》。孔子被尊奉为"天纵之圣"、"天之木铎",被后世统治者尊为孔圣人、至圣、至圣先师等,是"世界十大文化名人"。

三、准确断句,感知整体。

1. 自由朗读课文,准确断句。

重点指导:

(1) 我以/日始出时去人近,而/日中时远也。

(2) 我以/日初出远,而/日中时近也。

(3) 日初出/大如车盖,及日中/则如盘盂,此不为/远者小而近者大乎?

(4) 日初出/沧沧凉凉,及其日中/如探汤,此不为/近者热而远者凉乎?

(5) 孰为汝/多知乎?

2. 默读课文,并根据注释将课文翻译成现代汉语。

3. 通读课文,说一说这篇课文写了什么内容,说明一个什么道理?

四、理解深意,背诵课文。

1. 探究:为什么一儿认为"日始出时去人近,而日中时远也",而另一儿却认为"日初出远,而日中时近也"。

2. 流畅地朗读课文,思考怎样理解"孔子不能决也"这个问题,从课文中受到什么启示?

(学无止境,勇于探索,大胆质疑;知之为知之,不知为不知;谦虚谨慎,实事求是……)

3. 学生试背。指名背诵。

五、课后练习,巩固课文。

读《两小儿辩日》,给两个小孩写信,告诉他们所争辩问题的答案以及嫦娥六号奔月取壤的喜讯。

设计《两小儿辩日》,如何体现学教评的一致性呢?这位老师的教学设计一共有五个环节"初读课文,扫清障碍""走近作者,丰富知识""准确断句,感知整体""理解深意,背诵课文""课后练习,巩固课文"。教师的设计有值得学习的地方,比如强化文言词语的学习,指导写"援""射""俱"等字,比如重视断句准确的训练,比如重视设计读写相结合的创意写作——"读《两小儿辩日》,给两个小孩写信,告诉他们所争辩问题的答案以及嫦娥六号奔月取壤的喜讯"。但是从课堂教学"学—教—评一致性"来看还存在不少问题。

在"走近作者，丰富知识"的教学过程中，关于孟子的介绍就显得多余。课文《两小儿辩日》和孔子相关，但是和孟子不相关。从课文内容和学习内容的一致性上来看，应该删除这部分知识。

即便是孔子的相关知识的介绍也显得多余，有些关于孔子的知识学生已经了解，就不需要介绍了。有些关于孔子的知识是初中或者高中要学习的，不宜把过多的关于孔子知识堆积在课堂上。其实，教师在引进课题的时候，可以用一句话来介绍孔子并引出课文，比如"今天我们来学习与我们山东春秋时大教育家孔子相关的课文《两小儿辩日》，来看看孔子是不是无事不通"。

在"准确断句，感知整体"中，"默读课文，并根据注释将课文翻译成现代汉语"，不如结合教材的提示改成"对照注释，想想每句话的意思，再连起来说说故事的内容"。而"通读课文，说一说这篇课文写了什么内容，说明一个什么道理"可以删改为："通读课文，说一说这篇课文写了什么内容。"因为"理解深意，背诵课文"环节，还要揭示"从课文中受到什么启示"。

从教学内容和教材内容一致性来看，"课后练习，巩固课文"或许可以改为"在《两小儿辩日》中，两个小孩的观点分别是什么？他们是怎样说明自己的观点的"的深入讨论。比如，"今天的作业是把两个小儿辩日的故事讲给你父母听一听，你父母的观点是什么？你父母是怎样说明自己的观点的"？如果改成这样的家庭作业，才能达到"巩固课文"的环节设计追求。

叶圣陶先生说："国文本是读的学科。"从大单元教学的层面来说，读《两小儿辩日》是培养学生敢于质疑，积极思考探究的精神。"给两个小孩写信，告诉他们所争辩问题的答案以及嫦娥六号奔月取壤的喜讯"，虽有训练学生积极思考探究的精神，但不如引领学生深刻地咀嚼文本，领会文本中勇于探索、大胆质疑、谦虚谨慎的精神品质。对于六年级学生来说，《两小儿辩日》中洋溢着的思辨精神只有在反复阅读，反复咀嚼，反复体验中才能变成学生的生命精神。

一位老教师这样告诉我，中国的课堂，教了不等于学，学了不等于会，会了不等于会用，用了不等于会创造。我想，"学—教—评一致性"规范中小学老师的教学设计，最起码可以让老师和学生们少走一些弯路。用"学—教—评一致性"的理念诊断《两小儿辩日》，不是发现了很多问题吗？

基于"学—教—评一致性"的理念设计学科教学，任重而道远。

二、精心设计"学—教—评"

"学—教—评一致性",实际上更体现了以学生为中心,以学习者为中心。

在阳光生命课堂的建设过程中,我强调"学"永远比"教"更重要,要以"学"定"教"、以"学"定"考"、以"学"论"评"。

为了更好地设计出"学—教—评一致性"的案例,我以《语文》(高中必修下册)第六单元小说教学为例,来说说如何进行"学—教—评一致性"的教学设计。

以《语文》(高中必修下册)第六单元小说教学来说,要走向"学—教—评一致性",先要强化对语文课程标准、教学单元和研习任务的深度研究,特别是对高中"文学阅读与写作"任务群的研究。

《语文》(高中必修下册)第六单元隶属于"文学阅读与写作"任务群,这个任务群属于"观察与批判"这一人文主题。从大概念教学的角度看,"观察与批判"就是这个单元的大概念,就是这个单元的大主题。我们要引导学生领会作家对社会现实和人生世相的深刻洞察,拓展视野,体会其对旧世界、丑恶事物的批判意识;学会观察社会生活,思考人生问题,增强对社会的认识;提升审美情趣和审美品位。教学《语文》(高中必修下册)第六单元要达成语文课程标准中学业质量评价标准的"三级"水平。

"三级"水平是怎样的规定呢?我们来看《课程标准》:

喜欢欣赏文学作品,借助联想和想象丰富自己对文学作品的体验和感受,能品味语言,感受语言的美;能运用多种形式表达自己的体验和感受;能对具体作品作出评论。在鉴赏中,能坚持正确的价值观,体现高雅的审美追求。[1]

这里有几个关键词需要注意:"联想和想象""品味和感受""体验和感受""作品评论"。

要走向"学—教—评一致性",就要引导学生带着任务走进文本,教要基于任务群去教,评要基于大单元组织活动;还要根据学情和五篇小说的特点筛选单元学习目标,设计情景任务链和评价链——确定好量化标准的评价,围绕核心素养去评价。

从阳光生命课堂的理念看,要实现"学—教—评一致性",完成《语文》(高中必修下册)第六单元的单元学习任务,就应该整体研究本单元的教材,研究几篇小说

---

[1] 中华人民共和国教育部.义务教育语文课程标准(2022年版)[M].北京:北京师范大学出版社,2022.

的特点与共性。第六单元小说的关键词是"观察与批判",本单元的五篇小说都是通过虚构的人物形象与故事情节"观察与批判"——反映社会生活,描摹人情世态,表达对人生的思索,理性地开展不同的社会现实的批判。

开展"学—教—评一致性"教学设计,先要引导学生研究作者是怎样观察和批判社会的。比如:《祝福》观察什么、批判了什么;《装在套子里的人》观察什么、批判了什么,《促织》又观察什么,批判了什么?等等。小说中,祥林嫂死去了,别里科夫死去了,成名父子在表面"起死回生"的结局下,其实早就死去过了……他们生活在怎样的制度下,死因又分别是什么?死因又有怎样的共性?……从对共性的分析中,学生可以试着去发现不同作家观察与批判的角度和目的。

"学—教—评一致性"教学设计,要让"学"的结果加速呈现,就要以恰当的方式加以"评",引导学生自发而深入地透过文本,赏析人物,观察社会,批判现实,最终实现"学—教—评一致性"。"学—教—评一致性"教学设计中,评价方式的设计可以多样化,如采用读、写、演、辩、影视等,不断契合学生不同个性和兴趣,用科学的评价,多元的评价,促进学生对文本的阅读和占有。阳光生命课堂建设中,要实现"学—教—评一致性"的含义和要求,就要精准把握单元学习目标和教学任务。

在"学—教—评一致性"的要求下,如何进行具体的教学设计呢?基于"学—教—评一致性"的背景与要求以及教材单元导语中"我们需要以正确的立场、睿智的头脑和敏锐的眼睛,去观察思考,分析鉴别"的学习指向,在大单元教学中,教师应着重引导学生站在作者的观察角度抓住文本的概貌进行思考,同时要能够在当代立场下对作品所反映的时代弊病进行批判。在这样的理念下,我们就可以开展具体的教学设计。比如下面的这个教学设计:

情境任务:有同学告诉老师,在开学初教材刚发下来后,很多同学第一时间就读完了小说单元的所有课文。同学们在看到其中的几篇小说主人公在结局中一一死去的时候,既感到悲伤,又觉得不解。今天我们就一起来阅读《祝福》《装在套子里的人》《变形记》这三篇文章,勘察主人公的死亡,并以当代观察者的身份,完成一份死亡调查报告。

活动一:死者档案

勘察死者的死亡,首先需要我们梳理死者的基本情况。请同学们浏览文本,建立死者的个人档案。

活动二:死因观察

在了解了死者的基本情况后,接下来我们需要对死者的死因进行具体观察。而案件线索往往隐藏在细节之中,死者所处的环境、他的社会关系很有可能就是破案的关键。请同学们细读文本,推定死因,完成调查报告。

活动三:死者拯救

如果让你拯救这几个人中的一人,你最想拯救谁,为什么?你又希望能在哪个时间点到达主人公身边给予他帮助?请陈述你的理由,说明你的帮助方法,并将它写下来。

这一段教学设计直指主要人物的人际关系网,而人际关系又是社会环境的重要构成因素。如果以"洞察社会,思索人生"为题,也可以对社会环境中的人物关系网进行深入调查,设计出以行动为主的调查学习方案,引导学生在小说的情境中开展研究性学习。研究性学习是中小学课程计划中新加入的一项学习内容,学校研究性学习是校本课程,每学期学生都会填写自己喜爱的研究性学习。比如对必修下小说单元主人公的人物关系网进行调查,并形成研究性报告。

学生活动设计如下。

活动一:横向比较,初显社会。

各小组负责一篇小说,成立社会关系调查组。深入调查主人公的社会关系网。分析关系网中人物的言行,及对主人公的影响,完成表格。并按照旧秩序的维护者、突破者、妥协者、旁观者进行分类。此活动意在通过横向比较,去发现人在同一环境中其实可以有不同的选择。

活动二:纵向对比,深入社会。

设计以下问题:小组讨论,比如鲁镇中的"我"与《装在套子里的人》中的"我们"和华连卡姐弟同为知识分子,按理知识分子有更强烈的改造社会的自觉意识,但为什么他们有的变成了旁观者,有的变成了妥协者,有的变成了想改变却陷入困境的突破者?比如华连卡姐弟、成名父子和《变形记》中的父母,同为亲人,为什么有的带来了希望,有的却陷入于黑暗?

从阳光生命课堂建设的角度看,单元小说教学过程中,以上问题的讨论和评价,意在指出社会环境的变革不在知识的多少和关系的亲疏,而是要拥有独立的意识、不屈的勇气和不断实践的精神。只有更多的妥协者、旁观者觉醒了、反抗了,成为突破者,才能集中起更大的力量推倒旧秩序。我们可以毫不夸张地说上述设计的评价活动是穿越时空的,是旨在改变不合理的社会黑暗现实。的确,假如让学生穿越到了某个次要人物身上,请让学生进行创意改编,试图重改小说走向,形成文字并分享,这样的创意设计多么新颖啊,我们可以想象当学生穿越到了故事中的人物身上,那么人物的位置,人物的命运,故事的情节将发生天翻地覆的变化。这样的作业便是完善人物社会关系的作业。

"学—教—评—致性"教学设计中,"学"要发挥学生的主体性,让学生多方参与活动,增强体验性。"教"要通过情境任务引导学生通过活动完成课程目标。上述的死亡调查报告和研究性学习的任务,体现了学与教的融合,学生的几个活动体现了学生"学"的观察性、层次性、参与性、合作性、批判性。两位老师设计的"评"环节也新颖别致,契合了学生学习的兴趣点。

"学—教—评—致性"教学设计中,许多老师认为,两个设计方案体现了读写结合的语文特色。语文课程标准强调,教师应树立"教—学—评一致性"的意识,科学选择评价方式,合理使用评价工具,妥善运用评价语言,注重鼓励学生,激发学习积极性。读写结合不仅体现在了课内,还可以再向课外补充拓展,不断激发学生学习思考的积极性。

比如撰写文学评论:任选一个角度,探究人对社会的参与度、家庭关系对人的命运影响。这种评价方式的设计依据是中学生核心素养中的科学精神,包括思维的提升和社会责任等。

比如进行文体改编:从单元任选一篇小说片段改编成剧本。设计依据是核心素养中思维的独创性、灵活性,以学生为主体的多元化评价体系。还可以引导学生从中外文化对比的视角,来理解结尾设计的荒诞性,探究其批判力和文化根源。

"学—教—评一致性"的教学理念,强调以多元任务驱动学生阅读文本,十分符合新课标的教学设计理念。《语文》(高中必修下册)第六单元隶属于"文学阅读与写作"任务群,教学目标的设计上要重视"理解欣赏作品的语言表达,把握作品的内涵,理解作者的创作意图"。情境任务可以这样设计:一是研究不同的社会制度下,人物的悲剧原因;二是研究小说如何刻画人物,三是研究作者的批判方式与艺术,四是研究作者与风格。这样也许更能体现"学—教—评一致性"的教学理念。

《语文》(高中必修下册)第六单元"学—教—评一致性"教学可以作创意的设计,如穿越时空,改编小说,完善人物社会关系的研究性报告等。语文教学当前最大的问题就是以考试代替评价,教学分离。小说单元应该倡导评价主体的多元化,同时面向全体学生,尊重学生的主体地位。评价要考虑学生的个体差异,关注学生的不同兴趣、表现,满足不同发展需求。有的学生很有表演天赋,让他穿越时空表演故事中的人物,那是如鱼得水;但是有的学生没有表演天赋,不擅长在大众面前表演,让他去上台演绎故事,那肯定是糟糕的。所以我们要引进多元的评价机制和评价方式,尽量地发挥学生所长,引导学生通过评价反馈,调整学习进程,梳理学习方法,确立学习目标,制订学习规划。

"学—教—评一致性",实际上是对传统学科教学思维的转变,是对传统学科教学的修正。过去,我们总停留在教与学、教与讲上;今天,我们主张"学—教—评一致性"则是理念的优化和进步。我们一直都在讲"教、学、评"的过程性,阳光生命课堂则强调"学、教、评"的顺序性,主动把"学"放在了"教"的前面。因此,阳光生命课堂主张"学—教—评一致性",是思想的进步,也是教学方式的创新。

"操千曲而后晓声,观千剑而后识器。"要问阳光生命课堂的教学风景在哪里,我想就在"学—教—评一致性"理念的贯彻和落实上。

参考文献

[1] 温儒敏.语文·一年级上册[M].北京:人民教育出版社,2016.
[2] 温儒敏.语文·一年级下册[M].北京:人民教育出版社,2016.
[3] 温儒敏.语文·二年级上册[M].北京:人民教育出版社,2016.
[4] 温儒敏.语文·二年级下册[M].北京:人民教育出版社,2016.
[5] 温儒敏.语文·三年级上册[M].北京:人民教育出版社,2016.
[6] 温儒敏.语文·三年级下册[M].北京:人民教育出版社,2016.
[7] 温儒敏.语文·四年级上册[M].北京:人民教育出版社,2016.
[8] 温儒敏.语文·四年级下册[M].北京:人民教育出版社,2016.
[9] 温儒敏.语文·五年级上册[M].北京:人民教育出版社,2016.
[10] 温儒敏.语文·五年级下册[M].北京:人民教育出版社,2016.
[11] 温儒敏.语文·六年级上册[M].北京:人民教育出版社,2016.
[12] 温儒敏.语文·六年级下册[M].北京:人民教育出版社,2016.
[13] 温儒敏.语文·七年级上册[M].北京:人民教育出版社,2016.
[14] 温儒敏.语文·七年级下册[M].北京:人民教育出版社,2016.
[15] 温儒敏.语文·八年级上册[M].北京:人民教育出版社,2016.
[16] 温儒敏.语文·八年级下册[M].北京:人民教育出版社,2016.
[17] 温儒敏.语文·九年级上册[M].北京:人民教育出版社,2016.
[18] 温儒敏.语文·九年级下册[M].北京:人民教育出版社,2016.
[19] 温儒敏.语文·高中必修上册[M].北京:人民教育出版社,2019.
[20] 温儒敏.语文·高中选择性必修上册[M].北京:人民教育出版社,2019.
[21] 崔峦.阅读教学华丽转身的有益尝试:崔峦老师评"半小时课堂"[J].教学月刊(小学版)语文,2013(3):12.
[22] 丁帆,杨九俊.唐诗宋词选读[M].3版.南京:江苏教育出版社,2007.
[23] 顾明远.教育大词典(增订合卷本)[M].上海:上海教育出版社,1998.
[24] 管子[M].李山,轩新丽,译注.北京:中华书局,2019.
[25] 贾书晟,张鸿宾.汉字书法通解·甲骨文[M].北京:文物出版社,2005.

[26]　刘永济.文心雕龙校释[M].武汉:武汉大学出版社,2013.
[27]　鲁迅.呐喊[M].北京:中国友谊出版公司,2017.
[28]　论语[M].陈晓芬,译注.北京:中华书局,2016.
[29]　诗经[M].张晓琳,注析.北京:中国文联出版社,2016.
[30]　苏轼.苏东坡全集[M].北京:北京燕山出版社,2009.
[31]　许慎.说文解字:大字本[M].[影印本].徐铉,校定.北京:中华书局,2013.
[32]　语文·八年级上册[M].北京:人民教育出版社,2009.
[33]　袁闾琨.全唐诗广选新注集评(1-10卷)[M].2版.沈阳:辽宁人民出版社,1997.
[34]　中华人民共和国教育部.普通高中语文课程标准(2017年版2020年修订)[M].北京:人民教育出版社,2020.
[35]　中华人民共和国教育部.义务教育语文课程标准(2022年版)[M].北京:北京师范大学出版社,2022.

后 记

我一直主张广大中小学教师要做有教育情怀的教师。

江南大学培训期间,我以急不可待的心情看完了纪录片《先生》,10位先生中6位曾是大学校长,3位是乡间平民普及教育的先行者,1位是教学育人的倡导者。"云山苍苍,江水泱泱,先生之风,山高水长。"10位先生在波澜壮阔的文化民国、烽火连天的战乱时局、大江大海的南渡北归里,如灯塔一样照亮一方山河,也为当下的中国教育立起了一面镜子。之所以如此急迫是由江南大学人文学院田良臣教授的精彩报告引发的:教育人应逐步确立教育信仰。

田教授以悲天悯人的情怀,讲述了教育信仰的逐步确立。他从五四知识分子对生命庄严的敬重,对学问的沉醉入手,以钱穆读《王阳明传》治病,某学者读《晏阳初传》,从泪眼模糊到哽咽,最后到号啕大哭等古今中外事例告诉我们教育人应该开风气之先,不坠青云之志。人格风骨、思想情怀、学术风范、学问自由,都应是时代的榜样。当前教育大景,江河日下入大坝,蓝天白云走黄沙。百年国史已有镜鉴:教育盛,虽战乱纷争仍人才辈出、民力丰沛、国体向上;教育衰,纵四海平定歌舞升平,也难免社会浮躁、未来迷茫、振兴乏力。培训已结束一周的时间,在掩卷反思之余,反复阅读了下面我们熟知的故事。

一个记者在西北某山村碰见一个放羊娃,展开了如下对话:

"你放羊为了什么?"

"卖钱。"

"卖钱为了什么?"

"娶媳妇。"

"娶媳妇为了什么?"

"生娃。"

"生娃为了什么?"

"放羊。"

……

后 记

有人教育孩子：你要好好读书，不然以后跟那个放羊娃一样，生命只不过是无意义的循环，多悲哀？

那么如果把放羊娃换成我们这些上过大学的教师呢？我想对话不外乎如下：

"你读书为了什么？"

"上大学。"

"上大学为了什么？"

"找工作。"

"找工作为了什么？"

"买房。"

"买房为了什么？"

"娶媳妇。"

"娶媳妇为了什么？"

"生娃。"

"生娃为了什么？"

"读书。"

……

对比两种生活，究竟是谁更可悲？两种生活本质上有什么区别？

在中小学校园，老师们有这样四种工作现象：一是勤勤恳恳工作，认认真真教学，好好干工作的。这个工作对于他们来说是非常重要的，为了养家糊口，为了实现他们个人的价值，他们必须好好工作，所以在平常工作中，不怕苦，不怕累，任劳任怨，认认真真地对待每一件事情；二是不好好干这份工作，并且说三道四的。这个工作对于他们来说无所谓，给钱就行，这些人认为我就在这儿混，反正你也不能把我怎样，这种人在平常工作中不仅自己不好好工作，还影响别人，起到消极的作用；三是想干好这份工作，但又心存疑虑的。这些人也想好好地干这份工作，但又怕别人说三道四，挖苦他，说他想当官，这种人在平常工作中呢，有时能够认真地完成工作，当别人对他说些消极的话的时候，他们对工作就会马马虎虎；四是取得了一点工作成绩后，沾沾自喜，得意忘形的人。

以上四种现象，第一种人，在任何单位、任何岗位上都会把工作干好，他们是我们学习的榜样。第二种人，是我们深恶痛绝的，任何人都不想和他在一起工作。第三、第四种人，我们通过教育、引导，他们会改变的。在一个工作岗位上干久了，就会感到厌倦，没有新鲜感，所以情绪也就低落了。这就需要我们自己端正工作态度,怀着一颗感恩的心去工作。并且在工作中一定要时时刻刻提醒自己,不骄不躁。月盈则亏,水满则溢。一个人得到的好处要满出来的时候,则是很危险的。

记得参加工作第一个月发了365元钱,高兴得不得了。工作若干年以后,积累了丰富的工作经验,不再满足于以工作谋生计,更多是想实现自己的职业理想,开始有了自己的职业规划,三年、五年、十年……当有人问从事什么职业,我会比较自豪地说:教师!随着时间的推移,走上了领导岗位,开始管理一个部门,一所学校。这个时候不再单单考虑工作和职业,更多的是考虑如何经营好一份事业,如何在任期内有所作为。

寻找工作、谋求职业、打造事业,阶段不同,目标不同,呈现的特点与面貌也不大相同。每个人一生都会有一份工作,但能把工作上升为职业境界的是一部分人。而能把职业升华为事业的更是凤毛麟角。当一个人有一份事业在经营时,他的境界会大不同。他会克服常人难以克服的困难,会具有超乎常人的毅力,会调动自己内在的潜能,会运用自己最大的智慧,去创造常人难以创造的辉煌。

希望我们每个人都把工作和职业升华为一份事业,在平凡而又神圣的教育殿堂,甘做人梯,让学生踩着我们的双肩向上攀登;甘做铺路石,为学生的成功之路铺设坚实的路基。任凭岁月更迭世事沧桑,任凭青春流逝红颜憔悴,永不放弃!拥有真正的教育情怀,教育信仰!

这本书写的就是我的教育情怀和教育思考。这本书从1995年我参加工作的时候就开始构思了,陆陆续续地思考,陆陆续续地表达,陆陆续续地修改,今年终于鼓起勇气,拿出来出版。我想,这也是对30多年阳光生命课堂教学实践和教学研究的总结。

为了写作这本书,我通读了苏教版小学课程、洪宗礼主编的初中语文课程、教育部主编的义务教育阶段小学和初中语文课程、台湾地区的义务教育国文课程、香港地区的小学国文课程等。

为了更好地丰厚"生命课堂之美"知识,我先后研习了《诗经》《四书》《说文解字注》《史记》《资治通鉴》《全唐诗》《全宋词》《中国古代戏剧》《外国文学史》等书籍。

为了更好地实践"生命课堂之美"理念,我先后阅读了《中国古代教育思想史》《中国近现代思想史》《外国教育观察观》《苏霍姆林斯基:给教师的建议》《苏霍姆林斯基:和青年校长的谈话》《陶行知生活教育理念》《叶圣陶教育文集》《朱永新:我的教育理想》《朱永新:我的阅读观》等。

《左传·襄公二十四年》写道:"太上有立德,其次有立功,其次有立言,虽久不废,此之谓不朽。"孔颖达对此作"疏":"立德,谓创制垂法,博施济众;立功,谓拯厄除难,功济于时;立言,谓言得其要,理足可传。"我盼望新时代人人有自己的"三不朽"目标,人人为"三不朽"而奋斗;但我知道,"创制垂法,博施济众",乃伟人之壮举;"拯厄除难,功济于时",乃英雄之义举;"言得其要,理足可传",乃学者之善举。我非伟人,非英雄,非学者,不过一名乡村普通教师,何企此书"言得其要,理足可传"?倘若《新课程:生命课堂之美》于读者有"只字"之用,便得"心安"之喜了。

《新课程:生命课堂之美》写作过程中,得到诸多师友的鼓励,又得东南大学出版社的支持,在此一一感谢!

徐俭堂于山东诸城

2024 年 9 月 1 日